諸葛亮全傳

理民強於謀策……載為「狀多智而近妖」的半仙？

北伐數次大多……何其名卻能流芳百世？

兢兢業業，步步為營……求的不是自己的聲名，而是匡復漢室的願景——

楊益・趙嫣 著

前言

羅貫中一部《三國演義》，讓不到百年的三國時代成為中華數千年歷史中最引人注目的一段。而《三國演義》之中，論起最引人注目的人物，縱然不敢說諸葛亮是「獨占鰲頭」，說他「數一數二」，總是沒問題的。

諸葛亮何許人也？《三國演義》中的曹魏眾將，罵他是「村夫」，這大抵並不錯。他雖然出身於瑯琊世家的豪門，但連遭喪亂，顛沛流離，躬耕於異鄉；二十七歲時依舊無一官半職，確實只是一個「村夫」。這一年，他一無所有地出山，輔佐的劉備，亦是一個不名一文的潦倒軍閥：空頂著不值錢的漢室宗親頭銜，年近半百，僅有立錐之地。

然而，就是這樣一個村夫，卻又在歷史上留下堪稱光輝的一頁。自出山之後，諸葛亮與劉備君臣相佐，短短數年，奪取荊州、益州，三分天下。在劉備死後，諸葛亮更擔任蜀相十餘年，實際上成為蜀漢的「一把手」。

諸葛亮執政十餘年，並未給蜀漢擴充多少土地；他死後約三十年，蜀漢就被曹魏所滅。諸葛亮守護的政權，談不上「進步」和「強盛」，只是曇花一現。從這一個層次說，諸葛亮也不過是某個偏安勢力的不成功執政者罷了。以中國歷史之悠久，在功業上能與諸葛亮並肩或者凌駕其之上的，豈不車載斗量？

但，稀奇的是，隨著諸葛亮之死，以及蜀漢之亡，他的歷史地位反而節節攀升，以至於被捧為集中華民族智慧、忠誠、軍事藝術和多種美德於一身的典型人物。

這到底是怎麼一回事呢？

諸葛亮所處的時代，正是漢室將亡、群雄並起之時。有力者為王，將江山和百姓都當作籌碼，彼此爭伐不休。然而，在這樣的一個鐵血時代裡，道德和正統的力量依然存在。不管今人如何嗤之以鼻，終究有那麼一批人，為之奮鬥到最後一息。

諸葛亮便是這樣一批人之中的代表。匡復漢室是他的旗號，也是他的信念。

諸葛亮與劉備的搭檔，並非是當世無敵的組合，卻是君臣同心同德的典範。在劉備死後，諸葛亮為蜀相十餘年，以地狹兵寡的蜀漢抵抗地廣人多的曹魏，而頻繁進取；擔任天府之國的丞相，而家無餘財；輔佐幼主獨攬大權，而生無異心，死無流言。

在人類的文明史上，這也稱得上是少有的奇蹟了。

也因此，這樣一位單以生前「成敗」而論，確實稱不上顯赫的諸葛丞相，在死後，竟被歷史和人民推崇、美化，進而神化，成為中國歷代宰相中最具有賢名的一位。

諸葛亮當然不是神仙，也不是完人，歷數他的缺點，可以隨意抓出很多，但這卻無損其歷史地位。

因此，在我們這本書中，既不準備重複塑造諸葛亮的輝煌，也不準備拆除那早已片瓦不存的「神壇」，我們只是把諸葛亮當作一個普通的歷史人物，講述他一生中的故事，講述他如何從高臥隆中的世家書生，一步一步地成長為亂世中的賢臣名相；如何按自己的模式繼承和發展劉備的事業，並為之鞠躬盡瘁一生。

他的成敗得失，不能離開當時的歷史環境。他的功勛過錯，也與其他歷史人物發生著激烈的互動。很多時候，歷史只是事實，沒有絕對的優劣之分；有的時候，甚至事實也隱匿在彼此矛盾衝突的記載之中。這種情況下，我們只能用自己並不聰敏的頭腦，盡可能地從迷霧中畫出一個輪廓，然後宣稱：

這就是我的看法，與您分享吧。請多指正。

在本書中，插入了幾幅與諸葛亮生平大事相關的歷史地圖，包括行軍路線圖。這些地圖是作者手繪之後，由美編老師後期處理完成的，當然稱不上精緻，只是大致標明各要地位置，希望能為讀者的理解增添些許直觀的幫助。

全書共十四章，將各章的大標題連起來，則是一首七言排律。這屬於雕蟲小技，聊博讀者一樂。

同時，以本書送給在我幼時帶引我進入三國門檻的父親。

楊益　於二〇一二年秋

再版前言（編按：此指簡體字版再版）

筆者二〇一二年所作的《諸葛亮全傳》，在上市數年後得到再版機會，首先要感謝廣大讀友的支持，其次要感謝出版社老師的關照，最後要再次感謝一千八百年前那位鞠躬盡瘁的大漢丞相。若無他苦悶而傳奇的一生，也不會給我這樣強烈的感受，以至於寫出這樣一本書來。

這幾年裡，我對三國時代與諸葛亮的歷史知識並沒有增加太多，倒是瞭解到丞相他老人家在文化界的一些新舊事蹟。比如湖北某青年學者不滿易中天教授在《品三國》中對諸葛亮的「刻意」歪曲，專門寫了一本書，拿史料原文作論據，逐句與之辯駁；比如陝西某ＩＴ青年李某無法抑制對丞相的敬仰，辭職到成都武侯祠做導遊，如今已是錦里的金牌解說員；比如貴州女教師若虛少年時即發誓要寫一部諸葛亮大傳，磨礪二十年，終於完成一百三十萬字的歷史小說，並在近年付梓，頗讓人欣慰；連網路名人馬伯庸也要湊丞相的熱鬧，專門轟轟烈烈地搞了一次「重走諸葛亮北伐路」的活動……凡此種種，讓筆者不禁有「我道不孤」之感。當然，反面的內容也有，比如陝西某次研討會專門揭批了諸葛亮的數十條大罪。

本次再版，從全書結構上沒有大的變動（說實話我還比較喜歡第一版的排律章節標題），只是增添或刪改了一些枝節內容，對文字做了調整和優化。此外，我在末章增加了一節《螢幕上的諸葛亮》，又在文中加入了一些插圖，使書本內容更加豐富。總的來說，第二版的品質可能略高於第一版，這種提高和史學價值無關，更多是審美方面的。

也希望這一版的圖書能得到大家的喜歡。

楊益　於二〇一六年秋

目錄

第一章

臥龍亂世枕高崗

西元一八一年的兩個「老二」

西元一八一年，農曆辛酉年，東漢靈帝光和四年。

這一年，已經趨於沒落的東漢朝廷，在繼續不死不活地喘息著。儘管各種天災和外族入侵不斷，都是些小打小鬧，尚不足以動搖帝國的基礎。

著名的昏君漢靈帝，這一年繼續坐在龍椅上混日子。親生老媽董太后和剽悍老婆何皇后之間的婆媳鬥爭，把他折騰得有氣無力。在一幫太監的唆使下，他玩命地吃喝玩樂，還在後宮開辦了一個市場讓宮女們做生意，皇帝自己也穿著商人的衣服參與，樂在其中。他又在花園裡給狗穿上官服，皇帝親自駕著驢車往來奔馳。

這個縱欲享受的皇帝還有八九年陽壽。待他油盡燈枯後，將把帝國終結的悲劇留給他的兒子們。而之後數十年間縱橫天下的英雄們，也在這一年默默耕耘著自己的一畝三分地。

黃巾道領袖張角，用治病祈福的方式吸收著信徒。他已經擁有數十萬的擁戴者，遍布天下大半的州郡，再有三年，他將發起震撼東漢帝國的「黃巾起義」。這次起義最終會被鎮壓，卻給之後的豪強並起、軍閥割據提供了空間。

二十七歲的曹操，在首都洛陽冷眼旁觀天下大勢。這位「太監的孫子」前幾年因為親戚犯罪遭到牽連而罷官，去年才剛剛被重新提拔為議郎。好色的曹操，帶著自己兩年前新納的寵妾——娼妓出身的卞氏入朝上任，絲毫不顧及正妻丁夫人在老家投來哀怨的目光。

與曹操同歲的孫堅，這時候正意氣風發。他在十年前就自行募兵參加了討伐會稽「妖賊」許昌的戰役，從而獲得朝廷嘉獎，被授予官職。孫堅前後當了幾個縣的幹部，得到當地士紳和百姓的一致擁戴，江東孫氏的名望正在積累。更讓人高興的是，年僅七歲的兒子孫策聰明可愛，頗有將門虎子的英武之氣。而且這一年，夫人吳氏又懷上了，據算命的說，這個孩子，比他哥哥的福氣更大！

河北，二十一歲的劉備正壯懷激烈。他頂著「漢室宗親」的虛名，卻家境貧寒，少年孤苦，以編織草鞋和草席為生。現在的劉備今非昔比，已經成為大名士盧植的得意門生。這位「鳳凰男[1]」喜歡喝酒，聽音樂，縱情玩樂，更喜歡結交豪傑之士。當地的年輕人都尊奉他為大哥，其中有兩個很能打架的人，一個叫關羽，一個叫張飛。

這一年三百多天裡，全中國大地上有上百萬的嬰孩呱呱墜地。其中很大一部分將在幼年夭折。剩下的長大成人後，絕大多數將做為平民或士兵，在未來的亂世中正常死亡，或者非正常死亡，從而濃縮為歷史書上的幾個數字。

但其中也有幾聲啼哭，具有不同的意味。號哭的嬰孩將對未來產生影響。他們的名字和事蹟，將被記載在史書上。

---

1 鳳凰男：指與城市女性結婚的農村男性，具有貶意。

其中一聲啼哭，來自於洛陽的皇宮高牆之中。

漢靈帝的妃子王美人生下一個兒子。當時的後宮，屠戶出身的何皇后專橫霸道，不允許其他妃嬪懷孕。王美人發現自己懷孕後嚇得發抖，生怕招致災禍，曾一度想服藥墮胎。誰知墮胎藥服下去，竟然無效，最終孩子還是生了下來。隨後，可憐的王美人便被何皇后毒死。男孩得到祖母董太后的保護，被她撫養長大。

這個自幼失去親媽的孩子，名字叫劉協，字伯和。在歷史上他有個更響亮和恥辱的名號：漢獻帝。漢獻帝排行老二，在他上面有個年長幾歲的同父異母哥哥劉辯，就是何皇后生的長子，史稱少帝。

據史書記載，漢獻帝本是個聰明果斷的人。但形勢比人強，他接替哥哥劉辯之後，當了三十年皇帝，受盡了委屈和挾持，最後被曹丕篡漢，因此在各種文學作品中，他又被刻畫得分外窩囊和無用。

另一聲啼哭，則來自於山東省的瑯琊郡陽都縣（今山東省臨沂市沂南縣），泰山郡丞諸葛珪的家中。諸葛珪的妻子生下一個眉清目秀的兒子。郡丞家中的親情，遠勝皇帝後宮的殺機。孩子的出生，讓全家老少其樂融融。

這個山東孩子叫諸葛亮，字孔明。他同樣排行老二，同樣有個年長幾歲的哥哥諸葛瑾。數十年後，他將名動天下。而在他死後，這種名聲將繼續遠揚，直到把他捧上所謂的「神壇」。

漢獻帝和諸葛亮，同一年生，同樣排行老二，而且都在年幼時失去了母親，在少兒時期失去了父親。他們後來也同樣為了「中興漢室」這個目標，進行了長達數十年的鬥爭（雖然手段完全不同）。最奇妙的是，他們的死也在同一年。

只不過千年之後，前者被曲解為「窩囊」、「無能」的代名詞，後者則昇華為「智慧」、「忠誠」的象徵。

顛沛天涯

幼年時代的諸葛亮，同那個時代的絕大多數歷史人物一樣，沒留下什麼記載。能確定的，只是他的童年很不幸。在很小的時候，母親去世，隨後沒幾年父親也病死了。諸葛亮和他的大哥諸葛瑾、三弟諸葛均以及兩位姊姊，就成為相依為命的孤兒。

好在瑯琊諸葛氏本是名門望族，親戚不少，諸葛亮他們幾個就投靠叔父諸葛玄，混口飯吃。諸葛玄後來被任命為豫章郡（今江西省南昌市一帶）的太守，南下上任，把諸葛亮、諸葛均他們姊弟幾個也一起帶去了。再後來，諸葛玄被免官後病逝，諸葛亮、諸葛均又搬到荊州襄陽一帶居住。其居地，有人認為在今天南陽臥龍崗，也有人認為在今天襄陽附近的隆中，也有人認為先在南陽，後

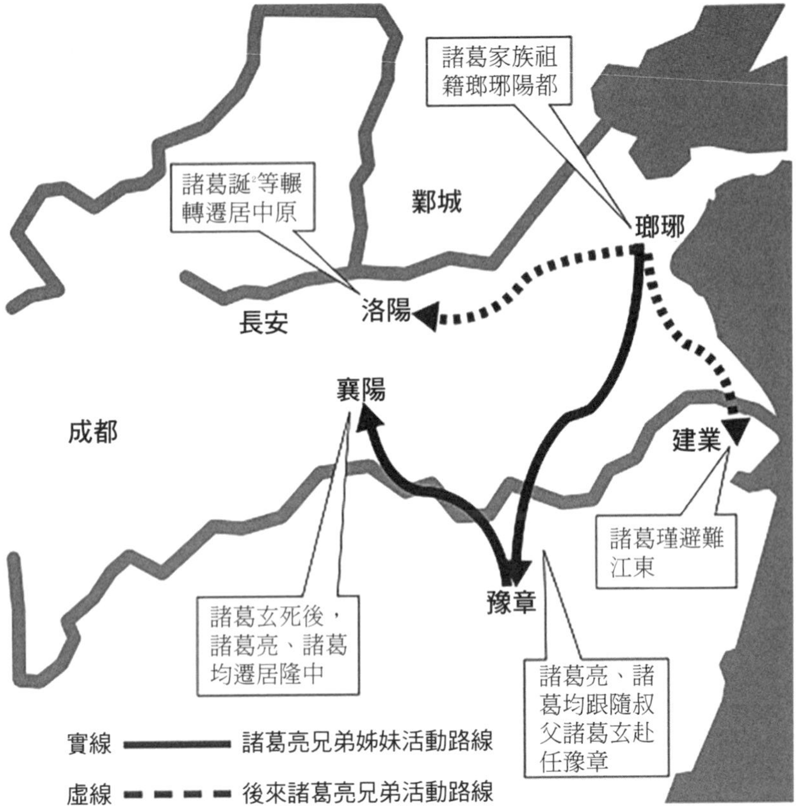
諸葛家族祖籍瑯琊陽都
諸葛誕[2]等輾轉遷居中原
鄴城
瑯琊
洛陽
長安
襄陽
成都
建業
諸葛瑾避難江東
豫章
諸葛玄死後，諸葛亮、諸葛均遷居隆中
諸葛亮、諸葛均跟隨叔父諸葛玄赴任豫章
實線 諸葛亮兄弟姊妹活動路線
虛線 後來諸葛亮兄弟活動路線

瑯琊諸葛氏遷徙路線圖

在襄陽。

他們的大哥諸葛瑾則留在故鄉瑯琊侍奉繼母，後來為了躲避戰亂，輾轉到江東，被孫權錄用，成為孫吳政權的重要大臣。

短短十多年中，年少的諸葛亮已經吃盡了世間的辛苦。與他一同吃苦的，則是整個大漢帝國屬下的千百萬子民。

就在諸葛亮四歲時，爆發了席捲半個中國的黃巾大起義，上百萬農民揭竿而起，向欺凌壓榨他們的貪官汙吏發動血拚，不惜同歸於盡。

起義被鎮壓之後，朝廷更

加腐敗，外戚和宦官又玩了一輪同歸於盡的鬥爭，最終造成西涼土霸王董卓入朝，武力把持朝政。隨後，以袁紹為首的各地諸侯起兵，打著討伐董卓的旗號，趁機割據州郡，正式揭開了亂世混戰的序幕。

小知識

諸葛玄之死

據史書記載，諸葛玄被免官後，因為和荊州牧劉表有交情，就去投奔他，諸葛亮兄弟也被帶去。後來諸葛玄病故，諸葛亮只好自立門戶。另一種說法是，諸葛玄是在軍閥混戰中被殺，之後諸葛亮兄弟自己去荊州。諸葛亮躬耕地「臥龍崗」的具體地點，襄陽、南陽兩家爭得頭破血流，至今未能完全平息。

伴隨著「英雄」們的征戰，是下層民眾的受苦受難。曹操曾有詩作「白骨露於野，千里無雞鳴。生民百遺一，念之斷人腸」，憐憫那個時代軍民的慘景。當然，曹操的憐憫是停留在文學作品層面上的。到實際操作的時候，屠城、坑降，一個也不能少。

諸葛亮的故鄉瑯琊郡屬徐州，原本遭受戰禍相對較少，是中原民眾避難的安樂窩。曹操的父親

2 諸葛誕：諸葛亮堂弟，之後為曹魏大將，中原名士「八達」之一。

曹嵩也曾在瑯琊避禍。但到了西元一九三年，這一切改變了。

這一年，曹操的父親曹嵩被徐州牧陶謙的部將殺害。曹操化悲痛為力量，出兵徐州復仇，所到之處屠戮十餘城。次年，曹軍再入徐州，一路殺到瑯琊、東海。曾經的避難桃源，成為新的修羅血海。諸葛亮的故鄉，也被淹沒在死亡恐怖之中。

諸葛亮此時是否還在瑯琊，史料缺乏記載，我們不得而知，但至少他哥哥諸葛瑾應該經歷了這慘禍。諸葛瑾最終離家避難，遠走江東，這次戰禍即使不是全部原因，也起到了重要的推動作用。

定居荊州之後，諸葛亮姊弟總算是得到了安寧。荊州在劉表的統治下，受到的戰火相對較少。諸葛亮也就在這塊土地上，度過了人生中最悠閒快活的十年時間。

小知識

諸葛亮隱居地之爭論

關於諸葛亮在荊州的隱居地，一說為今南陽，一說為今襄陽。有專家介紹，南陽說的主要依據是諸葛亮曾在《前出師表》中自言：「臣本布衣，躬耕於南陽。」襄陽說的主要依據是《漢晉春秋》所記載：「亮家於南陽之鄧縣，在襄陽城西二十里，號曰隆中。」

據現有史料記載，諸葛亮大致是在西元一九七年左右開始在荊州生活的，直到西元二〇七年成為劉備的部下。稍微逃脫了長輩喪亡的悲痛和戰火的威脅，而尚未被軍政大事所累，確實算最輕鬆快活的日子。

那麼這十年諸葛亮是怎樣度過的呢？按照史書記載和諸葛亮的自稱，是「躬耕於隴畝」，就是埋頭種地。

當然，這裡的種地，絕不是說諸葛亮跟老農一樣，成天起早貪黑，面朝黃土背朝天，汗滴禾下土，累得筋骨痠痛。真要是生活艱難到這種程度，那諸葛亮只能做一個合格的農夫，是不大可能有工夫去鑽研學問，成就大業的。

諸葛氏畢竟是名士家族，雖然逃難來此，卻也能像模像樣地置些田地，僱些佃戶，吃穿是不愁的。至於諸葛亮的躬耕，也是那時名士們的風雅之一，走到田間地頭進行農業勞動，作為生活的調劑而已。

更多的時間，諸葛亮是在「修身養性」。一是讀書學習，二是與當地的其他名士交流。所謂物以類聚，名士們正是靠彼此的這種交往，相互提攜扶持，既增長知識，又積累人脈和名聲；有了人脈和名聲，才能出頭當官，從而光耀門楣，報效國家，或者實現其他志向。

諸葛亮和他的夥伴

天下大亂，而荊州一帶相對安寧。對當地的名士集團而言，簡直是一個最好的環境。要是天下太平，談資太少，未免無趣；要是大亂及身，大家忙著奔命，也顧不上瀟灑激揚。就是要這樣隔岸觀火，暢談天下大事，評論世間豪傑，名士風流也表現得淋漓盡致。

年輕的諸葛亮很快地融入這個圈子，並且靠著自己的學問和又高又帥的外貌（身高八尺，姿容甚偉），在其中嶄露頭角。

當時荊襄地區名士中的一位帶頭大哥姓龐，人尊稱龐德公。他是個標準的隱逸之士，帶著老婆住在襄陽郊外，從不進城，過著怡然自得的田園生活。

小知識

龐德公和劉表

荊州牧劉表曾經親自拜訪龐德公，請他出山做官，說您這麼大的才能，應該出來幫助天下老百姓啊，而且您粗茶淡飯不要緊，總要掙點俸祿給您子孫吧！龐德公笑道：「只要大家各安其位，哪裡需要誰來說明呢？至於說到子孫，上古堯、舜兩位君主都把君位傳給其他人，所以他們的後人做為老百姓平安度過一生；而大禹、商湯奪取了江山，他們的後代夏桀、商紂王卻不得好死，所以留俸祿給兒孫沒什麼好處啊。」劉表只好嘆息而去。

龐德公不願意做官，卻非常喜歡和名士們往來，而且熱衷於給人取外號。他有幾位很要好的朋友，龐德公都給取了外號。

一位叫司馬徽，字德操。此人也是位恬淡退隱的賢士，素有知人評人的名聲。不過在很多時候，別人問他什麼事，他都是一句話：「很對，很好！」時間一長，得了個「好好先生」的名號。某一天他的妻子忍不住了，對他說：「別人是有疑問才求您解答，您怎麼能什麼都說好呢？這樣不負責任啊！」司馬徽回答：「娘子您說得很對，很好！」把老婆氣得半死。但這種敷衍只是對外人，真正的好友和明君，司馬徽還是能給予真正幫助的。

龐德公給司馬徽取的綽號是「水鏡」，稱其「水鏡先生」。這兩個字頗有嚼頭。鏡子是至明的，可以反映面貌，為人借鑒；水是至平的，可以用於參取平準。可水做的鏡子，又難免模糊不清，可遇而不可求。

司馬徽和龐德公關係非常鐵，好得跟一家人似的。有一次龐德公出門辦事，司馬徽忽然到龐家，說有客人要來。於是他大搖大擺地登堂入室，指揮龐德公的老婆和家人一陣忙碌準備飯菜，司馬徽自己坐在堂屋裡準備接待客人。過了一會兒，龐德公回來，簡直鬧不清這是誰的家了。

這位水鏡先生年齡其實不大，只比諸葛亮大七歲，後來三十五歲就死了。後世民間傳說把他寫成半仙，說他有經天緯地之才、奇門遁甲之術，收了龐統、徐庶和諸葛亮三個徒弟，這是訛傳。當然，諸葛亮和龐統、徐庶等人確實都相當佩服水鏡先生。

第二位叫龐統，字士元，是龐德公的姪兒。《三國演義》和民間故事說龐統相貌極為醜陋。歷史上的龐統，小時候確實其貌不揚，大家都不拿他當回事。只有龐德公很欣賞這個姪子，打發他去司馬徽那裡蹭個評語。司馬徽和龐統談了一番話後，驚呼：「龐德公真有眼力！你果然是個天才！」

那時候，被名氣大的人一點評，就跟現在微博被明星轉發一樣，人氣往上竄。在龐德公和水鏡先生的聯合炒作下，龐統聲名鵲起。

龐統自己有了名氣，也開始評點其他士人。《三國演義》裡的龐統脾氣倔強，嘴巴很刁，但歷史上的龐統恰好相反。他學習「好好先生」司馬徽的風格，評點別人時總是滿口好聽的，誇大才德，有五分說十分。有人質疑：「你這不是胡吹嗎？」龐統回答：「亂世人心不古，我把人說得好一些，至少可以讓被誇的人自信自強，讓其他人對他仰慕，這樣也可以鼓勵進步，引人向善嘛！」龐統後來聲名遠播，連東吳的很多名士都對他仰慕不已。龐德公給這位姪子的綽號是「鳳雛」，就是小鳳凰——前途無量的神鳥。

第三位就是諸葛亮了。諸葛亮的年齡比司馬徽和龐統都小，當時他的名氣和地位也不如他們。而龐德公對諸葛亮同樣給予很高的評價。他給諸葛亮取的綽號是「臥龍」（又叫伏龍）。趴在地上的龍，看上去軟軟的不起眼，一旦騰飛起來，那可了不得。

除此之外，諸葛亮還有一幫朋友。比如崔州平、石韜（石廣元）、孟建（孟公威）和徐庶（徐元直）等人。按歷史地位，這幾位朋友都不如諸葛亮，但年輕的諸葛亮從他們那裡還是得到了不少收穫。

河北人崔州平是太尉崔烈的兒子，豪門出身，家學深厚，本人經歷豐富，在交往中曾多次指出諸葛亮的不足。河南人徐庶曾經當過「劍俠」，後來才棄武從文，身上有股子江湖的滄桑感。從他身上，諸葛亮自認學到了很多東西。大概，徐庶做為劍俠的果決霸氣，正是行事謹慎的諸葛亮較為缺乏的吧！

小知識

徐庶的年齡

史書未記載徐庶的年齡，但他曾在中平末年（西元一八九年左右）當過劍俠，那時候諸葛亮不到十歲。因此，徐庶至少比諸葛亮大好幾歲。此外，史載徐庶「先名福，本單家子」，意思是徐庶原名叫徐福，家境很一般。《三國演義》誤讀了這段話，說徐庶化假名為「單福」。

諸葛亮的豪門親戚

除了這些隱士，荊州地區還有一幫權貴大佬。最大的霸王，自然是荊州牧劉表。不過，劉表雖然貴為漢室宗親，他畢竟是「外來戶」，荊州真正的地頭蛇，是當地的豪門，其中以蔡氏和蒯氏最為霸道。

當初劉表接受任命，單身到荊州上任，就是在蔡瑁、蒯越和蒯良這些人的幫助下鎮壓了不肯服從的豪強，一舉拿下荊州。用現在的話說，蔡氏、蒯氏是和劉表一同扛過槍的戰友。劉表發達了，他們自然也權勢在握，作威作福。

蔡家的當家人蔡瑁，小時候和曹操是哥們兒。他的姑姑嫁給了太尉張溫，妹妹則是劉表的繼妻蔡夫人，蔡瑁也就成了州牧的大舅子。後來，蔡瑁的姪女又嫁給劉表的次子劉琮，親上加親。蔡瑁本人又和劉表的外甥張允往來密切。這麼內外勾結，加上劉表年老多病，蔡瑁儼然是荊州地區不折不扣的「二大王」。就連劉表的長子劉琦，都在蔡瑁和蔡夫人的陷害下吃了不少虧。蒯氏的當家人蒯越，據說祖上是韓信的謀士蒯通，他的地位不如蔡瑁那樣顯赫，但也是名權頗重。

諸葛亮一家子從山東搬到荊州一帶，當然要與這些豪門、名士搞好關係。怎麼搞好？結婚。門當戶對的婚姻，是連接家族關係的一條很實在的路徑。於是，諸葛亮的大姊嫁給了實權派蒯越的姪兒蒯祺；諸葛亮的二姊，則嫁給了隱林領袖龐德公的兒子龐山民。和這兩家攀上親，諸葛亮家的日子就好過了許多。

接下來，第三樁婚姻來了。名士圈子裡的一位長者黃承彥，直截了當地對諸葛亮說：「老弟，聽說你準備找老婆了。我有個女兒，黑臉膛[3]，黃頭髮，很醜陋，但是學問很好，跟你正般配，不知你意下如何？」

諸葛亮一口答應，旋即把這位醜媳婦娶了回家。黃夫人的名字史書無記載，民間通常叫她黃月英。

此事在當地頓時成為人民群眾茶餘飯後的談資。人們紛紛嘲笑娶了醜妻的諸葛亮，還編了歌謠來傳唱，諸葛亮卻怡然自得。

關於這樁婚事，後世大致有兩個說法。

一說諸葛亮娶醜女，主要是為了攀高枝。因為黃承彥的老婆就是蔡瑁和蔡夫人的姊姊，換言之，劉表是黃月英的姨父。諸葛亮娶了醜女，就和蔡瑁、劉表搭上親戚關係，對個人地位和發展大有好處。諸葛亮為了功名權位娶了醜妻，苦水只能往肚裡嚥。

一說諸葛亮娶妻就是「娶賢不娶色」，看重的就是黃夫人的才德兼備。他本人既有遠大志向，得到黃月英這位賢內助自然大有裨益，並非是貪慕權勢。他後來也並未借助劉表和蔡瑁的親戚關係在荊州謀個一官半職。

兩種說法真偽如何，後人已不得而知。按諸葛亮在隆中乃至一生的表現看，他自然不是趨炎附勢之徒，但他與黃月英的婚姻，客觀上必然能帶來人脈上的好處，這也無可否認。

其實，今人在談婚論嫁時，也必然要綜合考慮對方的相貌、能力、性格以及家庭背景等，若是因此就把朋友的婚姻命名為「色相婚姻」、「政治婚姻」或「金錢婚姻」，怕是要挨揍的。古人結婚，

3 臉膛：臉的形狀、輪廓。

就是娶一個門當戶對的妻子，完成繁衍家族的使命，順便求色得色，求賢得賢。「諸葛亮到底圖什麼」云云的爭議，其實是今人試圖把諸葛亮貼上高尚或者卑鄙的標籤。諸葛亮自己呢？無非娶一個自己能接受的媳婦，然後和她一起過幸福的日子，足矣。

哀樂中的壯志

穩定的生活有了，朋友有了，老婆也有了，諸葛亮繼續開心地在臥龍崗過他的小日子。讀書，學習，走訪四方，思考天下大事。

諸葛亮那會兒最喜歡唱一首歌，是《梁父吟》。這首歌最初是在齊地（就是諸葛亮老家山東一帶）流行的，據說是一首送葬的哀歌。歌詞如下：

「走出齊國的城門，遠望城南的蕩陰社區。那裡有三個墳墓，並列著很相像。是誰的墳墓呢？是勇士田開疆、古治子等人。他們力大能推倒南山，斬斷地基。然而有一天遭遇了詭計陷害，為兩個桃子就殺死了三位勇士。誰出的這個詭計呢？是齊國丞相晏子！」

（原文是：「步出齊城門，遙望蕩陰里。裡中有三墳，累累正相似。問是誰家墓？田疆古治子。力能排南山，又能絕地紀。一朝被讒言，二桃殺三士。誰能為此謀？相國齊晏子！」）

歌詞裡講的，是春秋時期的故事。當時齊國有三位勇士田開疆、古冶子和公孫接，都是勇武絕倫，戰功赫赫。三人結拜為兄弟，橫行無忌。丞相晏嬰（就是「晏子使楚」裡面的矮個兒晏子）擔心他們為害國家，於是用了一條計策，賞賜給三位勇士兩個桃子，讓他們說自己的功勞，功勞大的就吃。結果三人為了吃桃子爭功，沒吃到桃子的一怒之下自刎而死，剩下兩個也自刎殉義。這就是「二桃殺三士」的典故。

「二桃殺三士」長期以來，往往被作為晏子「智謀過人」的正面事蹟之一，但想想用這種手段對付三個頭腦簡單、古道熱腸而且為國家立下大功的勇士，其實很損陰德的。這首《梁父吟》的格調，應是充滿悲憤哀怨，最後一句設問作答，憤慨之意擲地有聲。

諸葛亮為何獨愛這一首哀歌？他自己日後成為蜀漢丞相，對這位數百年前的同鄉丞相晏嬰，又是怎樣的評價？這一點頗耐人尋味。當然，孔明也可能只是簡單地喜歡哼一首流行歌曲罷了。

小知識

《三國演義》中的《梁父吟》

羅貫中所著《三國演義》中，借諸葛亮岳父黃承彥之口，吟出了另一首《梁父吟》，並說是諸葛亮所做：「一夜北風寒，萬里彤雲厚。長空雪亂飄，改盡江山舊。仰面觀太虛，疑是玉龍鬥。紛紛鱗甲飛，頃刻遍宇宙。騎驢過小橋，獨嘆梅花瘦！」這一首就純是詠風景的名士氣派，文辭華美，但後勁比敘事那一首少了許多。

後來，諸葛亮在《出師表》中說，他當時「苟全性命於亂世，不求聞達於諸侯」，意思是老老實實地在荊州做個隱士就成了。這只怕未必是實話。龐德公這樣的人是真心當隱士，但諸葛亮和他的朋友們，最後紛紛都出來當官了。二三十歲的年輕人，要說一開始就打定了終老林泉不問世事的念頭，或許符合那時候流行的「隱逸恬淡」之風，卻未免消極了些。

暴露諸葛亮內心的另一個旁證，是他當時自比為管仲、樂毅。這倆是什麼人？管仲是春秋時齊國的賢相，輔佐齊桓公九霸諸侯；樂毅是戰國時燕國的名帥，帶領五國聯軍，差點滅掉強齊。諸葛亮自比這兩位，那口氣是很大的。史書記載「時人莫之許也」，就是說大家都不信他這麼有能耐。唯有他的好朋友崔州平、徐元直等把他這話當真。也難怪，一個二十多歲的年輕人說出這般大話，怎麼讓人信服？但諸葛亮自己既然把大話說得人盡皆知，那麼他當然是不打算真的當一輩子隱士了。

據《魏略》記載，有一次諸葛亮和徐庶、石韜、孟建他們聊天，評價說：「你們幾位老兄，當官大概可以當到州、郡這個級別。」三人問諸葛亮，那你呢？諸葛亮「笑而不語」。這是在裝酷，也說明諸葛亮心中，實在有自己的長遠打算。

當時的中國「群雄割據，戰亂不止」。究其本源，是作為天下政治中心的大漢朝廷本身處於混亂，所謂「朝綱失振，民不聊生」，天下賴以安定的統治秩序和社會制度遭到破壞，老百姓也就在這種唯暴力是尊的新環境下苦苦掙扎。要想消除這深重的災難，只能寄希望於「重振朝綱，興復漢室」，恢復中央政權的地位和權力，重建政治、軍事和社會秩序。

諸葛亮本人，在生命的前四分之一屢經喪亂，顛沛流離；在隨後的四分之一安居於荊州。他切身體會著亂世給民眾帶來的慘痛命運，並從中磨礪出自己的志向，那便是：輔佐一位明君，安定天下，在亂世之中再造太平。

這樣宏偉的志向，或許很多人都曾立下過。但要實現這個志向，不僅需要自身的才能和不懈努力，還需要很多外在條件。比如：有力的合作者和良好的機遇。

不知不覺之間，諸葛亮已經二十七歲了，這個年齡在古代其實已經不小了。孔子云「三十而立」，單說東漢末年的幾位著名英雄：孫堅十七歲就起兵討叛，曹操二十歲便當上洛陽北部尉，劉備二十多歲就帶兵鎮壓黃巾軍，三十歲以前當上縣令。更別提孫策、周瑜在二十多歲就已率兵打下整個江東地區了。

諸葛亮呢？做為蔡瑁的外甥女婿，蒯家和龐家的舅子，他依然沒有一官半職，以平民之身，隱居在茅廬之中。他的長遠志向，似乎看不到實現的希望。

然而，諸葛亮是不在乎的。他在前半生已經經歷了這許多波折，又受到龐德公和司馬徽他們的薰陶。儘管胸懷大志，但他並不急於一時，不必趕在猴年馬月去立下功名，光宗耀祖。他只是靜靜地等待，積累，考察山川河流，體察民情，默默打造自己的知識儲備和人脈儲備。

他後來在《誡子書》中說：「靜以修身，儉以養德，非淡泊無以明志，非寧靜無以致遠。」在荊州的諸葛亮，確實有這樣的條件。草廬攻讀，壟畝躬耕，這是修身養德。而自己的滿腹學問和滿腔志向，也就在這不緊不慢的淡泊與寧靜中，積澱得愈加深厚，直到遇上命中的真主。

第二章

英主相攜比翼翔

諸葛亮的志願清單

東漢建安十二年（西元二〇七年），諸葛亮二十七歲。他沒有軍隊，沒有地盤，不可能靠自己白手起家打天下。要實現抱負，就得選擇一鎮諸侯投奔。

當時，曹操已消滅袁紹家的殘餘勢力，平定北方，漢末戰亂最酷烈的時候已經過去。割據天下的軍閥，數量比十餘年前大大地減少。

諸葛亮要出山，選擇還是不少的。首先的近水樓臺，是荊州老大劉表。劉表做為漢室宗親，當年也是孤膽取荊州的英雄人物，他占據的荊州，包括今天湖南、湖北兩省和廣東、廣西、貴州、河南等省的一部分，好大一塊地方，多年來戰亂較少，戶口充實。而且劉表還是諸葛亮老婆黃月英的姨父。諸葛亮如果想在劉表手下混個一官半職，可謂易如反掌。

但諸葛亮恰好沒有去登這個近水樓臺。現在看來，大致有兩個原因。

其一，劉表雖然本事不錯，可到那會兒已經年老多病，進取心不足，只想守住荊州這一畝三分地。曹操往北面征討袁氏殘餘勢力時，劉備曾勸他趁機偷襲許昌，劉表卻猶豫不決，坐失良機，回頭又來後悔。

其二，劉表自己的家務事都扯不清楚。他的兩個兒子，本來老大劉琦得寵，可是老二劉琮娶了蔡家表妹後，得到繼母蔡夫人和舅舅蔡瑁的全力支持（蔡夫人歷史上並非劉琮親媽），有後來居上之勢。劉表自己舉斷不明，劉琦和劉琮各有一幫勢力，荊州大權又掌握在蔡瑁等豪門手中，這樣的人際環境，年輕的諸葛亮是相當討厭的。

這樣一位暮氣沉沉的老牌軍閥，自己內部一團糟，諸葛亮要是到他手下，混口飯吃容易，要實現自己的大志基本是別想了。

第二個選擇，自然便是威名遠揚的曹操了。東漢末年頭號梟雄曹操在過去的十多年中，先後滅了呂布、袁術和袁紹等勢力，已經完全占有漢江、長江以北，長安以東的廣大區域，號稱「三分天下有其二」。他麾下軍隊眾多，文武如雲，與諸葛亮同年的皇帝——漢獻帝劉協也是曹操手中的傀儡。毫無疑問，這是當時最強力、最有希望統一全國的一家。

曹操像

關於「諸葛亮該投劉備還是該投曹操」的辯論會，恐怕在全國的大學生裡面沒打十萬場也打了八萬場。按反方觀點，曹操兵足將廣，諸葛亮投了他可以很快地一統天下，那不是能夠解除人民的戰爭苦難嗎？為什麼諸葛亮偏要逆歷史潮流而動呢？

主要原因也有兩方面。

其一，曹操這人，才能是第一流的，但品行令人不敢恭維。自從西元一九六年把漢獻帝迎接到許昌之後，飛揚跋扈，不但朝政一手把持，甚至對不聽話的大臣也想殺就殺，想免就免，把漢獻帝欺負得夠嗆。到西元二〇〇年矛盾就來了個總爆發，漢獻帝密下「衣帶詔」，叫岳父董承除掉曹操，結果事情敗露，董承被殺，曹操還帶兵進宮把董承的女兒董貴人殺了，漢獻帝苦苦求情都沒用。

今天的小朋友沒準覺得這叫個性，覺得曹操立下那麼大的功勞，專橫一下怎麼啦？殺董貴人那是自衛反擊加正當報復！但至少在當時的天下人看來，這就是欺君罔上，所謂「托名漢相，其實漢賊」。諸葛亮目睹了秩序破壞下的民生慘劇，他的志向是要恢復這個秩序。曹操這種「顛覆式的重建」，他是無法接受的。

其二，曹操太過殘忍，詩裡面說得悲天憫人，打起仗來屠城殺降眼都不眨一下。最出名的自然是為報父仇攻打徐州時的暴行。今天的人坐在辦公室裡研究，自然可以替曹操辯解，比如憤怒沖昏頭腦，比如那時候屠城殺降是慣例，是威懾手段什麼的。但對當時被殺的那些老百姓，以及害怕被殺的其他老百姓，這些辯解是沒法化解他們的恐懼和哀怨的。諸葛亮本身就是瑯琊人，故鄉也曾被曹軍蹂躪，曹操在他心中一定有一個負面的印象。

所以，諸葛亮也就不會投奔曹操了。在諸葛亮看來，曹操的強勢是對秩序的破壞而非修復。在他的戰略規畫裡，曹操是被定性為需要擊敗的「終極大魔王」。至於有人說諸葛亮嫌曹操手下人才已經很多，錦上添花不如雪中送炭，這個頂多算次要原因。

第三個可選擇的，是江東孫權。孫權比諸葛亮還小一歲，手下人才不少，尤其有周瑜、魯肅這樣銳意進取的文武雙全之士。而且，諸葛亮的哥哥諸葛瑾就在孫權手下，諸葛亮若去了孫權那裡，想必能和周瑜、魯肅默契配合，甚至可能更早實現南北對峙的格局。

諸葛亮為何沒投孫權？據某書記載，張昭曾經向孫權推薦諸葛亮，諸葛亮拒絕了，理由是他在孫權手下不能完全發揮出才幹。這個記載未必屬實，卻也有些道理。孫權是少年英雄，血氣方剛，但對待部下的氣量還不夠大。這個缺點在上了年紀後越發明顯，連功勛卓著的名將陸遜最後都給孫權逼死了。而孫吳政權也不夠正派，曾多次向曹操方面示好、稱臣。諸葛亮最終沒去東吳，是東吳的一個遺憾，對他自己倒挺幸運的。

除了這三家之外，其他諸侯就更不必說了。益州（四川）的劉璋懦弱無能，連自己的手下都管不好，手下一幫人伸長脖子等著吃裡扒外換主子；涼州（甘肅）的馬超、韓遂有勇無謀，殘暴短視；至於遼東的公孫氏、漢中的張魯、嶺南的士燮等，更是成不了氣候。

數了一圈，天下諸侯適合諸葛亮的，也就只剩下大家熟知的那位「大耳賊」劉備了。

大耳賊簡歷

劉備在《三國演義》裡面，是個被嚴重醜化的角色。羅貫中及其之前的民間作家們試圖塑造他們心目中的「仁君」，卻弄出一個昏庸無能、裝腔作勢的小丑來。《三國演義》中的劉備，文不成武不就，幾十年間只知道頂著一個「大漢皇叔」的金字招牌到處招搖撞騙，一遇上危險就只會哭。就連唯一的特長「仁義」，也被「顯劉備之長厚而似偽」，攜民渡江時心中悲痛，竟然要投江自殺。

而歷史上的劉備，比這個藝術形象要厲害得多。劉備才能出眾，文武雙全。他的畢生對手曹操在「煮酒論英雄」時曾對劉備說，天下英雄就你我二人，袁紹這種人根本不算什麼。後來，曹、劉翻臉，曹操又評價說，劉備水準和我差不多，就是智謀方面稍微遲鈍一點。

劉備的性格也相當果決，敢作敢當，絕非《三國演義》中的鼻涕蟲。當初參加鎮壓黃巾起義時，劉備有一次全軍覆沒，躺在屍體堆裡面裝死人才逃過一劫，算是從鬼門關上爬過來的。劉備當安喜縣尉時，就敢綁架毒打上級派來的督郵（紀檢人員），哪裡有半點婆婆媽媽的作風？劉備很能打仗，從二十多歲參加鎮壓黃巾軍起，戎馬生涯了半輩子，稱得上是經驗豐富的老兵。他曾先後被呂布和袁術打敗，更曾多次輸給曹操，但依然不屈不撓，抗爭到底，曹操的部將蔡陽、車冑、劉岱、王忠都曾敗在他手上。（後來《三國演義》中把劉備的這些事蹟全放到了關羽和張飛等人頭上，這是出於藝術

劉備像

加工需要。）

劉備最為人稱道的是他的人格魅力。無論是有權有勢的軍政官員、普通士人、草莽豪傑，還是一般平民，劉備都能與他們坦然相交。早年有仇人派刺客到劉備這邊臥底，準備刺殺劉備，結果那刺客被劉備一番真誠接待，推心置腹，頓時感動得眼淚鼻涕嘩啦啦的，當場把客戶的計畫和盤托出。靠著這種人格魅力，劉備前半生雖然經常被打得跟喪家之犬一樣，但走到哪裡都能得到很好的接待，鎮守哪裡也能得到老百姓的支持。這種能耐不是一般人可以學的。

「皇叔」的頭銜是文學家送給劉備的。歷史上的劉備，只是一個擁有漢朝皇室血統的窮光蛋。有這種血統的人，在當時的天下沒有幾萬也有幾千，不值幾個錢。劉備能崛起成為一路諸侯，靠的是他自己的非凡才幹和非凡毅力。

這就是真實的劉備。相比霸氣蓋世而又率性而為的曹操，劉備才能略遜，卻更有親和力，尤其待下寬厚，基本不殺戮百姓，在士人中間也有更「仁義」的名聲。相比老邁的劉表或年輕的孫權，劉備表現的進取心和英雄氣概更強。至於其他歪瓜裂棗的軍閥，就更是無法與劉備相比。

劉備來荊州，其實也就比諸葛亮晚幾年。在西元二〇一年左右，他被曹操打敗，南下投奔劉表。只不過長期以來，劉表讓劉備駐紮在荊州北部新野一帶，作為抵抗曹操的排頭兵。而當時的諸葛亮還年輕，「臥龍」的名號還沒有被龐德公和司馬徽炒作起來，他的名字也傳不到劉備的耳中。

劉備和諸葛亮就這樣咫尺天涯，卻未曾相識有六年。

在這六年中，諸葛亮繼續他淡泊明志、寧靜致遠的修養，逐漸成為荊襄士林的一顆新星。而劉備則在新野積極訓練軍隊，準備實現他那遙不可及的夢想——打敗國賊曹操，興復漢室。流落到荊州的各地士人，還有一些劉表的手下，被劉備的個人魅力所征服，紛紛投奔到劉備那裡，或者與他暗中有了往來。

這一切，也逐漸引起了劉表的猜疑，那麼胸懷大志的諸葛亮，一定不會對劉備毫無所知。說不定在他心中，早已圈定了劉備作為自己未來君主的第一候選人。

只不過，出於名士的矜持，諸葛亮並沒有急匆匆地去面見劉備表忠心。世人口耳相傳的劉皇叔，到底是不是如傳言中的那麼好？諸葛亮愛惜自己的羽毛，不會輕易上任何一個人的船。

但該來的終究會來。某一天，劉備拜訪了襄陽名士司馬徽。「好好先生」司馬徽對劉備說：「你要找真正的賢才，那麼臥龍諸葛亮和鳳雛龐統，這兩位是本地最出色的了！」

幾乎與此同時，諸葛亮的好朋友徐庶也投到了劉備麾下，得到劉備的器重。徐庶不失時機地推薦：「臥龍諸葛亮，是人中的俊傑，您不想見見嗎？」

這一點古代和現代社會基本沒什麼區別，熟人推薦是比海投簡歷有效得多的方法。劉備頓時來了興趣：「請您帶著諸葛亮一起來好不好？」

徐庶還要替人賣關子：「諸葛亮和我不同啊，您必須親自去請他，別指望他和我一樣，屁顛屁顛地自個兒跑來。」

劉備果然是幹大事的，二話不說，立即前去拜訪「臥龍」。

二〇七年：歷史上的瞬間

關於劉備三顧茅廬的事，史料上記載得非常簡單：「凡三往，乃見。」就是說，劉備去找諸葛亮，去了三次，才見著面。

那時候，中國「權勢逼人」的風氣還沒那麼盛，一幫「山林隱士」各個都是有架子的，當官的屈尊去見名士並不稀罕，比如劉表去請龐德公。但去了三次才見著，諸葛亮這架子端得是太大了。民間作家據此添油加醋地演繹，到羅貫中手上，終於寫出占《三國演義》全書高達百分之一篇幅的《三顧茅廬》來。

這段記載，與其說是在漲諸葛亮的身價，不如說是在讚美劉備的誠摯。四十七歲的「大漢左將軍、宜城亭侯、豫州牧、新野城主」，前往面見二十七歲的鄉下書生，居然一次二次沒見著，還能繼續前往。在庸人看來，劉備這是丟臉掉分，但在有識之士看來，大耳朵的三顧之行，展現的是過人的胸襟與氣魄。諸葛亮想必也正是從這三顧中看出了劉備

三顧茅廬

的誠意和堅韌。與傳言相結合，他得出了這樣的結論：眼前這個臉上沒有鬍子的半老頭，是我真正值得輔佐的主人。

小知識

三顧茅廬真假

「三顧茅廬」記載於《三國志》等書。按《魏略》記載，則並非劉備三顧茅廬，而是諸葛亮主動去找的劉備，劉備最初還不待見他。考慮到諸葛亮自己在《出師表》中曾提到劉備三顧茅廬之事，無中生有捏造的可能性很小，因此通常還是以《三國志》中的記載為準。

這一刻，一個輾轉大半生，空懷豪情，一事無成的落魄老軍閥，和一個顛沛半生，空負才華的青年書生，風雲際會，一拍即合。他倆很快將組成未來許多年中，全中國最為人稱道的君臣搭檔。而在他們死後，這種組合關係將被後人繼續拔高，美化，甚至神化，最終成為君臣和諧相濟的典型案例。

即使多疑的後人們從中拚命挖掘出陰謀的味道、不和的味道、猜忌的味道，但依然不能改變大多數人的認知。

在這次載入史冊的會面中，劉備給諸葛亮的禮物很簡單：三流的軍閥家底（包括新野城池一座，軍隊萬人左右，關羽和張飛為代表的一批優秀人才，以及無法估值的名聲）、一流的雄心壯志，還有惺惺相惜的信任。這是劉備能拿出來的全部東西。

諸葛亮回贈給劉備的禮物，則是著名的戰略論文——《隆中對》。

這篇被奉為文言文經典的論文，總共三四百字，大致來說，講了以下幾個方面的內容：

第一、這裡往北，是終極大魔王曹操。他現在擁兵百萬，占據天下大半，皇帝也在他手中，您要去和他硬拚是不可能的了。

第二、這裡往東，孫權靠老爸老哥的遺產，占領江東，牢固得很，您也不可能吃掉他，只能和他結為同盟。

第三、荊州這塊地方位置重要，劉表是個老糊塗，兩個兒子都是廢物，您先把這塊地吃下來。

第四、往西的益州，又富饒又險要，劉璋更是個超級廢柴，您再把這塊地方也吃下來。

第五、接下來，您拿荊州和益州當根據地，連絡好西邊、南邊的少數民族，和孫權結盟，然後瞅準機會，兵分兩路，一路從四川打陝西，一路從湖北打河南，就可以消滅終極大魔王曹操，興復漢室。

這樣，諸葛亮給劉備畫出了「興復漢室」的宏偉藍圖，哪一個是敵人，哪一個是朋友，先吃哪塊，再占哪塊，井井有條。

在後世的一千多年中，有人將《隆中對》奉為神明，也有人站在「事後諸葛亮」的角度，提出了種種非議。比如該計畫只有大目標，沒有具體的執行環節；比如該計畫分散了主力；比如該計畫在後期如何誤導了蜀漢政權的戰略發展等。

南陽臥龍崗武侯祠「三顧茅廬」景觀

在當時，《隆中對》也絕非獨一無二的寶貝。同期魯肅也曾給孫權提出過《榻上策》，主張從江東出發，占領荊州和益州，形成南北對峙的局面，與曹操中分天下。所以，過分神化《隆中對》是不必要的。

但另一方面，《隆中對》又確實是劉備集團最大的寶物。因為劉備最缺的，恰好就是這樣的一份戰略計畫書。劉備做為一世梟雄，能打仗，能爭取人心，但確實不善於戰略規畫。

在過去的十多年裡，劉備也曾經不止一次地占據大片土地，擁有數萬軍隊。但因為沒有好的戰略規畫，在錯綜複雜的軍閥混戰中，不知道確認盟友與敵人。這樣，難免顧此失彼，東邊打仗，西邊挨刀，前門驅虎，後門進狼，地盤得一塊丟一塊，連個可持續發展都做不到。反覆折騰十多年，跑遍了大半個中國，到頭來還是只有這一點可憐巴巴的兵力，落得個寄人籬下。眼看著老對手曹操的實力越來越壯大，「興復漢室」的夢想也越來越遙不可及。

在這種情況下，出來一個人告訴他，還有希望！您只要如此如此做，就可以逐步實現咱們的目標。

對劉備而言，這就是迷途中看見了北極星，饑餓中聞到了飯菜香啊！他又怎能不把諸葛亮當作天上降下來的救星呢？

《隆中對》並非是日念千遍就可一統江山的寶典。它只是二十七歲的諸葛亮根據當時天下局勢做出的戰略規畫。這個規畫也有種種不足，當然是毫無疑問的。難得的是，在此後的十多年中，劉備集團基本依靠這個規畫，一步一步擴張，最後發展到「鼎足三分」的態勢。對比諸葛亮出山之前的十多年，劉備集團東奔西跑的沒頭蒼蠅模樣，《隆中對》的價值一目瞭然。

即使是後來的歷史學家、軍事家，能夠指出《隆中對》的種種不足，但尚無一人能夠幫劉備集團提出一份新的戰略作為替代，讓大家心服口服，能兼具《隆中對》的優勢而完全彌補其不足的。

所以，我們可以肯定地說，諸葛亮的這份厚禮，確實對劉備集團日後的發展，乃至對天下的大勢，起到了決定性的推動作用。

當這個滿嘴光禿禿的劉備，在高個子英俊青年的草廬中誠懇請教時，當高個子青年滿懷信心地說出這篇三百多字的策論時，遠在河南許昌的曹操根本無法預料到，他平生最難纏的對手，實力已經上了一個臺階。對曹操而言，統一天下的夢想，從此也將永遠是一個夢想了。

諸葛火燒博望坡？假的！

在《三國演義》中，諸葛亮出山後，立刻開始了一系列的出色表演。博望坡一把大火，燒得夏侯惇十萬大軍丟盔棄甲，稱為「初出茅廬第一功」，既讓「臥龍」之名威震天下，也使得猛將張飛對這位年輕的軍師心服口服。

然而，這是文藝工作者們的虛構。歷史上確實發生過火燒博望坡之戰，但時間不是在諸葛亮出山的西元二〇七年，而要早得多，大致在西元二〇一年劉備撤退到荊州之後不太久。當時曹操主力在北面清除袁紹勢力，派夏侯惇和于禁南下威脅荊州，劉表派劉備在博望坡抵抗。兩軍對峙良久，劉備忽然自己在博望坡放了一把火燒掉營盤，然後撒腿就逃。夏侯惇和于禁趕緊帶兵追趕，結果被劉備設下伏兵，打得大敗。這一戰再次證明了劉備很能打仗，不過在文學作品中，被作者將功勞挪到了諸葛亮頭上，時間推遲好幾年，而且火燒營盤的誘敵手段，也被演繹為神鬼莫測的「火攻」。

劉備不需要諸葛亮去「火燒博望坡」，他完全清楚諸葛亮的價值。這個年僅二十七歲的書生，將給他的集團帶來最缺乏的東西：戰略規畫。因此，請得諸葛亮下山後，劉備與諸葛亮成天待在一起，對他非常尊敬。這甚至引起了關羽和張飛等人的不滿。咱都是跟著您打了半輩子仗的老弟兄，憑啥您對這毛頭小子這麼好？

面對關、張二位氣鼓鼓的嘴臉，劉備的回答很清楚：「我得了諸葛孔明，就像魚兒得了水一樣，從此可以自由馳騁了！」

在民間作家和羅貫中等人的筆下，劉備的「如魚得水」有更為實在的表現：他拜諸葛亮為軍師，並且把全部軍隊都交給諸葛亮掌管，連劉備自己都要聽諸葛亮調遣。

按照民間文藝的思維，「智慧」就是簡單的高低關係，既然諸葛亮比較聰明，那麼就讓他當最高指揮官，大家都聽他發號施令好了。但歷史上並非如此。

因為劉備是打了半輩子仗的一代梟雄，而不是狂熱的追星族；諸葛亮是一位才華蓋世的賢臣，但他不是神仙下凡，也不是全知全能，無所不會。君主與謀士，應該是各施其能，而不是簡單的「誰聰明聽誰的」。尤其是行軍打仗，雖然諸葛亮有天生奇才，但才能也要在常年征戰中培養。二十七歲的諸葛亮就算曾飽讀兵書戰策，要他一出山就指揮大部隊打仗，實在太兒戲了。而給毫無表現的諸葛亮直接封大官，也是違反組織原則的。

歷史上，劉備看重諸葛亮，但並非把他當神仙，什麼事都靠他。諸葛亮這一時期的職務，類似智囊、高級參謀，給劉備出各種戰略和政略方面的建議，以及從事行政、財政和戶口管理工作，參與訓練軍隊。通過這些工作，既加強諸葛亮與劉備集團其他骨幹的磨合，也讓諸葛亮有更多實踐的機會，將他從書本上和名士座談會中學到的知識加以驗證，最終固化為自己的才能。

從諸葛亮的官職也能看出端倪來。在西元二〇七年這一年，劉備自己的官職是豫州牧、左將軍，關羽的官職是雜號將軍，張飛的官職是中郎將，而諸葛亮則沒有正式的官職，僅算劉備的參謀、幕僚人員。

此外，諸葛亮的一項重要工作，是幫助劉備集團搞外交、聯絡和統戰。如前所述，《隆中對》以曹操為大敵，以孫權為外援，而劉表占據的荊州，則是首先要奪取的目標。問題在於，荊州牧劉表雖然老邁昏庸，畢竟也曾是一代雄主。劉備受他恩惠好幾年，現在寄人籬下，如何個奪取法？諸葛亮不是神仙，他不大可能預測到一年後就爆發的赤壁之戰。

諸葛亮對此的具體規畫，史書未曾記載。從現有的蛛絲馬跡推測，大致是一方面招收流民，訓練軍隊，擴張自己的硬實力；一方面結交荊州的人士，打造屬於自己的人脈資源，擴充軟實力。

劉備以「仁義」的名聲號召於世，劉表在世時，劉備多半是不好意思取荊州的。但劉表一旦去世，他的兩個兒子劉琦和劉琮，誰也不是劉備的對手。那時候無論是巧取豪奪，還是尊奉某位公子為名義上的老大，總之是要吃下荊州的。當然，這個過程中想必要和蔡氏集團來一番明爭暗鬥。

有利的是，恰好劉表自己的家事糾纏不清。次子劉琮在繼母蔡夫人、舅父蔡瑁和表哥張允等人的支持下，大有廢長立幼之勢。劉表的兩位公子鉤心鬥角，這之中劉備傾向劉琦。這也很容易理解，劉備是要主持正義的，長子繼承權在道德上占據「正統」制高點。而支持劉琦的話，對於劉備未來在荊州地區發揮影響力，也就有了一個支撐點。

諸葛亮幫助劉琦？不好說！

在荊州地區出現劉琦劉備集團與劉琮蔡氏集團的對峙，暗流湧動。尤其劉琮這撥人得到了劉表的寵愛，實力很強。這當然讓大公子劉琦非常鬱悶，甚至恐懼。歷史上為了爭權奪位而死於非命的長子，數都數不過來，要是劉琮給他也抽冷子[4]來一刀，怎麼辦？

等劉備請出諸葛亮之後，劉琦深知這位表姊夫智謀出眾，便向諸葛亮請教：「亮哥，我該怎樣才能擺脫危險？」

諸葛亮卻跟他裝傻充愣。諸葛亮處事一貫謹慎，他現在只是劉備手下的一個謀士，隨便插手劉表的家事是很不妥當的。更別說站在另一邊的蔡氏集團和諸葛亮也關係匪淺，蔡瑁是他老婆黃月英的舅舅，蔡夫人是黃月英的姨媽。所以，劉琦多次請教，諸葛亮都避而不答，要追問急了，他起身就走。

4 抽冷子：突然。

最後逼得劉琦沒辦法，使了一招「上屋抽梯」之計，把諸葛亮騙到高樓上喝酒，等只剩他倆在樓上的時候，暗中令人抽掉梯子，然後再向諸葛亮請教。諸葛亮捂著耳朵想跑，跑到樓梯口一看，梯子已經沒了。這時候劉琦緊逼過來，對諸葛亮說：「這裡就咱兩人，上不連天，下不挨地，話從你口中出，進我耳朵。你現在可以幫我出主意了吧？」

諸葛亮還沒用計，自個兒先中了一計，又好氣又好笑。見表舅子如此處心積慮地請教，便教他一招：「春秋時候晉國內亂，公子申生留在國內，最後被害死了；公子重耳逃亡國外，最後不但活了下來，還回國繼承君位。」這是在勸劉琦外出掌握兵權。

於是，劉琦根據諸葛亮教的，向父親劉表申請到江夏擔任太守。劉表同意了。劉琦自此暫時脫離了蔡氏的陷害，而且擁有自己的根據地和直屬部隊。諸葛亮牛刀小試，輕輕一計，便取得了成功。日後，劉琦對劉備和諸葛亮自然感激涕零。在赤壁之戰前後更是全力支持劉備，成為劉備奪取荊州起家的重要盟友。

以上是歷史記載的諸葛亮第一次用計。這條計策從表面流程和實際效果上看，當然純是為劉琦避禍出謀劃策。然而，如果我們戴上「陰謀論」的有色眼鏡，那麼客觀上說，它的最終出發點，還是劉備集團自己的戰略利益。

就像前面說的，根據《隆中對》，荊州地區應該是劉備集團首先奪取的目標，時間是在劉表死後。假設劉表的繼承人兄弟和睦，長幼有序，劉琦、劉琮和掌握大權的蔡氏集團相親相愛，鐵板一塊，共同守衛祖業，那麼對劉備而言，奪取荊州的難度顯然就增加了許多。

現在，長子劉琦受到弟弟劉琮和蔡氏集團的威脅，這對劉備是個挑戰，更是個機遇。他可以藉著「保護長子合法繼承權」的名義，插手荊襄事務，利用劉琦和劉琮之間的爭鬥，擴充自己的勢力，進而實現占領荊州的戰略目標。因此，從劉備的利益來說，應該保持和平衡劉氏兄弟之間的這種鬥爭。既不能讓鬥爭平息下來，也不能讓鬥爭很快地分出勝敗。否則不管是誰獲勝，都不利於劉備。

這種情況下，如果劉琦長期滯留在劉表身邊，和劉琮天天抬頭不見低頭見，相互都在對方捅刀子的範圍內，那麼哥兒倆鬥爭的頻率和激烈度將很快激增。鑒於繼承權鬥爭的殘酷性，很有可能某天早上起來，大家就會發現劉家兄弟中的其中一個已經成了屍體。不管是劉琦順理成章被蔡瑁做掉，還是劉琦絕地反攻奪回繼承權，對劉備來說，都將失去插手荊州事務的最佳機會。這是必須避免的。

機緣巧合，恰在此時，鎮守江夏的黃祖死了，於是根據諸葛亮的計策，劉琦去了江夏。這一方面降低了他被害的風險，另一方面也等於宣告他暫時遠離了對繼承權的爭奪——按中國古代傳統，有繼承權的長子一般是不該在外帶兵的。劉琦遠離在外，蔡瑁等人很難再陷害他，但他在劉表面前表現的機會也就沒有了。換言之，劉琦捨棄爭奪繼承權的機會，換來自己的直屬力量和安全。

這樣，兩位公子之間的對峙和分裂，就將一直保持下去，直到劉表去世。到那時候，這樣的局面對劉備是最有利的。如果劉琮在蔡氏的扶持下繼位，那麼遭到繼母和幼弟排擠的劉琦，將成為劉備戰略棋盤上一顆極為重要的棋子。劉琦所占據的江夏，也將成為劉備奪取荊州的根據地之一。劉備可以義正詞嚴地打著「支持長子」的旗號，幫助劉琦對付劉琮，爭取荊州人士的支持，最終拿下這一塊地盤。

而在歷史上，由於曹操的迅速入侵，劉琦和劉琮沒有來得及爆發兄弟之爭。這時候，在劉琮投降、荊州大半歸曹的情況下，劉琦占領的江夏又成為劉備在荊州最後的庇護所，幫助他支撐了赤壁之戰。赤壁之戰後，劉琦更是作為劉備的傀儡，為劉備掌控荊州提供了很大的號召力。

小知識

劉表曾讓荊州給劉備？

《英雄記》記載，劉表病重時曾經想讓劉備接替荊州，劉備推辭了。後來的作家們以此為據，發揮出「劉表讓荊州給劉備」、「劉表臨終前想請劉備輔佐劉琦繼位，可惜被蔡氏陰謀破壞」的段子，並把廢長立幼、陷害劉備的板子完全打到蔡瑁頭上。但以《三國志》的記載來看，劉表和劉備的關係，是相互利用而又有所猜忌和防備的，寵愛小兒子劉琮也是劉表自己的主意。說一代軍閥大佬劉表，竟要把自己的基業荊州讓給外人劉備（雖然是同宗），這種論點未必站得住腳。

諸葛亮在百忙之中下的這一步閒棋，給劉備集團日後的拓展提供了重要的斡旋空間。但許昌的曹操不會給他這樣一步一步下棋的機會。很快，曹軍烏雲般的鐵騎，將把整個荊州籠罩在烽煙之下。

第三章

赤壁鍛成三足鼎

諸葛亮火燒新野？假的！

西元二〇八年，曹操親自率領大軍，向南進攻荊州，兵力十五萬左右。對三國時期頭號軍事家曹操而言，這幾乎也是他三十年戎馬生涯中，所率領規模最大的部隊。

曹操為何在這時南下？按照《三國演義》的說法，是因為劉備請出諸葛亮後，在博望坡一把火燒了夏侯惇，因此曹操驚怒交加，遂出大軍南下。

歷史上的原因更簡單。劉備本來就是曹操最看重的對手，曹操自翻臉之後，從來都是把劉備當作心腹之患，一心想除之而後快。之前苦於主力部隊在收拾河北的袁紹殘黨，騰不出手來南下，派遣的偏師夏侯惇又在博望坡被劉備打敗。等到西元二〇七年，曹操終於徹底消滅袁氏，把河北地區完全占領，次年就立刻調集大軍南下，為的正是一舉消滅心腹大患劉備，以及庇護劉備的劉表，占領荊州地區。

至於諸葛亮，在那時的曹操眼中，不過是一個有幾分虛名的青年才俊罷了。等占領荊州後，他肯來投順最好，不肯來那就殺了得了，哪裡可能為了這小毛頭專門出兵呢？

曹操南下的消息傳來，劉備這邊倒也不是毫無準備。曹操要統一天下，早晚都會打荊州，兵來將擋，水來土掩，怕什麼？然而，屋漏偏逢連夜雨，這個節骨眼上，荊州牧劉表病死了。

劉表雖然已經老邁，對劉備也有猜忌提防之心，但畢竟是荊州地區的雄主。背靠這棵大樹，劉備可以大膽地抵擋曹操。現在劉表一死，荊州頓時群龍無首，原本早已鬱積的劉琦和劉琮兩兄弟及其背後政治集團之間的矛盾，也立刻爆發出來。

在蔡瑁和張允等人的支持下，劉琮搶先一步繼承了劉表的荊州牧權位。但這位二公子的地位也是很尷尬的。東面有哥哥劉琦在江夏，隨時可能興兵前來，問廢長立幼之罪；北面有劉備在新野、樊城，對自己也沒什麼好處。恰在這時候，曹操的大軍又來了。荊州地區的很多名門官員如蒯越、韓嵩、傅巽等人都是「親曹黨」，在他們的威逼利誘下，劉琮把持不住，乾脆直接派人聯繫曹操投降。

小知識

劉琮降曹是非論

蒯越等人對劉琮說，現在曹操大軍南下了，咱們這兒能和曹操打的只有劉備。但劉備也不是曹操的對手，要是打了敗仗，您也就完了。就算劉備打贏了曹操，他也不會聽您的，與其這樣，不如直接投降朝廷。蒯越等人攛掇劉琮投降曹操，在《三國演義》中是被作為「賣主求榮」加以批判的。但實際上曹操雖然殘暴，當時確實是代表正統的大漢皇朝。劉表的勢力只是個地方軍閥，面對「中央軍」的征討直接投降也算順應大勢。評價這個行為，無非看你站在曹操還是站在劉備的政治立場上而已。至於《三國演義》中劉琮和蔡夫人投降後被曹操所殺，這也是虛構的。歷史上，劉琮投降後得到了善終。

這樣一來，劉備的局勢頓時危急起來。北面是死對頭曹操的十五萬大軍，南面的靠山劉表換成了居心叵測的劉琮。那怎麼辦？只能先棄城逃走。

在《三國演義》中，劉備南逃之際，諸葛亮再次施展神通，在新野放了一把大火，燒得曹仁和曹洪的十萬大軍焦頭爛額。這同樣是虛構。

歷史上，諸葛亮沒有這樣的神機妙算，敢在敵人眼皮子底下放火奇襲。實際上曹軍風聲一來，劉備就直接帶著自己身邊的萬餘兵馬，以及願意跟從的老百姓，棄城南下。當時劉備的據點是樊城，與劉琮的首府襄陽只隔一條襄水，抬腳就到。

等到了襄陽城下，諸葛亮向劉備獻出了一條重要的計策：那就是襲取襄陽，劫持劉琮，藉此聯合劉琦，占領荊州，然後同曹操交戰。

這條計策是可能成功的。劉琮繼位不久，荊州內部劉琦黨和劉琮黨本來就爭鬥不休。現在曹操大軍南下，人心惶惶，劉琮直接投降，在劉表舊部中也有許多人不服。以劉備的聲望和手段，對付劉琮確實有很大的勝算。

如果說諸葛亮在未來多年中，以謹慎行事作為一貫風格，那麼在這個時候，他畢竟只是虛歲二十八的青年，初出茅廬，血氣方剛，還有些文人紙上談兵的衝勁。在他看來，《隆中對》的戰略本來就要求占據荊州，如今曹操南下，劉琮投降，不趁機奪下荊州，更待何時？

然而，劉備拒絕了。他說：劉表以前對我不錯，死前也曾託我照顧他兒子，現在他屍骨未寒，我就奪了荊州，這樣背信棄義，死後哪有面目見他？

諸葛亮的第一條戰術性計策，就這樣被劉備駁了回來。

這並非因為劉備比諸葛亮還謹慎。劉備戎馬半生，數次從死亡線上滾過來，其魄力與冒險精神豈是隆中高臥的書生可比？

就是因為劉備曾經歷經生死而志氣不改，他才更有自己的準則。

做為亂世軍閥，劉備肯定不是道德至上的聖人。他日後巧取豪奪，霸占劉璋的益州，是公認的不厚道行為。

但在此時此地，劉備認為對荊州問題不可造次。劉備很清楚，曹操才略蓋世，兵力強大，自己要與之對抗，唯一的方法就是堅持高舉「仁義」的旗號，收獲（叫收買也行）人心。

因此，劉備與曹操的荊州爭奪戰，不僅要爭奪城池、錢糧和軍隊，更要爭奪荊州士人和百姓的人心。

如果這會兒發動政變，貿然對劉琮下手，雖然能吞併一部分資源，在軍事上獲得先機，卻也會激起荊州人士的反感，得不償失。

取捨之後，劉備做出了決斷：他先在城外仁至義盡地向劉琮打了招呼，然後離開襄陽，繼續南下，準備退到重鎮江陵（今湖北省荊州市），在那裡抵抗曹軍。途徑劉表墳墓的時候，劉備認真地進行了祭拜，痛哭流涕：「老哥，您讓我幫助您家兒子守荊州，可您家兒子居然投降了曹操，我該怎麼辦啊！您在九泉之下幫幫我吧！」

這時候，劉備堅持符合道義的行為，立刻有了收穫：襄陽一帶的官員、百姓，包括劉琮左右的很多人，都紛紛投奔到劉備的旗下，跟著他一起向南撤退。儘管留在襄陽意味著可以平平安安地歸降曹操，說不定還能升官；而跟隨劉備則意味著顛沛流離，很可能還要同曹軍血戰喪命，但還是有很多人用腳給劉備投票。

數以萬計的人扶老攜幼，推車騎馬，如同滾雪球一般到劉備旗下聚集！對自詡才高的諸葛亮而言，眼前這壯觀的一幕，一定也是相當震撼的。如果說在《隆中對》的時候，諸葛亮的戰略大局觀給劉備「久旱逢甘霖」的驚喜，那麼在襄陽城下，劉備的仁德也讓諸葛亮感慨頗多。

這一次，是二十八歲的諸葛亮，從四十八歲的劉備那裡學到了很重要的東西。權術可以一時得勢，但道義的力量也絕不可輕侮。未來數十年裡諸葛亮恪守的道德，或許從這一刻便已固化。

這一對被奉為千古典範的君臣，他們彼此「亦師亦友」的關係，也是相互的。後世文學作品中那種單方向「活神仙諸葛亮教導老好人劉備」的模式，完全不能展現他們的默契與互補。

走馬薦諸葛？假的！

劉備在襄陽城下與劉琮分道揚鑣後，決定前去江陵獨力抵抗曹操。江陵城是南郡的首府，是荊州中部的重鎮，南臨長江，東依漢水，劉表生前在當地囤積了大量的軍用物資。如果劉備能夠占據江陵，用那些軍用物資擴充自己的兵力，然後向東與江夏的劉琦聯合，向南收取長江以南的武陵、長沙等四個郡，這樣占有大半個荊州的地盤，還足以和曹操一戰。江陵的得失，也就成為曹、劉荊州爭奪戰的又一個關節。

江陵的戰略地位如此關鍵，此刻的劉備，卻表現得異常詭異。

前面說了，在他南下途中，荊州北部的很多官員、百姓和士兵，因為仰慕劉備的仁名，或者不願意投降曹操，或者害怕曹軍屠城，紛紛投奔到劉備旗下。劉備來者不拒，這樣他一路南下，隊伍不斷擴大，等走到湖北中部的當陽時，距離江陵還有差不多一半路程，跟隨左右的軍民已經有十多萬人。

那時的交通很不發達，這樣十多萬毫無紀律的烏合之眾走在一起，行李車輛都有好幾千架，別說道路、橋梁的擁塞，就是食宿也是個大問題。因此，他們每天只能蝸牛般地挪動十多里路。劉備手下的人很擔心，都勸劉備說：「咱們應該丟下這些烏合之眾，輕裝全速前進，好占領江陵，抵抗曹操。現在跟這十多萬人擁擠在一起，走得又慢，真打起來呢，這十多萬人戰鬥力簡直是負數。曹操追來怎麼辦？」

然而，劉備又有他的章程。他回答說：「要成就大事，必須以人為本。現在這些人因為信任我而跟隨我，我怎麼能因為危險而拋棄他們？」

好一句「以人為本」。憑這一句話，劉備即可躋身偉大君主之列。

在民間評話中，諸葛亮對劉備這種「仁德」很不以為然。認為如果劉備丟下百姓，不但可以快速占據江陵，而且百姓只要四下分散，也不會遭到曹軍的劫殺。現在因為劉備的一念之仁，拖著十幾萬人一起慢慢挪動，等曹操追來就是同歸於盡，反而害了這些百姓，又耽誤了軍機，對誰都沒好處。

但在另一些文藝作品中，則說諸葛亮被劉備的這種精神而感動。連繫到自己的故鄉瑯琊曾經遭受的戰亂屠戮，諸葛亮認定了，眼前這個肯與百姓共擔生死的君主，確實是值得自己輔佐的明君。

歷史上的諸葛亮會如何思考？每個讀史者可以有自己的認識。

總之，劉備拒絕了「丟下民眾快速前進」的建議。作為一種補償，他派大將關羽帶著一部分兵力和幾百艘戰船沿著襄水（就是漢江）走水路先行東下，自己依然帶著大隊人馬走陸路，慢吞吞地南下，準備在江陵會合。

另一方面，雷厲風行的曹操，可沒有劉備這麼多的顧忌。他率領大軍進入襄陽，接受劉琮投降之後，立刻親自選派了五千名最精銳的騎兵，不帶輜重，全速向南追擊劉備。劉備的十幾萬人每天只走十多里路，而曹操的五千精騎一日一夜就奔馳了三百里！

就在當陽南面的長阪一帶，曹軍追上了劉備。一團亂麻的十多萬人遭遇五千精銳，被鋼刀切豆腐一樣沖得七零八落。劉備帶著諸葛亮、徐庶等幾十個人倉皇逃走。他的愛妾甘氏和兒子劉禪都失陷在亂軍中。幸虧大將趙雲奮力衝殺，保護甘氏和劉禪出了重圍；又幸虧張飛有勇有謀，用二十名騎兵守住長阪橋，擋住追兵；還幸虧之前派出了關羽水軍先行一步，關鍵時刻掉頭把劉備接應過了襄水，這才免遭被曹操俘虜的危險。然而跟隨劉備的十多萬軍民，卻是基本上完全覆滅，不是被殺，就是被俘。

當陽之戰，給了劉備四個沉重打擊：第一、他的大部分軍隊被擊潰了；第二、追隨他的十萬民眾被擄掠了；第三、江陵也被曹軍搶先占領了；第四、他失去了重要的謀士徐庶。

按照《三國演義》所描寫，徐庶是在劉備「三顧茅廬」前走的。曹操先把徐庶的母親誘騙到許昌，然後以此強迫孝順的徐庶離開劉備，進入許昌。徐庶臨行前，因為感激劉備的厚待，「走馬薦諸葛」，把諸葛亮介紹給劉備，此後才有三顧茅廬的故事。

但在歷史上，徐庶是和諸葛亮共事了一兩年的。直到劉備南下江陵時，徐庶也保護著他的母親一起跟隨。當陽之戰，徐庶的母親和其他難民一起被曹軍抓走，大孝子徐庶方寸大亂，只好向劉備辭別，北上去見曹操。曹操想不到抓難民居然釣來一個大謀士，當然高興得很。從此，徐庶便在曹操手下做事。

與徐庶一起投靠曹操的，還有諸葛亮的另一位老朋友石韜。後來三國鼎立，徐庶在魏國官至右

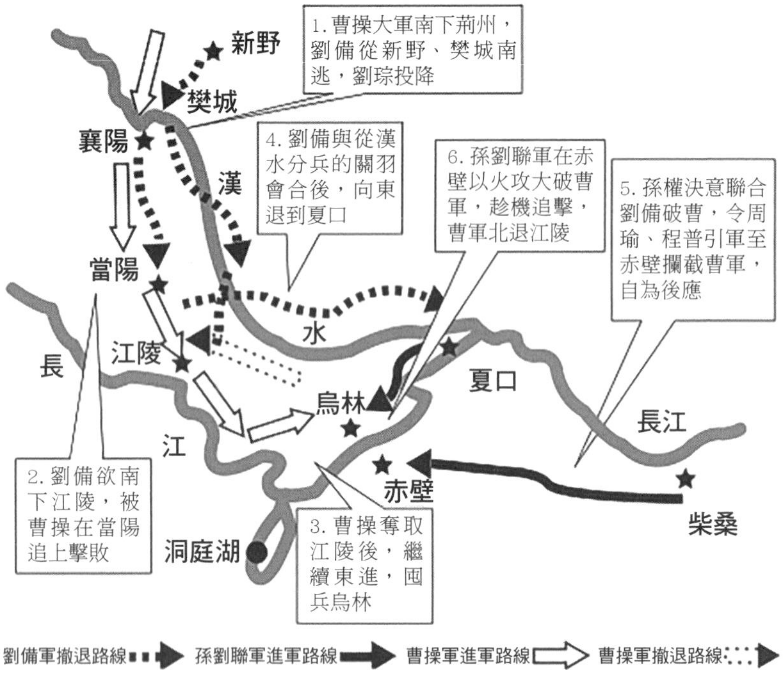
1. 曹操大軍南下荊州，劉備從新野、樊城南逃，劉琮投降
新野
樊城
襄陽
漢
4. 劉備與從漢水分兵的關羽會合後，向東退到夏口
6. 孫劉聯軍在赤壁以火攻大破曹軍，趁機追擊，曹軍北退江陵
5. 孫權決意聯合劉備破曹，令周瑜、程普引軍至赤壁攔截曹軍，自為後應
當陽
水
江陵
長
夏口
烏林
長江
江
赤壁
柴桑
2. 劉備欲南下江陵，被曹操在當陽追上擊敗
洞庭湖
3. 曹操奪取江陵後，繼續東進，囤兵烏林
劉備軍撤退路線
孫劉聯軍進軍路線
曹操軍進軍路線
曹操軍撤退路線

赤壁之戰示意圖

中郎將、御史中丞；石韜官至郡守、典農校尉。當時已是蜀漢丞相的諸葛亮聽說後，還覺得這兩位朋友的官當得小，嘆息說：「魏國人才竟然那麼多啊，徐庶、石韜他們只當到這個等級的官！」孟建後來也出仕曹魏，官至涼州刺史、征東將軍。

當陽之戰，劉備「以人為本」、「攜民渡江」的仁德聲望再次得到飆升，同時他手中原本不多的一點本錢又輸掉大半。所謂「輸了裡子，贏了面子」，暫時來看吃虧得厲害。靠著關羽水軍的接應，劉備勉強沿著漢水撤退到了江夏，與劉琦會合。這對落魄的叔姪湊在一起，軍隊才兩三萬人，龜縮在江夏一郡，西臨曹操迫近，東邊還有長期敵對的江東孫權。而繼續南下的曹操，吞併了荊州的軍隊和錢糧，實力進一步增強。

劉備和他的鐵杆部下關羽、張飛等，都是身經百戰、經驗豐富的將領。但在擁有十倍兵力，而且比他們更加身經百戰，更加經驗豐富的曹操面前，劉備老哥幾個是完全沒有勝算的。

這時候，做為戰略家和政治家的年輕參謀諸葛亮，開始一步步凸顯出自己的價值。

諸葛亮舌戰群儒？假的！

在歷史上，諸葛亮的加入，並沒有給劉備增加「火燒新野」之類演義中的軍事奇蹟，劉備在曹操面前照樣一敗塗地，龜縮江夏。

但與以往不同的是，諸葛亮的加入，給劉備集團帶來了更明確的戰略規畫和外交路線。因此一到江夏，諸葛亮立刻向劉備提出建議：現在情況緊急，必須立刻向孫權求助了！

這似乎是輕描淡寫、順理成章的一句。但在當時，能看出這一點並果斷推行也是很不容易的。因為十多年來，江東孫氏和荊州的劉表是不共戴天的仇敵。當初孫堅就是被劉表的軍隊射死的，而孫權繼位之後，七八年來最主要的軍事行動就是不斷在江夏一帶和劉表拉鋸戰。兩家可謂苦大仇深。

也只有隆中高臥多年的諸葛亮，才能果斷地看穿「孫劉世仇」的迷霧，把孫權定位在戰略盟友的位置上。

然而，一個巴掌拍不響。就算劉備肯放下架子主動求援，孫權怎麼想？諸葛亮準備不管好歹，憑藉自己的才能，龍潭虎穴也闖一闖。

能不能說服孫權？這就要看臨場發揮了。

大約是天道酬勤，在劉備已經山窮水盡的當口，上天又送給諸葛亮一個對方陣營內的同志。那就是孫權的謀臣魯肅。

曹操南下，對孫權的震動也很大。孫權屯兵柴桑，準備見機行事。魯肅呢？他是主動請纓來荊州探看虛實的。這位「忠厚長者」也是當時第一流的戰略家。在他心中，同樣早就把曹操當作了假想敵，而「聯合劉備」則是他做為東吳謀臣的一個大膽創意。因此，他竟然申請前往荊州為頭號仇敵劉表弔喪，為先前孫劉兩家完全敵對的狀態進行了第一次「破冰」。

諸葛亮與魯肅身在兩家陣營，卻有共同的戰略規畫。兩人一拍即合，同時也堅定了劉備聯孫抗曹的信念。於是，諸葛亮和魯肅交上了朋友。隨即，他做為劉備的全權代表，東下柴桑回訪孫權。

但當時的孫權相當糾結。這也難怪，對劉備集團而言，曹操是不共戴天的死敵，除了抵抗曹操，沒有別的路子可走。但孫權至少還有「求和」這一項選擇。孫權底下很多官員畏懼曹操，都持著這一看法。孫權部下內部主戰和主和兩派的鬥爭正是白熱化的階段。

按照《三國演義》的描述，諸葛亮到江東後，主要幹了三件大事：一是「舌戰群儒」，駁倒了東吳的主和派大臣；二是說服了孫權樹立抗曹的決心；三是用「綠帽子」激將法，促使主戰派周瑜堅定了決戰的信念。

其實這裡面，舌戰群儒和智激周瑜都是虛構的，尤其是「舌戰群儒」，諸葛亮在休息室裡把對方大臣一個個痛罵一遍，看似威風凜凜，其實相當地得罪人，與大聯盟的宗旨是相悖的。再說這種嘴巴上的爭鬥，就算巧舌如簧，把對方說得啞口無言，人家口服心不服，照樣和你對著幹，完全於事無補。被舌戰的「群儒」裡面，步騭、虞翻等都是文武雙全的名士，曾經臨陣血戰，統兵開疆，《三國演義》中卻成了畏曹如虎，只知道賣弄唇舌的腐儒。《三國演義》中「智激周瑜」一段也不盡合理。歷史上的孫權對周瑜雖然信任，卻不是完全的託付。不解決孫權的決心問題，光把周瑜激得暴跳如雷是沒意義的。

但「說服孫權」一條，卻是實實在在的。諸葛亮不愧是戰略分析的大家，面對比自己小一歲的年輕君主孫權，他展開了有條有理、逐層推進的剖析。

第一部分，諸葛亮開門見山地把當前戰略形勢說明：現在曹操眼看就要統一天下，大軍已經到了荊州。您自己得趕緊拿個主意，要麼投降，要麼豁出去拚命，不要再想存僥倖心理拖延了！這是闡明大勢，迫使孫權下決心。

孫權反問，那你家劉備幹麼不投降呢？正中諸葛亮下懷，當即拋出第二部分：秦末的田橫寧死都不肯投降劉邦，劉備是大英雄啊！他要和曹操決一死戰，就算戰敗那也是得其所歸，怎麼會投降呢！這是用劉備作例子，在進一步刺激孫權。

果然，孫權畢竟只有二十七歲，血氣方剛，刷地一下就站起來了：「劉備都能這樣勇敢，我怎能投降曹操？」不過孫權還有顧慮，劉備被打得大敗，還有力量和我配合嗎？

這時諸葛亮又開始分析敵我雙方的形勢。從友軍來說，劉備雖然兵敗，加上關羽和劉琦的部隊，還有兩三萬人；從敵軍來說，曹操遠道而來，為了追趕劉備，搶占江陵，更是一路加急行軍，非常疲憊，所謂「強弩之末」，已經沒什麼銳氣了。而且他帶著北方的軍隊千里迢迢來到南方，水土不服，一群旱鴨子更不會水戰；荊州當地的軍民雖然在他的脅迫下歸順，並不是真心擁戴，不會豁出去為他賣命。

最後，諸葛亮的結論是：只要您派幾萬精兵和劉備共同抵抗曹操，一定能打敗他。之後，咱們兩家就能在南方發展勢力，與曹操形成三足鼎立的態勢！

這是在誘之以利。

在諸葛亮的「威逼利誘」下，孫權終於接受聯合抗曹的提議，當即調兵遣將，準備陪曹操一戰。諸葛亮的重要外交使命，至此順利完成。這也是他在劉備帳下立下的第一件大功。

在赤壁之戰前，東吳內部的戰和爭議，是相當激烈的。除了諸葛亮之外，周瑜、魯肅等主戰派也都進行了不同角度的勸解。他們做為孫權的部下，說的話自然更容易被孫權接受。其中，周瑜主要是從軍事角度分析敵我雙方的實力對比，指出曹操軍隊雖多，卻犯了四大忌諱，孫軍只要努力作戰，定能生擒老賊，匡復漢室，充分展現了軍事家的雄姿英發；魯肅則是從政治角度分析，告訴孫權，我們當屬下的可以投降曹操，您做為主公絕不能投降曹操，投降了就沒有今天的地位了，充分展現了政治家的深謀遠慮。

小知識

周瑜指出的曹操四大忌諱

第一是關西的馬超、韓遂還沒平定，是曹操的後患；第二是北方的士兵不習水戰；第三是時值冬天，糧食尤其是馬匹的草料很匱乏；第四是大隊人馬遠道而來水土不服，容易患病。

相對來說，諸葛亮站在「外陣營使臣」角度的這段分析，則是面面俱到，由戰略而人情，由人情而軍事，逐個誘發孫權潛意識裡「積極抗戰」的要素，而打消其顧慮心態，最終達到目的。可以說，這三位對於促成赤壁之戰都有不可替代的價值。曹操統一天下的偉業，就在這三位的嘴皮子下面灰飛煙滅了。

借箭借風？都是假的！

孫權在周瑜、魯肅和諸葛亮的勸說下，做出了聯劉抗曹的戰略決策，隨後就派周瑜、程普和魯肅帶領三萬精兵，與諸葛亮一起，從柴桑進至赤壁，同劉備聯軍抗曹。孫權自己整頓人馬，作為他們的後援。

接下來，展開了震撼天下的「赤壁之戰」。

《三國演義》中用了超過全書百分之五的篇幅寫這一場戰爭，曹操和孫劉聯軍雙方的鬥智鬥勇、決策定計固然是看點，而諸葛亮在孫軍中，為了防備周瑜的猜忌暗算，步步算計，施展智謀自保，這些段落也是精彩紛呈，比如草船借箭、七星壇借東風，都是膾炙人口的大戲。

然而，這中間多數也是虛構的。在聯軍抗曹時期，對抗曹操始終是第一等大事，周瑜不可能把心思放在暗算盟友身上。至於依靠裝神弄鬼的「借東風」來解決火攻大難題，更是子虛烏有。民間作家和羅貫中增加諸葛亮這許多神奇，無非為塑造「活神仙」的形象。

聽上去頗有些遺憾，原來諸葛亮出山後的諸多奇謀怪法，竟然都是假編的。

但實際上，赤壁之戰給諸葛亮的收穫和說明，卻也是文學作品中未能提及的。

歷史上的赤壁之戰，並非單純畢其功於一把大火，而是多次對峙和戰鬥的綜合結果。周瑜所率軍隊在赤壁，劉備所率荊州軍在夏口，從兩個方向將曹操屯駐烏林的二十萬大軍牢牢摁住，使之無法展開。曹軍背後是綿延數百里的大沼澤，水陸兩軍被迫沿著長江北岸一字排開，首尾不能救應。曹操多次向兩個方向突擊，試圖打開缺口未果，水戰接連敗績，軍中又疫病流行。等到黃蓋詐降一把火燒去了連環舟，曹操再無鬥志，自己燒了剩下的船撤退。劉備和周瑜趁勢水陸並進反攻，曹軍死傷無數，從而錯過了統一天下的最好時機。

在幾個月中，該時期三位出色的軍事家——曹操、劉備和周瑜，各施其法，統率將士，隔著大江廝殺。對剛出茅廬一年多的諸葛亮而言，能在近距離全程觀摩這場聲勢浩大的戰爭，對其軍事知識的補充，自然是彌足珍貴的。

諸葛亮在出山之前，只是個文人。文人紙上談兵不可怕，怕的是只知道紙上談兵，沒有實戰經驗，偏偏還不自知。赤壁之戰對於諸葛亮來說，就是這樣一個難得的軍事實戰教程。幾位軍事家和大批經驗豐富的宿將親自下場，給年輕的諸葛亮當了一回集體教師。諸葛亮以一介書生，最終能在辭典中被冠以「軍事家」的頭銜，赤壁之戰功不可沒。

此外，諸葛亮在大戰中擔任連絡孫吳盟友的外交任務，頻繁出入吳營，與孫權以下諸多實權人物交往，「混個臉熟」，他原本「隆中高士」的清名，很快地也加上了軍政圈子裡的實際聲望。

更重要的是，諸葛亮還與魯肅交上了朋友。魯肅在評書演義裡是個老實人，實際上他也是頗有遠見的戰略家。正如諸葛亮一貫主張聯合孫權，魯肅也一貫主張聯合劉備。他與諸葛亮東西呼應，維持了孫、劉兩家之間多年的協作，共同北抗曹操。諸葛亮的《隆中對》大計，也從這位朋友身上得到了不少幫助。

諸葛亮就像一位剛剛畢業的博士生，進公司不久，便全程經歷了聯合另一家公司，共同對抗業界航母的一個超級大項目，並且這個項目還取得了成功。接下來，他和他所在的公司，都將以更高的姿態，去為心目中的理想而拚搏。

諸葛亮三氣周瑜？假的！

正如戰前諸葛亮的預料，赤壁之戰後，曹操主力部隊向北撤退，而孫權和劉備則趁機擴張。尤其是劉備，之前在荊州憋屈七八年，已經積累了深厚的人脈。曹操南下時他恪守道德底線，攜民渡江等做法，更是讓他在荊州士民中人氣暴增。因此赤壁之戰後短短幾個月時間，長江南部的零陵、桂陽、長沙和武陵四個郡紛紛向劉備投降。武藝高強的老將軍黃忠，以及擁有數萬戶手下的「大帥」雷緒等也先後歸順劉備麾下。原本一窮二白的劉備，再次擁有了一方諸侯的強大實力。

在荊州北部，孫劉聯軍與曹操展開了爭奪戰。經過一年的苦戰，周瑜終於擊敗曹仁，打下了江陵城及整個南郡。

伴隨著勝利而來的，少不了同盟之間的鉤心鬥角。在《三國演義》中，作者又用了和赤壁之戰差不多的篇幅來寫周瑜和諸葛亮的矛盾。寫諸葛亮智謀高超，趁周瑜攻打曹仁時漁翁得利，取了江陵，還「借荊州」；寫周瑜為了索還荊州費盡心機，甚至不惜用孫權的妹妹使「美人計」，卻一一被諸葛亮挫敗，最後諸葛亮「三氣周瑜」，讓這位不久前的盟友抱恨歸天。

這同樣是幾百年裡歷代文藝工作者為了凸顯諸葛亮的「神奇」而虛構的橋段。

史實中，南郡是劉備的部隊配合孫軍一起打下來的；打下來之後確實有「借荊州」的行為，但這是魯肅為了鞏固孫劉聯盟以及分散來自曹操的壓力，勸孫權主動把南郡借給劉備，而非諸葛亮巧取豪奪欺負盟友的結果。魯肅的這一策略效果顯著，直接導致曹操放棄再次南下的計畫。孫權把妹妹嫁給劉備，是為了鞏固聯盟的政治婚姻，而不是什麼「美人計」。最後，周瑜確實勸孫權防劉備，但只是勸孫權把劉備留在東吳，多送美女給他，消磨他的鬥志，而絕不是《三國演義》中那麼赤裸裸的暗殺，更談不上「忌恨諸葛亮的賢才」。

小知識

周瑜不可能忌恨諸葛亮

諸葛亮當時出山才兩年，並沒有特別突出的成就，在周瑜眼中還到不了「心腹大患」的程度。就在周瑜寫給孫權勸他小心劉備的那封信裡，也只說到了「劉備以梟雄之姿，而有關羽、張飛熊虎之將，必非久屈為人用者」，甚至都沒提到諸葛亮。

實際上，諸葛亮在赤壁之戰後的兩年，做著一件看似不起眼實則非常重要的工作——種地。

在借荊州以及奪取江南四郡之後，劉備集團把江夏郡讓給了孫吳，這樣劉備手中一共掌握有大半個荊州的五個郡。劉備自己駐紮在緊靠長江的公安縣，而諸葛亮則駐紮在臨烝（今湖南省衡陽一帶），督管南部的長沙、桂陽和零陵三個郡。這時候他有了正式的軍職：軍師中郎將。

當時劉備占了荊州，北邊與曹操直接軍事對峙，東邊的「盟友」孫權也不能完全放心，西邊又抱著「占領四川」的戰略意圖，所以北部的南郡和武陵兩個郡時刻處於戰備之中。南部的三個郡面臨的直接軍事壓力較輕，屬於相對的「大後方」。諸葛亮管轄這三個郡，主要進行生產、徵稅、行政管理等工作，為北方兩個郡提供兵源和後勤物資支援。

應該說，劉備的用人安排確實是相當出色的。他自己久經行伍，作戰經驗豐富，因此帶著關羽、張飛等人駐守北方，一旦曹操入侵或者孫權翻臉，可以立刻迎頭痛擊；諸葛亮戰爭經驗相對缺乏，但是事務能力很強，就放在後方三郡搞管理。過去，劉備手下一直沒有這樣一個既善於行政事務又忠實可靠，能夠完全放手獨當一面的能臣，現在有了諸葛亮，劉備肩頭上的擔子頓時減輕了很多。這也使得劉備占據的大半個荊州潛力得到了極大的發掘。短短兩三年，劉備的兵力從赤壁之戰前的兩萬人左右，迅速擴充到五萬人以上。

劉備的「三駕馬車」

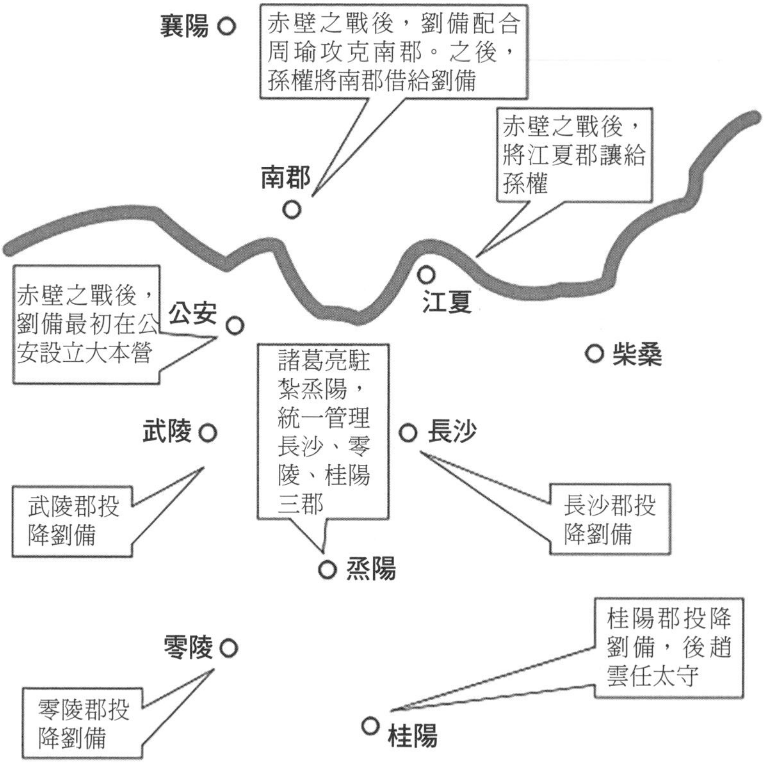
襄陽
赤壁之戰後，劉備配合周瑜攻克南郡。之後，孫權將南郡借給劉備
南郡
赤壁之戰後，將江夏郡讓給孫權
江夏
赤壁之戰後，劉備最初在公安設立大本營
公安
柴桑
諸葛亮駐紮烝陽，統一管理長沙、零陵、桂陽三郡
武陵
長沙
武陵郡投降劉備
長沙郡投降劉備
烝陽
桂陽郡投降劉備，後趙雲任太守
零陵
零陵郡投降劉備
桂陽

赤壁之戰後劉備的地盤

兩年中，大批人才聚集到劉備的麾下，或者被劉備從基層提拔起來。比如荊州地區出名的「白眉大仙」馬良和他弟弟馬謖；比如作戰勇猛而脾氣也很大的義陽人魏延等。

諸葛亮自己的手下也是人才濟濟。歸他節制的桂陽太守，就是大名鼎鼎的趙雲；而長沙太守則是蜀漢名流廖立。這位廖立和諸葛亮差不多大，年紀輕輕才名在外，對諸葛亮很佩服，自詡為小諸葛。可惜，他並沒有學到諸葛亮的城府和氣度，日後給自己帶來了很大的麻煩。

在這些人中最為出色的，要

數諸葛亮的老朋友，號稱「鳳雛」的襄陽人龐統。

《三國演義》中，龐統在赤壁之戰裡做為周瑜的臥底，向曹操獻「連環計」，騙曹操把戰船鎖起來，方便周瑜一把火燒光。此事屬作者虛構，但歷史上的龐統確實與周瑜關係密切。西元二一〇年周瑜在西征途中病逝後，就是龐統護送他的遺體返回江東的。之後，龐統受到了江東士大夫們的熱情款待。

奇怪的是，這種情況下龐統並沒有留在江東當官，反而回到荊州，在劉備手下當一個小小縣令。更奇怪的是，劉備還不待見他。龐統這個縣令當得很一般，於是被劉備罷官了。

《三國演義》中寫龐統是因為心高氣傲，故意和劉備鬥氣，在縣裡幾個月不辦公，然後又一次三下五除二地把幾個月的公事辦完，藉此向劉備炫耀本領。但從史書來看，龐統簡直是自己巴巴地跑到劉備那裡打工，而且受了委屈也無怨無悔。

沒辦法，這只能說明劉備的人格魅力和聲望確實太強了。

牛刀殺雞未必適合，龐統這樣大開大合的軍國之才，在縣令的瑣碎政務上可能確實討不了好。幸好諸葛亮和魯肅都比較瞭解龐統，在他們的大力推薦下，劉備與龐統經過了一番仔細的攀談，發現這位三十出頭的年輕人確實不凡。於是，劉備把龐統提拔為重要謀臣，軍銜和諸葛亮一樣——軍師中郎將。

劉備身邊的臥龍和鳳雛這兩位軍師中郎將性情不同，職務也有分工。諸葛亮有耐心，負責管理三個相對後方的郡；龐統行事果決，擅長奇謀，就在劉備身邊出謀劃策。

在一龍一鳳的輔佐下，劉備實力大增，在荊州這塊地盤上混得風生水起。

小知識

劉備錯過的高才

劉備在半輩子的東奔西逃中，手下也曾有其他出色的人才，比如徐州的陳登就是一個文武雙全的大賢。然而，陳登只是徐州當地的土霸王，不是劉備的死黨。劉備與呂布、曹操翻臉時，陳登也並沒有為劉備效命，只是在幾股勢力間騎牆。此外，曹魏的名臣陳群、大將田豫等，最初也都是跟隨劉備，後來因為種種原因沒有堅持下來。

按照諸葛亮的《隆中對》，在荊州站住腳跟後，下一步應該是進取益州（四川）。可是，蜀道天險，別說打仗，軍隊開進去都很麻煩。那麼，如何才能取益州呢？無論是劉備還是諸葛亮，都在等一個機會。

這時候，機會自己送上門來了。

益州牧劉璋昏庸無能，手下很多有本事的人都在等著機會吃裡扒外。劉備在赤壁之戰後已經成為天下僅次於曹操的明星，自然有人指望著他。劉璋手下的張松、法正和孟達三個傢伙，就琢磨著把益州賣給劉備，換取自身建功立業的機會。

這三人中有兩個下場都不好，張松後來陰謀敗露，被劉璋殺了；孟達幫助劉備取川後被邊緣化，後來得罪劉備，叛逃投曹，多年後企圖叛魏投蜀被司馬懿滅掉。

剩下的一位法正卻頗得劉備信任，成為與諸葛亮、龐統比肩的人物。

《三國演義》中龐統智謀和打仗水準都比諸葛亮略差一籌，法正更是沒法和諸葛亮相比。實際上，這三位謀臣各有所長。龐統和法正足智多謀，在出奇制勝、當機立斷方面超過了諸葛亮。諸葛亮是一位出色的戰略家和政治人才，但並非萬事通的神仙。在與君主的交流方面，年輕的諸葛亮儘管道德高尚，但面對劉備這樣半生滄桑，很有個性和原則的君主，有時並不能貫徹自己的策謀。這時候，龐統和法正更為機巧的諫言，往往能收到奇效。

例如：當張松前來邀請劉備取益州，並表示自己願意做內應時，劉備曾經猶豫，覺得奪取同宗劉璋的基業違背了自己一貫樹立的「仁義」準則。當初，劉備正是本著這個準則拒絕了諸葛亮「襲擊劉琮取荊州」的建議。但龐統有對策，他對劉備說：「非常時刻就不能拘泥於一些細節，春秋時的五霸也曾經吞併腐敗貧弱的國家。劉璋這麼無用，就算您不取益州，也會被別人拿去，這樣對漢室和天下百姓都沒有好處。其實，奪取江山的時候就要用非常的手段，統一後再用正大光明的準則來治理江山，這才是大仁大義。至於劉璋這廢材，他拿著益州這塊地是給自己找麻煩。只要您奪取益州後好好待他，等您興復漢室統一天下後，封他一個高官顯爵，讓他安享富貴，這樣才算對得起他啊！」一番話，說服劉備堅定了取川的決心。

再如後來劉備與曹操爭奪漢中時，有一次雙方激戰陷入僵持，劉備殺得興起，快六十歲的老頭子身先士卒，冒著敵人的亂箭衝鋒在前。手下的文武官員拚命勸諫，劉備暴跳如雷，就是不聽。邊上的法正也不多說話，自己衝在劉備的前面，為他擋箭。劉備自己不要命，卻擔心手下的安全，叫法正躲箭，法正說：「主公您都不怕死，我們怕什麼呢？」劉備這才醒悟，招呼法正一起退到安全的地方。

在隨後的幾年中，龐統、法正與諸葛亮形成了良好的搭檔和互補。這時劉備已經有了一個龐大的文官和謀臣團隊，裡面才華最高、貢獻最大的，便是諸葛亮、龐統和法正三人。靠著這「三駕馬車」的馳騁，劉備將達到其征戰生涯中一個新的戰略高度，一步一步向著諸葛亮《隆中對》的目標前進。

眼下最重要的事，就是按照諸葛亮的戰略規畫和龐統的策謀，在法正的內應下，進取益州。具體來說，大致分為以下三個步驟：

步驟一、利用現在益州劉璋受到漢中張魯威脅的機會，由張松和法正等臥底說服劉璋，邀請劉備帶兵進入益州協助防禦。

步驟二、劉備進川之後，利用抵抗張魯的機會，收編益州的軍隊，占領益州的要地，籠絡益州的人心。

步驟三、等做得差不多之後，再起兵發難，在臥底們的內應下奪取益州。

整個計畫環環相扣，理論上無懈可擊。西元二一一年，劉璋果然被張松說服，派人邀請劉備進川。步驟一初步實現，「取益州」任務正式展開。

這是劉備集團一等一的艱巨任務。在未來的數年裡，劉備集團為了這個目標竭盡全力，也付出了慘重的代價。

這些，諸葛亮是不能未卜先知的。

第四章

益州續立漢家堂

二 當家守荊州

西元二一一年，劉備應「同志加兄弟」劉璋的邀請，前往益州，幫助劉璋抵抗張魯的侵略。當然，實際上劉備不安好心，抵抗張魯是假，趁機奪取益州是真。

劉備的計畫是：自己帶一撥人馬進川，占領要地，收編川軍，籠絡人心，待時機成熟後便起兵從東北方向進攻；同時，留在荊州的部隊則從正東方向進攻。兩路內外夾擊，一舉打下益州。

劉備的人事安排如下：進川的第一集團軍，自己擔任總司令，龐統擔任參謀長，其他戰將、謀士包括簡雍，伊籍、陳震、黃忠、魏延、霍峻、馮習、張南、鄧方、蔣琬、馬謖等一大堆人。

留守荊州的部隊，則由諸葛亮擔任總政委[5]兼總參謀長，關羽擔任總司令，張飛擔任副總司令，其他戰將謀士包括馬良、趙雲等。

小知識

留守人員的權位

根據《三國志》記載，當時諸葛亮的軍職只是軍師中郎將，小於蕩寇將軍關羽、征虜將軍張飛等人。但提到劉備留守部下時，諸葛亮排名在關羽之前。因此，可能當時諸葛亮還有「署左將軍府事」（即劉備的執行助理）之類的職權，至少在名義上能夠節制關羽、張飛等人。

這樣，在西元二一一年，諸葛亮首次執掌和節制整個荊州的軍政大權。可以看出，此時他在劉備集團中，也隱然有了「二當家」的味道。

諸葛亮守荊州的時間並不長，但這當中居然險些釀出大麻煩。

原來孫權當初曾邀請劉備一起西征益州，但劉備是想自己獨吞益州的。他一邊裝模作樣地勸告孫權說蜀道艱難，打益州難度很大，您別冒險；一邊撒潑耍賴說益州劉璋是我親戚，您看在我面子上別為難他吧；一邊還無恥地派軍隊切斷了江東入川的道路，硬生生把孫軍擋在長江上，耗死了周瑜。結果轉臉，劉備居然自己獨個兒進川去了。孫權當然很不爽，他就趁妹夫劉備不在，派出大隊戰船，到荊州把自己的妹子孫夫人接回江東。

孫夫人和劉備本來就是政治婚姻，走了也就走了。可嚴重的是，孫夫人居然要帶走劉備的獨生兒子阿斗！關鍵時刻，幸虧諸葛亮消息靈通，派趙雲及時趕到，在江上硬把阿斗給攔截下來，才免除劉備唯一的兒子被搶去當人質的厄運。

除此之外，荊州沒有太多的戰事發生。北邊的曹操忙著討伐西涼馬超、韓遂，東邊的孫權忙著吞併交州（今天的福建兩廣一帶），兩家還時不時地互相攻擊一下。諸葛亮、關羽和張飛在荊州反而享受了「颱風中心」的短暫安寧。

5 政委：政治委員，軍團以上部隊的主持人和首長。

但這安寧隨著劉備與劉璋的徹底翻臉而結束了。

兵進益州

西元二一一年劉備入川後，和劉璋度過了一段甜蜜蜜的日子。那段時間，劉備滿口答應幫助劉璋抵抗張魯，劉璋則對這個宗兄視若救星，要錢給錢，要糧給糧，要兵給兵。在劉璋的大力資助下，劉備直屬的軍隊擴充到三萬多人，浩浩蕩蕩地開赴抵抗張魯的第一線——益州東北部的葭萌關（在今四川省廣元市昭化區）。

劉備表面上在裝模作樣地抵抗張魯，實際上卻是在暗中收買人心，整編新加入的川軍。等到次年（西元二一二年），準備做得差不多了，劉備便找藉口和劉璋翻臉。恰好這時劉備的臥底之一張松被劉璋識破了。劉璋雖然是個孱頭[6]，可泥人也有土性兒，一刀把吃裡扒外的張松宰了。這下子兩家徹底交惡。劉備在法正和孟達等人的引導下殺出葭萌關，首先奪下白水，斬殺劉璋大將高沛、楊懷；隨後舉兵西進，連續攻克了涪城（今四川省綿陽市涪城區）、綿竹（位今四川省中北部）等地，劉璋的大將李嚴等投降。

另一方面，劉備傳令荊州的諸葛亮等人前去助陣。

諸葛亮聞訊，立刻編組了一支西進大軍，入川增援。該路軍隊由諸葛亮擔任政委兼參謀長，張飛擔任司令，趙雲擔任副司令，軍中大將還有劉備的乾兒子劉封等人。相對於孤軍入川的劉備，這支部隊直接背靠大後方荊州，聲勢上更加浩大。為了打擊川軍的士氣，對外還宣稱孫權也派大將孫瑜、甘寧、李異等帶著軍隊一起西進。

而留守荊州的重任，則交給了威名赫赫的關雲長。

小知識

兩路取川

按照《三國演義》所載，劉備最初只打算帶著自己的一路人馬取益州，在被張任圍困在涪關，龐統戰死之後才緊急調諸葛亮入川。實際上，劉備最初的計畫就是兵分兩路，一路先打著援軍旗號進川後發難，另一路從荊州直接攻過來，裡應外合夾擊。歷史上，諸葛亮等人入川也是在龐統戰死之前。

如果說，劉備和龐統是一記「右直拳」，從葭萌關直搗成都；諸葛亮和張飛則是一記「左勾拳」，沿長江迂迴到成都的南面形成夾擊之勢。兩路都是名將精兵，劉璋的好日子到頭了。

6 孱頭：卑怯無能的人。

第二集團軍進川的時候，劉備親自統率的第一集團軍，已經在益州地區縱橫馳騁，殺得川軍聞風喪膽。劉璋的機動部隊大都慌亂不堪地前去堵截這鑽進肚子的魔王，周邊的防禦更加空虛。因此，諸葛亮、張飛和趙雲一路向西，並沒有遇上太大的麻煩。

他們首先攻克了川江的門戶白帝城。白帝城是三峽要隘，地勢險要，但劉璋昏庸無能，川軍主力又忙於堵截劉備，這裡的防務鬆弛，也沒什麼名將鎮守。對面的陣容，則是荊州數萬精兵，有天下一流名將張飛，有從軍二十年、經驗豐富的猛將趙雲，再加上一個頗有戰略頭腦的諸葛亮，雙方的勝敗也就沒懸念了。

攻克白帝城之後，諸葛亮、張飛和趙雲繼續沿著長江一路西進，逢關過關，遇隘破隘，一路殺到巴郡（今重慶市一帶），遭遇了老將軍嚴顏的頑強抵抗。他們經過苦戰，終於擊敗川軍，活捉嚴顏，並且上演了張飛「義釋嚴顏」的好戲。

之後，第二集團軍兵分兩路，諸葛亮和張飛一起沿嘉陵江、涪江北上，趙雲則帶著一支部隊，先繼續沿長江向西攻克了江陽（今四川省宜賓市、瀘州市一帶），再沿岷江北上。這是第一次分兵。

諸葛亮和張飛這一路人馬進軍到德陽，劉璋慌了，趕緊派張裔帶兵來攔截。張裔哪裡是張飛和諸葛亮的對手，很快被打得大敗，退回成都去了。諸葛亮和張飛打了勝仗，再次分兵。張飛率領一路人馬向東北占領巴西郡，諸葛亮則帶領一路人馬向西直撲成都。這時，趙雲的西路軍也已經攻克了犍為（今四川省彭州市），從西南方逼近成都。加上東北方的劉備，遂對成都形成三面合圍之勢。

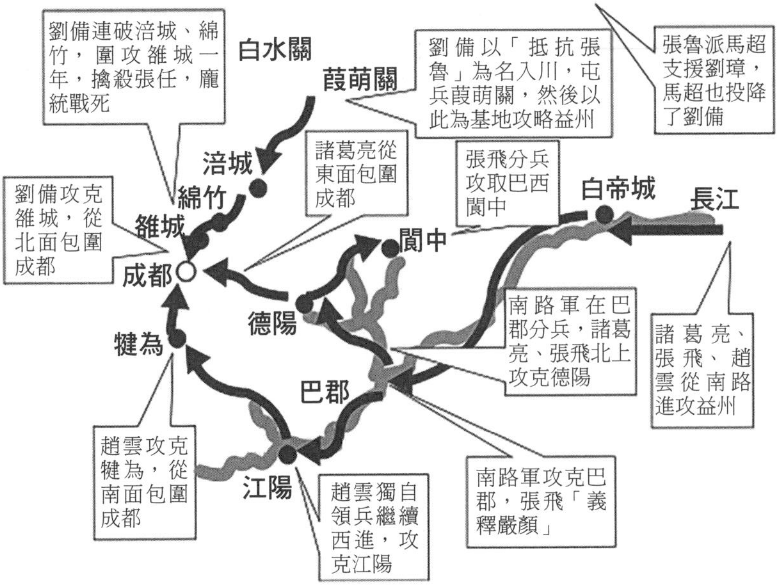
劉備連破涪城、綿竹，圍攻雒城一年，擒殺張任，龐統戰死
白水關
葭萌關
劉備以「抵抗張魯」為名入川，屯兵葭萌關，然後以此為基地攻略益州
張魯派馬超支援劉璋，馬超也投降了劉備
涪城
綿竹
雒城
成都
諸葛亮從東面包圍成都
張飛分兵攻取巴西閬中
白帝城
長江
劉備攻克雒城，從北面包圍成都
閬中
德陽
南路軍在巴郡分兵，諸葛亮、張飛北上攻克德陽
諸葛亮、張飛、趙雲從南路進攻益州
犍為
巴郡
江陽
趙雲攻克犍為，從南面包圍成都
趙雲獨自領兵繼續西進，攻克江陽
南路軍攻克巴郡，張飛「義釋嚴顏」

劉備進攻益州示意圖

收穫與損失

這個時候，劉備卻碰了個大釘子。

劉備第一集團軍以葭萌關為出發點攻略益州，最初進展很順利。劉備靠著多年的戰爭經驗，加上龐統和法正這樣的奇謀之士輔佐，黃忠和魏延這些猛將衝鋒陷陣，很快打到了距離成都不到百里的雒城。

百里距離，也就是兩三日的行軍路程。然而就是在雒城，劉備遇到了川中最強烈的抵抗。劉璋的兒子劉循在老將張任的輔佐下，如同釘子一樣寸步不讓地堅守雒城。劉備、龐統和法正用盡了百般計謀圍攻，劉循和張任鼓勵士卒，咬牙支撐。加上劉璋也想方設法地從成都給兒子後援，一時之間，劉備沒法拿下城池。雙方就這樣打成了僵持戰。

戰鬥中，張任中計，在雁橋兵敗被擒。劉備想勸降他，張任嚴詞拒絕，從容就義。這在益州眾將中，是少有的例子。張任死後，劉循繼續抵抗劉備。這種持久的圍攻，讓劉備君臣都失去了耐性。參謀長龐統親自上陣指揮攻城，結果在激戰中被一支冷箭射死，年僅三十六歲。

雒城之圍前後持續達一年之久。直到南面的諸葛亮、張飛和趙雲三軍先後迫近成都，劉備才得以攻克雒城，繼續西進。劉備軍包圍成都，劉璋被迫向老對頭張魯求救，可是張魯派來救援的馬超，回頭也投降了劉備。到了這一步，劉璋放棄了抵抗，向劉備投降。劉備對這個被他欺負了的同宗兄弟也還不錯，讓他帶著私人財物搬去了荊州的公安縣。

至此，入川之戰勝利結束。劉備西元二一一年入川，西元二一二年翻臉，到西元二一四年才攻下成都，前後歷時三年。

取川之戰，對於劉備集團意義重大。《隆中對》的第二階段基本實現，初步達成了「跨有荊益」的戰略態勢。地勢險要、土壤肥沃的益州地區變成劉備軍的大後方，原先劉璋手下的一大批文武官員，也紛紛在劉備手下找到自己的位置，劉備的綜合實力比起幾年前又擴充了一倍。

諸葛亮個人也從中受益匪淺。

首先，取川之戰是諸葛亮第一次以高層統帥身分參與的大規模軍事行動。與只持續幾個月的赤壁之戰不同，南路軍入川之戰長達兩年，跨越千里之遙，跋山涉水，攻關取寨，大小戰鬥不計其數。

隨同諸葛亮身邊的，是有二十多年戰爭經驗的張飛、趙雲等人。這又是一次全方位的軍事實踐教程。與這些經驗豐富的老將共同帶兵打仗，使得剛剛年過而立的諸葛亮，有機會把兵書戰策的理論與戰爭實踐結合，真正內化為自身的軍事才幹。在巴郡之戰和德陽之戰後，趙雲和張飛先後分兵，諸葛亮獨自帶兵走完了最後這幾百里征程，這更是他第一次獨立統率大兵團的體驗。歷史不是演義評書，諸葛亮也不是神仙下凡，他的軍事才能並非天上掉下來，正是在這種相對烈度不高的戰爭中一步一步磨煉出來的。

其次，取川之戰進一步確立了諸葛亮在劉備集團的地位。由於鎮守荊州和進取益州的出色表現，諸葛亮在世人眼中，從純粹的「名士」轉化為「名臣」。曹操部下傅幹在評價人物時，稱諸葛亮為「達治知變，正而有謀」，與大一輩的老兵油子關羽、張飛合稱為「人傑」。在劉備進川之後頒布的功

龐統像

小知識

諸葛亮和張飛誰官大

關於劉備第二集團軍的最高統帥是張飛還是諸葛亮，史學界尚無定論；但《三國志》記載此事時，諸葛亮排名在張飛之前。即使實際的戰爭是司令張飛做得多，諸葛亮也是以類似政委的身分進行節制。

臣賞賜中，諸葛亮也同關羽、張飛和馬超並列第一等級。

然而，在前後三年的征戰中，劉備集團也付出了慘重的代價，其中最大的損失，就是龐統之死。

龐統是劉備集團謀臣「三駕馬車」之一。劉備集團中勇猛的將領和能幹的謀臣都不缺乏，但如同諸葛亮、龐統一般兼具戰略大局觀，又能同時擔任軍事統帥與內政官員的人卻不多。尤其龐統本人的奇謀果斷，更在諸葛亮之上。

龐統中冷箭而死，對於劉備集團來說，少了一根頂梁柱；對諸葛亮而言，不但失去了一位多年的朋友，也失去了一位分擔國家重任的戰友。甚至可以說，正是由於龐統的去世，諸葛亮分身無術，荊州方面的防務才被迫長期交給將才有餘而政略不足的關羽，最終出現「大意失荊州」的悲劇，諸葛亮的《隆中對》戰略，也因而半途成了「瘸腿」。

值得慶幸的是，劉備和諸葛亮還有法正，這位同樣足智多謀、行事不拘一格的怪才。哀嘆失去的毫無意義，他們也只能站在這流血換來的成果上，繼續開始「興復漢室」的艱巨征途。

益州的老幹部們

完全占領益州後，劉備給手下人都升了官。諸葛亮晉升為軍師將軍，署左將軍府事。前者相當於中將參謀長，後者卻是第一等的實權官職。因為劉備當時就是左將軍，諸葛亮「署」他的「府事」，就有了「執行助理」的資格。諸葛亮的助手則是掌軍中郎將董和。

從這一年，諸葛亮開始了對四川的治理。在劉備時代的十餘年中，他主要是負責政務，當好劉備的「總管家」。地方管理、農耕稅收、徵兵抽丁，乃至於人事協調，什麼都要顧到。

對諸葛亮來說，這也是全新的體驗。

過去在荊州，他也曾管理好幾個郡，但荊州畢竟算劉備的半個「主場」。荊州的文武官員，除了跟從劉備轉戰半個中國的老部下，其他多數都是仰慕劉備，主動投奔過來的。可益州不一樣，這是劉備巧取豪奪打下來的，而且在打的過程中流了不少血，也確實有些傷人品。益州的文武百官，有的看不起劉璋，巴不得換個明主；可也有很多對劉璋或多或少有感情，還有的對劉備反感。再加上劉備原先的老部下和荊州人士，彼此之間又形成大大小小的政治集團，導致益州的人事環境，遠比荊州要複雜許多。年僅三十二歲的諸葛亮，處在這一團亂麻的當口，要替主公劉備理順這一切，真是想想都讓人頭疼死了。

其中的一層勢力，是那些地位崇高的「老幹部」們。他們之中有些人能力一般，但資格老，所以地位高。比如說許靖，當時已經六十多歲，是漢朝末年有名的大名士，他在劉璋手下官至蜀郡太

7 油子：指閱歷豐富，且熟知情況的狡詐人物。

守，成都被圍時企圖翻牆出來投降劉備，結果被劉璋發現。為這個事，劉備挺瞧不起他，但考慮到老頭子的名聲地位，還是給了他很優厚的待遇，任命他為「左將軍長史」；再比如劉備的老部下和親家糜竺，因當年對劉備雪中送炭有功，被安排為「安漢將軍」，開會時排名還在諸葛亮之上，但也只是虛銜而已。還有另一位簡雍資歷更老，是劉備從小一起鬼混的哥們兒，劉關張最初起兵時簡雍就一直跟著。簡雍即使在劉備親自出席的酒宴上，也是坐沒坐相，瀟灑得很。好在這位老幹部為人豁達幽默，除了說幾句笑話，也不會對內政指手畫腳。

小知識

蜀漢的「集團」

現代史學研究者們，喜歡將蜀漢集團根據籍貫來源劃分為四大「集團」。第一是「原從集團」，指最早跟隨劉備的一批人，典型代表趙雲。第二是「荊州集團」，指劉備在荊州時期跟隨過來的人，典型代表馬良。第三是「東州集團」，指劉焉、劉璋父子帶進川的外地人，典型代表吳懿。第四是「本土集團」，指土生土長的益州本地人，典型代表黃權。當然，這只是一種「簡單粗暴」的劃分，並不能精準定位，所謂「集團」也並不是嚴格意義的政治聯盟，只是說代表在某些重大問題（比如劉備東征）決策時可能具有一種集體傾向。

這些沒什麼能耐的老幹部倒還好，無非占個坑，領點薪水。有些有能力又有名位的，就讓人頭疼了。

比如說馬超，過去是威名赫赫的一鎮諸侯，威震西涼二十年，曾經和曹操面對面掰過腕子，如今英雄落寞，投奔劉備混碗飯吃。劉備看在他過去威望的分上，拜他為征西將軍，也就是個空頭軍銜。

可這樣一來，另一位有能耐，有資格，還有實權的老幹部不樂意了。鎮守荊州的關羽，專門傳了封信來給諸葛亮，問馬超的能耐有多大，咱劉備集團裡面，誰可以和他一拚。

這是擺明了要爭個高低。好在諸葛亮讀了那麼多年書，又和襄陽名士們辯論多年，打發關二爺這種武夫還是有路子的。他就回信說：「馬超這人呢，他文武雙全，是當世的豪傑，好比當年楚漢相爭時的英布、彭越，和咱們集團的張飛不相上下吧。當然，比起超凡絕倫的關二哥來，還是差那麼一點點的。」一番話說得關羽哈哈大笑，就打消了和馬超爭高低的念頭。有趣的是，關羽還把諸葛亮這封書信到處拿給人看，顯擺說：「你瞧，諸葛亮給我好評了！」

當然，老幹部裡面也有懂道理的，比如趙雲。他地位遠不如關羽和張飛，但他有大局觀，堅持原則，天字號第一靠譜。

劉備集團的很多將領跟著劉備過了半輩子苦日子，都窮怕了。打下益州後，看著富饒的天府之國，人人眼睛放光，把倉庫的錢財一搶而空。隨後，大夥兒又餓狼般地盯上成都的良田美舍，要劉備把這些房地產也分給各位功臣。

這時候趙雲站出來說：「霍去病說過匈奴未滅，何以家為，何況現在國賊曹操比匈奴還可惡呢！這會兒還不是大家享受的時候，要分田地房屋，也要等興復漢室，天下安定後。咱們打進四川，四川人民本來就很受苦了，應該把這些田地房屋歸還給他們，使他們安居樂業，這樣得到民心支持，才能以此為基地興復漢室。」

這樣明理而又不怕得罪人的老幹部，才是諸葛亮眼中的寶貝，可惜的是像趙雲這樣的太少了。

「包庇」法正

比老幹部更讓諸葛亮頭疼的，卻是他的好搭檔，劉備的大功臣——法正。

劉備平定益州後，大功臣法正被封為蜀郡太守、揚武將軍。法正是很有個性的人物，當初他在劉璋手下，不受待見，也和同僚結了些仇。現在一朝權在手，頓時耀武揚威，快意恩仇。過去人家給了他好處，他加倍報答；過去人家跟他有點矛盾，他也加倍報復。有時候一天之中，竟然擅自殺了好幾個有私仇的人。

有人報告諸葛亮說：「法正這麼亂來，您不能不管啊。趕緊稟告主公，約束一下他吧。」

諸葛亮回答：「哎，說起法正呢，那可是咱大功臣啊。當初咱主公劉備落魄的時候，困居荊州一地，北有曹操，東有孫權，身邊的孫夫人也是個定時炸彈，實在窘迫得很。後來靠了法正的奇謀和內應，幫助主公奪取益州，咱主公從此得以展翅高飛。法正他立下這麼大的功勞，稍微囂張快意一些也是理所當然的，我怎麼忍心抑制他呢？」

這件事兒讓諸葛亮頗遭詬病。功臣就可以公報私仇，擅自殺人嗎？你諸葛亮講求的是嚴格執法啊，居然說出這種話來！

然而諸葛亮也有他的無奈。首先他的職權只是署左將軍府事，沒有權力直接處置法正，要處置法正就只能稟明劉備決斷。而一旦上報劉備，就直接引起了同僚之間的訴訟。劉備對法正是相當信任和倚重的，不太可能為這事嚴懲法正，最大的可能也就是勸導幾句，不了了之。

但以法正這種心胸狹窄的脾氣，為了爭個面子，很可能在訴訟時和諸葛亮對頂起來，把事情越鬧越大。這樣，實質性的處罰收不到，反而惡化了同僚關係，對大局沒有任何好處。

所以，諸葛亮選擇了「裝聾作啞」。這無論如何都逃不開「枉法」的指責，只是這並非諸葛亮的本心。畢竟他不是蜀漢政權的老大，劉備才是。

甚至另外還有種可能，諸葛亮之前或許已經就此事私下稟明了劉備，而劉備因為偏愛法正敷衍了事，諸葛亮無可奈何，這才對外板起一副「人情」面孔，說幾句酸溜溜的話。

總之，在亂世裡，「正義」的原則也不是每次都能堅持的。面對法正的胡作非為，諸葛亮能採取的有效手段，或許是旁敲側擊，委婉地提醒法正一下；又或者攛掇趙雲之類的直腸子去勸法正。

這也是沒有辦法的辦法。

法正是管不著的，但在管得著的地方，諸葛亮可毫不手軟。

剛剛打下成都，諸葛亮就針對益州法紀鬆弛、秩序混亂的現狀，制定了嚴峻的法規。這使得那些習慣在劉璋統治下「自由自在」的民眾和士人頗有不滿，一時之間，怨聲載道。

法正是瀟灑得很的，他一邊自己隨便殺人，一邊還勸諸葛亮說：「當年漢高祖劉邦打進關中，廢除秦朝的嚴刑峻法，給關中父老『約法三章』，老百姓都很感激。今天咱們依靠武力打下了益州，您不給老百姓恩惠，反而制定嚴厲的法律約束他們，這不太好吧？」

諸葛亮心頭早憋了一肚子火，他就有板有眼地回答：「這兩者背景是不同的。漢高祖那時候，秦朝本身的法律太嚴苛，老百姓被壓迫得活不下去了，所以漢高祖打下關中，反其道而行之，制定寬鬆的法律，讓人民喘口氣。劉璋則相反，他的毛病就在於自己太軟弱昏庸，法律鬆弛，下面的文武官員乃至老百姓都不把政令放在眼裡，於是造成有權的官官相衛，有錢的無法無天，無錢無權的也偷奸耍滑，這麼上下一起折騰，政府和社會秩序混亂，最後大家一起吃虧。一味的施恩無度，只會讓這恩德氾濫貶值。所以我制定嚴厲的法律，對不法行為加以約束，恩惠並舉，才能恢復秩序。」

於是，諸葛亮繼續把他的「法治」建設推行下去。老百姓最初的埋怨牢騷當然是少不了的，但法律不因為牢騷而鬆弛。等到大家漸漸從劉璋時代「有法不依」的狀態中脫離，習慣於遵紀守法，也漸漸感受到，做為普通老百姓和官員，還是有法可依，執法必嚴才好。大家行動上雖然受了些約束，但基本利益也得到了更好的維護。法正聽了諸葛亮這番話，也老實了不少。

小知識

嚴刑峻法之爭

關於這事，南朝史學家裴松之有異議，認為哪有說靠嚴刑峻法來治國的，甚至進而懷疑這段記載的真實性。這還是古人的局限性，認為法律就是壓制民眾的，所以嚴厲的法律就是不好的、反動的。事實上，按現代的法治精神，只要制定的法規本身是合理的，執行時是公正的，那麼針對具體的情況嚴格一些不是壞事。

狂士如雲

漢末還是很宣導個性張揚的。大概是因為劉備的脾氣相對於曹操和孫權來得好，又一貫主張「仁義」，他手下的「狂士」特別多。這幫人膽大妄為，口不擇言，經常議論國事，譏諷主公和同僚。「批評與自我批評」雖說是團隊建設的法寶，但那會兒畢竟是封建社會，狂士們經常讓主公下不了臺，甚至散布一些消極言論，怎麼看也不太對勁。

劉備要決策軍國大事，很多時候，這些傢伙就必須交給做為總助理的諸葛亮來對付。

讓諸葛亮頭疼的其中一個「狂士」，來頭不小，是他的好友，已故龐統推薦的人才——彭羕。

彭羕是益州本地廣漢人，高八尺，相貌堂堂，才能出眾，但是為人心高氣傲，看誰都不順眼。他以前在劉璋手下就得罪了一幫人，估計罵劉璋「守戶之犬」之類的話也沒少說，被劉璋剃了光頭當勞改犯。

這樣一個人，又怎麼會得到龐統的推薦呢？

原來劉備打進益州來的時候，彭羕徑直去見龐統。到了龐統的營帳裡，他大模大樣地先爬上龐統的床，躺下來吆五喝六，要酒要肉。等吃飽喝足了，他才一邊打嗝剔牙，一邊和龐統攀談。龐統看他這麼有個性，能力也確實不錯，就推薦給劉備了。劉備也很賞識彭羕之才，留他在軍中做了個謀士。

說起來，彭羕這人才華是有的，但品性確實不怎麼樣。也就是運氣好，遇到了龐統。按照民間傳說，因為龐統自己也一樣，所以對彭羕惺惺相惜；按歷史來說，則是因為龐統為人豁達，胸襟開闊。事實上，劉備的「三駕馬車」中，諸葛亮為人謹慎，操心的事太多；法正品性不正，睚眥必報；三人之中要數龐統最為瀟灑大度。所以，也只有龐統才能賞識彭羕，駕馭彭羕。

不幸的是，龐統在雒城戰死了。劉備考慮到彭羕確實立下不少功勞，又看在龐統面上，打下益州後，讓彭羕當了大官。彭羕過去在四川受盡了白眼，現在可抖起來了。他把過去在劉璋時代的臭脾氣發揚光大，趾高氣揚，不可一世，並且得罪了更多的官員。

諸葛亮做為益州的內政總管，可不能眼看著彭羕這麼囂張。他多次私下勸告劉備，說彭羕野心太大，是個不安定因素。劉備對諸葛亮往往言聽計從，加上自己的仔細觀察，發現這小子確實不怎麼地道。於是乎，就免去了彭羕在成都的官職，讓他外放到江陽郡去當太守。

本來太守也不小了，但彭羕可不樂意，覺得自己從中央幹部被貶為地方官，非常不爽。一次私下會見馬超時，彭羕竟然罵罵咧咧地說：「這個老丘八[8]（指劉備）如此荒唐，還有什麼可說的！」甚至慫恿馬超：「你在外面，我在裡面一起起事，說不定能奪取天下呢！」結果，這番很危險的言論被馬超直接向劉備揭發，彭羕也就被抓了起來。

在獄中，彭羕又後悔了。他寫信給諸葛亮，信中連連賠罪，檢討自己辜負劉備的厚恩，罪該萬死，又辯解說自己對馬超說的那番話，意思是想和馬超一起為國家出力，還把死去的龐統也拉出來，感慨自己曾經與龐統一起發誓要輔佐劉備興復漢室。末了，彭羕還稱讚諸葛亮是「當世伊、呂[9]」，希望他認真輔佐劉備，也希望他明白自己的本心。

小知識

彭羕何時被處死

彭羕處死之事，史書未說明時間。《三國演義》上寫發生在關羽走麥城之後。但從現有史料看，更有可能是在劉備取益州之後，奪取漢中之前。

8 丘八：指「兵」，因此字可上下拆解為「丘」和「八」。

9 伊、呂：商代伊尹和周代呂尚。二人皆為輔佐君主的賢臣。

但這會兒求饒已經晚了。最後，彭羕被處死，年僅三十七歲。

諸葛亮對這類人的容忍度比他的好友龐統低，那是因為他身繫益州政務重擔。彭羕獲罪，主要不在於說話不知好歹，而是他煽動謀反。當時川中不知好歹的非只彭羕一人，另一位李邈的遭遇就有些不同。

李邈本是劉璋手下的縣令，劉備入川後讓他當從事。大年初一宴會上敬酒時，李邈上前對劉備就是一通罵：「劉璋把你當成宗親肺腑，讓你幫忙討賊，結果賊沒討平，自己先被你平了。我覺得你奪取我們益州，做得很不地道。」

大年初一，你這臉也打得太狠了。劉備脾氣也上來了，他就反唇相譏道：「你覺得我這事不地道，那當時幹麼不幫劉璋打敗我呢？」

李邈說：「不是不敢，主要是打不過你。」

為這事兒，負責法律的官員準備把李邈判處死刑，但諸葛亮覺得李邈雖然說話難聽，好歹表達的也是真實想法，而且這想法在益州官員中有一定代表性，不應該一味暴力鎮壓。諸葛亮就向劉備求情，最後把李邈保了下來。當然，這廝並不接受教訓，一如既往地信口開河。二十年後諸葛亮病逝，他上書詆巇諸葛亮，結果被劉禪給殺了。

還有一位叫張裕，自稱精通相術。當初劉備和劉璋在涪城相會時，張裕曾編排諧音笑話，嘲笑沒鬍子的劉備是太監。後來劉備奪取益州，張裕在私下散布言論，說根據占卜結果，劉備雖然得了益州，但九年之後就會失去。這已經近乎詛咒亡國了（結果，九年後劉備死了，但蜀漢沒有亡）。劉備要打漢中，張裕又說這日子沒選對啊，不吉利，必然失敗！劉備最終忍不了這個掃把星，把他殺了。諸葛亮還曾試探著問，殺張裕的罪名是什麼。劉備憤憤地說：「就算是芳草，生到屋子裡面來了，也只能剷除！」

川中這些人的存在，多少給諸葛亮的治政帶來了麻煩。好在諸葛亮有他的準則，在官職任用上嚴格依照對國家行政的利弊，在人身處置上則盡可能地依照相關律法，維護著益州局勢的平衡。

千辛萬苦薦人才

無論亂世或治世，人才總是第一寶貴的。東漢末年，最終成就大業的曹操、劉備和孫權，他們都網羅了大批的優秀人才。這關係到勢力政權的生死存亡。

在劉備東奔西走的前半輩子，轉戰大半個中國，他主要依靠個人的人格魅力和壯志豪情，吸引一批被他折服的人聚集在周圍。在長久征戰中，這些人死的死，散的散，能留存下來的「一小撮」都是精華，從而奠定了蜀漢集團的人才基礎。

奪取益州之後，劉備地盤大了，自己又要忙於和曹操爭戰，選拔人才的重任理所當然地落到了大管家諸葛亮的肩上。諸葛亮還未掌握直接的人事大權，但必須為蜀漢的人力資源建設承擔責任。

劉備的人才選拔是「魅力征服」和「魄力征服」，諸葛亮卻做不到，雖然他比劉備高大帥氣年輕，但不具備劉備那種滄桑奮鬥老男人的吸引力，不能從全國的四面八方吸引精英前來投效。

因此，諸葛亮的人才發掘，多是從下屬官吏中，選拔出類拔萃者。對已經出頭的名士，則誠意相邀，努力推薦。

比如零陵人劉巴，字子初，是當時的名士，特立獨行，與眾不同，尤其和劉備不對付。赤壁之戰後全荊州人都去投奔劉備，就他偏偏北上去投曹操。曹操派他南下去招撫零陵、桂陽等幾個郡，轉眼間這幾個郡被劉備占領，劉巴被斷了退路，回不去了。諸葛亮寫信給他說：「劉玄德占據荊州，順天應人，您才華比我強得多，還是快過來和我共事吧！」劉巴回答：「我寧願跑到海外，絕不回荊州投劉備！」張飛去拜訪劉巴，劉巴連話都不肯說一句，氣得張飛向諸葛亮傾訴委屈，諸葛亮為此事勸劉巴，劉巴還說：「大丈夫應該結交四海英雄，怎麼能同小卒打交道！」末了，劉巴輾轉從交州（廣東廣西一帶）跑到益州去了，還是不肯跟劉備。

誰知沒過幾年，劉備又來益州了。劉巴曾勸劉璋，劉備狡猾得很，你不要上當。劉璋不聽。等劉備打進成都後，劉巴又關起門來，不肯見劉備，一副又臭又硬的架子。

這種情況下，諸葛亮多次向劉備推薦劉巴，並說：「要比運籌帷幄，我比劉子初差遠了！」諸葛亮的面子終於發揮了作用，劉巴被劉備任命為左將軍西曹掾，後來還接替法正當了尚書令，成為蜀漢名臣。

劉巴的零陵老鄉蔣琬，資歷和脾氣都比不過劉巴。他是跟著劉備一起進的川，之後當了廣都縣令。蔣琬運氣不好，被劉備抓住政務廢弛，又喝得大醉。劉備火了，要殺蔣琬。諸葛亮對蔣琬的才能更瞭解。他勸劉備說：「蔣琬是能夠參與國家管理的人，讓他管一個縣反而未必幹得好。」這話當初魯肅也用於形容龐統。劉備聽了諸葛亮的話，沒有殺蔣琬。等諸葛亮主政時，更重用蔣琬，乃至讓他成為自己後繼的執政者，蔣琬也確實幹得挺好。

再如襄陽名士「白眉大仙」馬良，與諸葛亮關係一向不錯，他對諸葛亮相當尊重，又頗有文才，給諸葛亮的書信頗多斐然之辭。劉備後來安排馬良負責文書，離不開諸葛亮的推薦。諸葛亮則讓馬良寫作給東吳的外交文書，以盡其才。

還有江陵人董和，與諸葛亮共同擔任劉備的執行助理，成為最親近的同事。諸葛亮後來追憶董和，對他的部下說：「做為參署（執行助理），需要集思廣益，因此必須海納百川，大公無私，一切以公事為先。當初董和跟我一起做參署時，為某些公事，常常十次八次地來找我。如果你們都能像他一樣努力，那我的壓力也可以減少了。」

益州有大批劉璋手下投降的文武官員。他們之中有的原本就心向劉備，還有的原本忠於劉璋，對劉備的進川很有些不以為然。典型代表除了劉巴，還有文武雙全的黃權等。諸葛亮對這些人，一概禮遇善待，人盡其才。在他的努力下，這些人多數也信任諸葛亮，忠於劉備。

這其中有一個較為特殊的，他叫李嚴。

李嚴是荊州南陽人，曾經在劉表手下幹過活。當西元二〇八年曹操殺入荊州時，本地一部分人投奔了劉備，一部分人投奔了曹操，李嚴有性格，他往西邊跑去投奔了劉璋。等劉備打進四川，他曾帶兵攔截，兵敗投降。打下四川後，劉備任命李嚴為犍為太守、興業將軍。

這是一個頗有才華、文武雙全的人物。在《三國演義》中，他能上陣和黃忠對砍幾十個回合，而且被諸葛亮評價為「才能可敵陸遜」。在歷史上，他更有諸多突出表現，被劉備大為看重。另一方面，李嚴雄心勃勃，功利心和權力欲望也很強烈。當然，在劉備時代，這一切都算不上什麼問題，劉備自己的魄力和魅力，完全足以駕馭李嚴。那時候的李嚴和諸葛亮是配合默契的好同僚，諸葛亮自己也料不到，在未來，他會和李嚴發生那麼些故事。

荊州外交風波

正當劉備和諸葛亮轟轟烈烈地進行「西部大開發」時，東邊卻來了麻煩。這麻煩還是來自於之前的盟友孫權。

根據《隆中對》，江東孫吳是興復漢室的盟友，要長期合作。劉備和孫權共同在赤壁之戰打敗了曹操，之後又一起奪回南郡，孫權還在魯肅勸告下把南郡「借」給劉備，幫助劉備拓展了在荊州的基礎。孫權的妹妹也嫁給了劉備。劉備西征益州時，還曾把「孫權盟軍」搬出來嚇唬劉璋。

然而，軍閥更看重利益，這一點上兩家又有很深的糾葛。尤其當初孫權想要和劉備一起取益州，被劉備軟硬兼施地阻止，轉手劉備自己又去打益州，這讓孫權很不爽，把妹妹也接了回去。

等到劉備正式打下益州，孫權看得眼紅，就在西元二一五年派諸葛亮的哥哥諸葛瑾來找劉備說：「你把益州打下了，那麼荊州應該給我江東才對。」

劉備當然是不同意的。益州是我辛苦打下來的，荊州憑什麼要白白給你？但他也有兩點理虧，一是赤壁之戰後，是孫權把南郡借給劉備；二是當初在取益州的事情上，劉備對孫權耍了花招。這兩點讓諸葛瑾理直氣壯。劉備沒法正面回絕，只好敷衍說：「等我打下涼州之後，一定把整個荊州全部還給你們。」

孫權也不是傻子，心想你這明明就是拖延時間。他直接派遣官吏去荊州幾個郡上任，結果被蠻橫的關羽全部驅趕回來了。孫權大怒，命令魯肅和呂蒙出兵爭奪，自己統率大軍為後應，占領了南面的長沙、零陵和桂陽三個郡（恰好是諸葛亮當初管轄的三個郡）。

劉備這邊呢？他也不甘示弱。老夫現在今非昔比，你別太囂張！他命令關羽帶荊州三萬軍隊屯兵湖南益陽，自己從益州帶著五萬人順江下抵達湖北公安，準備豁出去跟孫權幹一架！

這種情況下，諸葛亮呢？在《三國演義》中，諸葛半仙依然神機妙算，再三賴帳，玩弄孫權、魯肅和諸葛瑾在股掌之上。實際上，諸葛亮到這一步是相當痛苦矛盾的。按他的《隆中對》，東吳是必須交好的；可同樣按他的《隆中對》，荊州也應該是北伐的重要基地。如何化解這一矛盾？割讓幾個郡或許是協調的路子。但荊州不是他諸葛亮的，而是劉備的，劉備不願意還荊州，諸葛亮有什麼辦法？

來的使者偏偏還是自己的親哥哥。兄弟倆自幼喪父，又長期分離，手足情深，但此時是為公事而來，而且還是大家扯皮爭地盤的頭疼公事。諸葛瑾和諸葛亮一樣，出名的恪守原則。這次入川，他與弟弟諸葛亮僅僅在公開場合嚴格遵照外交禮儀見面，私下連個兄弟攀談都沒有。這種情形下的相見，也真夠讓人傷感情了。

但對諸葛亮來說，傷感情還是次要，一旦兩家開戰，被曹操從中漁利，那之前的一番辛苦就付諸東流了。

出人意料的是，化解這個危機的，卻恰好是「漁翁」曹操。

原來眼看著孫劉兩邊正要劍拔弩張地開打，曹操也想趁機撈一把。他就調集大軍到關中，準備進攻漢中張魯。這下劉備先害怕了，心想張魯哪裡是曹操的對手，一旦曹兵奪了漢中，下一步就是進取益州了。我這裡跟孫權開戰，要是被曹操抄了後路，那就全完了。

恰好，孫權也是麻桿打狼兩頭怕。他既不想看到曹操擴張太猛，也不願意和劉備率領的八萬主力展開血拚。

在這種情況下，劉備與孫權兩家彼此妥協，約定以湘江為界，分割荊州。東部的江夏、長沙和桂陽三個郡歸孫權，西部的南郡、武陵和零陵歸劉備。至於北部的襄陽等地，是被曹操占著的。在這個由交惡到再度言歡的過程中，劉備這一邊的諸葛亮，和孫權這一邊的魯肅，都起了關鍵性的協調作用。

瓜分荊州之後，劉備留下關羽調整荊州的駐防，自己帶主力部隊撤回益州，準備應對曹操的威脅，而孫權則轉頭向北攻打合肥。孫劉兩家再次實現了共同抗曹的態勢，諸葛亮避免了與親哥哥諸葛瑾和好朋友魯肅敵對的困窘，天下大勢也重新回到《隆中對》的規畫上來。

然而這一次衝突的危險，已經預示這個戰略日後進展的不祥。

第五章

興衰起落本常事

力爭漢中

漢中地區在民間文學中被稱為「東川」，雖然今天歸屬陝西省，但其位於秦嶺之南，從地理上與四川關係更為緊密。一直以來，如果一個勢力同時占據漢中和益州，則進可威脅關中，退可兩川互保；相反，當漢中在敵人手裡時，益州就很頭大了，整個東部、北部地方都在敵人的刀鋒之下。

占據漢中的軍閥張魯，以前同劉璋相互敵對，以至於劉璋要請劉備來幫忙抵抗，結果引狼入室，劉備集團於西元二一四年取得益州。按諸葛亮的《隆中對》而言，日後北伐關中，那麼當然要先占領漢中，取下橋頭堡。只不過張魯靠著宗教「五斗米道」，在漢中盤踞多年，政教合一的統治頗為牢固，不那麼容易攻取罷了。

誰知西元二一五年夏天，曹操搶先進攻漢中。張魯軍占據險要地形，擋住曹軍，兩軍對峙多時，曹操都準備收兵了。讓人想不到的是，這當口張魯的主力部隊竟然被一群野鹿衝進營寨，不戰潰散，張魯向曹操投降。這下，劉備的大後方，直接處於曹操的刀口下面。整個益州人心動盪，惶惶不安。曹操手下的劉曄和司馬懿等勸曹操趁勢進攻益州，但曹操年紀大了，再加上擔心孫權在合肥的攻勢，權衡再三，還是收兵回去，留下大將夏侯淵、張郃和徐晃等駐守漢中。

此時，漢中已成為曹劉兩軍的爭戰焦點。

就在當年冬天，張郃從漢中出兵，進攻三巴地區（巴郡、巴西郡和巴東郡）。劉備派張飛迎戰，在瓦口關等地大破張郃。之後，張郃退兵。但劉備也不具備趁勢占領漢中的條件，便收兵回成都。雙方的第一次衝突結束。

到了西元二一七年冬天，劉備在法正的勸說下，決定征討漢中。他先派張飛、馬超、吳蘭和雷銅等將領從左翼進攻武都和下辨。曹操派堂弟曹洪、族子曹休等攔截。兩軍對峙幾個月，曹洪和曹休尋隙進攻，斬殺了吳蘭和雷銅，迫使張飛和馬超退兵。這是雙方第二次交鋒。

劉備又派陳式向馬鳴閣（今四川省廣元市一帶）機動，再次被徐晃擊敗。

劉備征戰大半生，有股百折不回的勇氣，此刻雖然連吃幾個敗仗，然而箭在弦上，不得不發。他和謀士法正、老將黃忠等親率大軍，繼續進逼漢中。這次，又在陽平關被夏侯淵和張郃擋住。兩軍連日大戰，殺得天昏地暗。劉備急令諸葛亮，趕緊從後方調增援部隊來！

這幾年劉備在外打仗，通常是法正隨軍參謀，諸葛亮鎮守川中。諸葛亮發揮自己出色的行政能力，調配人力物力，供應前線。這次接到劉備的文書，照例與手下的屬員們商量。從事楊洪說：「漢中是我們益州的咽喉，沒有漢中就沒有益州。現在漢中之戰，關係到我們家門的禍福啊，全國人民都應該動員起來，男子上陣打仗，女子也要搬運物資，豁出去跟曹操幹！還有什麼可猶豫的！」

一貫謹慎的諸葛亮，得到楊洪這樣果決的諫言，大為讚賞，於是在整個益州範圍內進行了總動員，把人力和物資源源不斷地向前線調集，為劉備「輸血」。

竭盡全力動員，必然會削弱後方的防務。二一八年，益州本地的流寇馬秦、高勝等起兵造反，

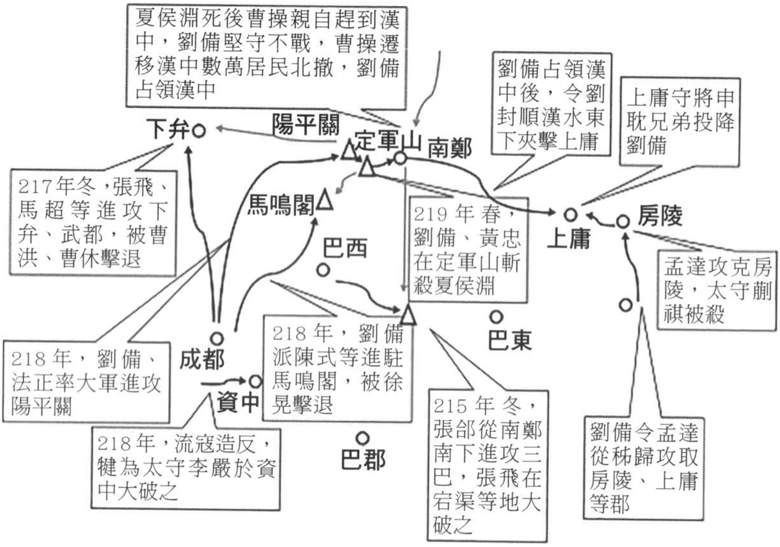
夏侯淵死後曹操親自趕到漢中，劉備堅守不戰，曹操遷移漢中數萬居民北撤，劉備占領漢中
劉備占領漢中後，令劉封順漢水東下夾擊上庸
上庸守將申耽兄弟投降劉備
下弁
陽平關
定軍山
南鄭
217年冬，張飛、馬超等進攻下弁、武都，被曹洪、曹休擊退
馬鳴閣
219年春，劉備、黃忠在定軍山斬殺夏侯淵
上庸
房陵
巴西
孟達攻克房陵，太守蒯祺被殺
巴東
成都
218年，劉備、法正率大軍進攻陽平關
218年，劉備派陳式等進駐馬鳴閣，被徐晃擊退
資中
215年冬，張郃從南鄭南下進攻三巴，張飛在宕渠等地大破之
218年，流寇造反，犍為太守李嚴於資中大破之
巴郡
劉備令孟達從秭歸攻取房陵、上庸等郡

曹劉爭奪漢中示意圖

很快聚集了幾萬人馬，打到了距離成都只有一百多里的資中縣。一時之間，成都人心惶惶。

這時候，犍為太守李嚴挺身而出，帶領本郡五千地方軍出擊，以少勝多，殺了馬秦和高勝。幾萬流寇紛紛投降，李嚴又動用手段安撫，把他們都恢復了民籍。

隨後，南方越巂郡的夷族首領高定起兵造反，包圍了新道縣，又是李嚴帶領本部人馬日夜兼程，前往救援，殺得夷人大敗，紛紛逃回自己的山寨之中。

「家和萬事興」，有諸葛亮主持內政，不斷提供物資支援；有李嚴帶兵討叛，保證國內的安穩。得到他們的全力支持，劉備便可以全無後顧之憂，安心在漢中前線和曹魏作戰。最終在西元二一九年，劉備依靠法正的奇謀和老將黃忠的勇猛，於定軍山一戰大破曹軍，斬殺了漢中曹軍總指揮夏侯淵，取得決定性的勝利。

曹操聞夏侯淵敗亡，急忙帶著大軍從長安過來增援。然而此時劉備已經搶得先手，他自信地說：「就算曹操親自來，我也不怕。漢中已經是我的了！」劉備分兵占據漢中地區的戰略要地，扼守堅壁，與曹操對峙。對峙幾個月後，曹操堅持不住，帶著漢中地區的幾萬家老百姓撤退。漢中地區終於成為劉備的囊中之物。

曹劉爭奪漢中之戰，前後歷時近兩年，是蜀漢集團的一次生死之戰。這場戰爭中，劉備第一次正面擊退老對手曹操，取得戰略上的勝利。這場勝利是蜀漢集團上下通力合作的結果。主力軍團，有劉備自身的戰爭經驗，黃忠等大將的臨陣勇猛，法正的料敵奇謀。張飛和馬超等吃了敗仗的偏師，也在牽制曹軍上有不小的功勞。留守的諸葛亮和李嚴等人雖然未親臨一線，但把人力物力及時送上增援，保證劉備實力物資的充足和後方的安定，也做出了決定性的貢獻。

漢中之戰，蜀漢集團付出的代價也頗為慘重。曠日持久的戰爭，不但陣亡了雷銅、吳蘭等將軍，益州的人力物力也受到巨大的消耗。最終打下的漢中之地，只是空城，老百姓已經被曹操遷移走了，所謂的「魏得其民，蜀得其地」。

然而，這終究是值得的。奪取漢中之後，兩川一體的聯防得以實現，北方的威脅大大減小，成都平原有了屏障，成為相對穩定的大後方。而從開拓進取方面來說，蜀漢有了一塊直接的前進基地。從漢中翻越秦嶺，便是關中平原——對統一天下至關重要的地方。

四百餘年前，劉邦就是以巴蜀為後勤基地，從漢中出發，奪取關中，進而一統天下的。誰說劉備不能重複他的老路呢？

漢中有老虎，劉備稱大王

占領漢中後，諸葛亮的《隆中對》又實現了重要的一步。這一步還引起了連鎖反應，曹操的地盤宛城鬧了亂子，守將侯音起兵造反，勾結關羽，在曹操的腹地激起波瀾。

另一方面，劉備命令孟達從秭歸出兵，攻打房陵（今湖北省房縣）、上庸（今湖北省竹山縣）等郡，又派乾兒子劉封從漢中順漢水東下接應。兩面夾擊下，房陵和上庸很快被占，上庸太守申耽和弟弟申儀等都投降了。

這是蜀漢集團的又一次戰術勝利。但對諸葛亮而言，卻捎帶著親情上的損失。房陵太守蒯祺是諸葛亮的大姊夫，在戰鬥中被孟達軍所殺。站在敵對陣營的親人被本陣營將軍所殺，這當然是無可奈何的事，但諸葛亮心中也不會全無漣漪吧？

此時的劉備，雖然在東邊割讓荊州三郡給孫權，但西邊連續取得了漢中、上庸和房陵，興復漢室的大業又邁進了一大步。為了更好地豎立反曹興漢大旗，就在西元二一九年初秋，劉備自封為漢中王。

那時候一切都要講禮儀。儘管劉備的漢中王是自封的，他名義上還是要向漢獻帝請示。請示的表文也不能自己上，自吹自擂不像話。所以，劉備手下的群臣就聯名給漢獻帝上表。

表文的大意是：現在漢室不幸，曹操兇殘，為了剪除這個惡魔，請求朝廷封劉備為漢中王，而且拜大司馬，以便統率正義者聯盟，消滅曹賊，興復漢室。

上表的群臣，按照地位高低排先後順序。領銜的第一名是曾經的一鎮諸侯馬超，第二、三、四名的許靖、龐羲、射援則是劉璋手下的老幹部。這幾位都屬於名聲大，地位高，但沒太多實權的。接下來諸葛亮排第五，關羽、張飛、黃忠排六、七、八位，法正排第十位，李嚴排十一位，這些才是實權人物。至於常山趙子龍，他在「等一百二十人」的「等」裡面。

這封表文送到許昌，曹操看了，當然氣得七竅生煙，他不可能讓漢獻帝批准這個剿滅他自己的表文。但劉備只要有這麼個上表的形式就夠了。隨後，他在漢中城外築起高臺，正式加封自己為漢中王，拜大司馬。

劉備成了「一人之下，萬人之上」的王爵，手下的文武當然也要「雞犬升天」。劉備大肆加官晉爵，加得最多的是他兒子劉禪。此外，老幹部許靖升為太傅，地位極高而實權極少；劉備的好謀士法正為尚書令；關羽、馬超、張飛、黃忠分別晉級為前、左、右、後四將軍（從中將提升為上將），就這樣關羽還不太滿意，瞧不起黃忠，覺得黃忠沒資格和自己一個等級。劉備的頭號謀臣諸葛亮的官職卻沒有變化，依然是軍師將軍（中將）。只不過實權職位「署左將軍府事」跟著劉備水漲船高，變成了「署大司馬府事」。

有人據此認為，諸葛亮地位下降了，還不如法正能升官。然而，諸葛亮追隨劉備，君臣之間計較的從來都不是品級。當初諸葛亮以軍師中郎將的職位，就能督率三郡，領兵入川；如今「署事」的職能不變，川中的政務也是諸葛亮統管，誰還在乎將軍稱號是哪個等級的呢？

建安二十四年（西元二一九年），註定是個多事之秋。這一年，天下的局勢一波三折，跌宕起伏。這邊劉備在漢中稱王，那邊駐守荊州的關羽率領本部人馬北伐，跨過襄江，將曹仁包圍在襄陽和樊城。曹操派于禁和龐德前去增援，結果適逢秋水暴漲，關羽「水淹七軍」，斬殺龐德，生擒于禁。一時之間，關二爺威震華夏，荊州和豫州一帶的地方豪強紛紛起兵響應，甚至嚇得曹操想要遷都避他的風頭。

蜀漢勢力在此刻達到巔峰，《隆中對》中「兩路北伐」的態勢，隱約有實現的模樣。

可惜，所謂月盈則虧，蜀漢從巔峰往下跌落的勢頭，也是人所未料及的。

荊州噩耗

關羽像

荊州地區，既是劉備奔波大半生後重新創業的起家老本，也是諸葛亮等一大票蜀漢文武官員的故鄉或第二故鄉，同時又是《隆中對》裡面北伐中原的重要地區。

不幸的是，這塊三方交會的四戰之地，又是孫權方面一直窺視的肥肉。孫權的根據地江東，位於荊州下游，正如蜀漢要拿下漢中遮罩成都一樣，孫權也時刻夢想著拿下荊州來遮罩江東地區。

更不幸的是，駐守荊州的總司令關羽，軍事才能與政治外交才能嚴重失衡，而且為人倨傲，對士兵很關愛，卻不會和同僚、盟友相處。他在荊州六七年，不但和江東方面的關係搞得很僵，而且荊州本地的那些官員們，很多都對他又怕又恨。

以諸葛亮的才能，不可能看不出其中的隱患，但他別無辦法。劉備手下最能耐的兩個謀臣，諸葛亮自己要經營益州，法正要陪著劉備在外打仗，都分不出手去幫荊州。

如果豁達的龐統還健在，倒可以讓他去幫關羽守後院，協調人際關係，拓展外交。龐統為人處世頗為靈活，而且在荊州和江東有深厚的人脈，這活兒他能幹得很漂亮。可惜，歷史沒有如果。

對諸葛亮來說，雪上加霜的是，蜀漢人民的老朋友魯肅魯子敬，在西元二一七年就去世了。魯肅做為孫權身邊屈指可數的戰略家，同時又是少數頭腦清醒、能夠正確衡量天下大勢的人物。

他在江東陸口統帥的任上數年，對劉備集團既有搶奪荊州的利益鬥爭，又有抵抗曹操的合作。總的來說，合作是大趨勢，鬥爭是小插曲。這一點恰和諸葛亮達成一致。有魯肅和諸葛亮東西連橫，勉強維持著孫劉兩家以和為貴的態勢。

魯肅死後，接任陸口統帥的是激進的主戰派呂蒙，原本兩家共同維持的這種來之不易的合作，頓時成為諸葛亮一廂情願的獨角戲。

這只能讓荊州的局面更加惡劣。

另一方面，在西元二一九年初，劉備和諸葛亮乃至整個蜀漢勢力的絕大部分力量，都投入了對漢中的爭奪中，也實在騰不出手來支援荊州。打下漢中之後，順勢攻占房陵和上庸，最後劉備稱王，都是一氣呵成。西元二一九年上半年就這麼不經意地過去了。

這就造成了在西元二一九年下半年，荊州地區暗流湧動的形勢。

小知識

關羽的驕橫

孫權曾為自己的兒子向關羽的女兒求婚，關羽不僅拒絕，還辱罵使者；水淹七軍後，關羽又擅自動用孫權在邊境的糧食，甚至威脅說要攻滅孫權。這些行為都是很不明智的。當然，孫權背盟襲擊荊州，主要是出於利益考慮，並不等於說關羽不得罪孫權，孫權就一定不會捅刀子。但關羽的這些行為，至少讓孫權的刀子捅起來更加理直氣壯。

在這樣錯綜複雜的情形下，關羽的大舉北伐，就如同根基不牢靠的高樓大廈。雖然短時間內取得驚人戰果，威震華夏，但這種威勢只能讓孫權方面更加不安。外交上的根本隱患沒有解決，關羽因勝而驕，更做出了得罪盟友的舉動；同時，曹操在關羽的軍事壓力下，則加緊向孫權暗中連絡活動。

最終，孫權拍板，捅劉備，搶荊州！呂蒙和陸遜在關羽面前玩了示弱之計，進一步降低關羽的警惕，引誘他把防守荊州的主力調往前線，後方更加空虛。接著，呂蒙親率精銳部隊偽裝成商船，向江陵發動突襲。此之謂「白衣渡江」。守衛荊州的大將糜芳、士仁等，早已不滿關羽欺壓同僚，先後投降孫權。

於是在很短的時間內，荊州三郡閃電般地陷落了。

同一時間，曹操派出徐晃、徐商等大將增援襄樊，截擊關羽。這樣，關羽以區區荊州數萬之兵，幾乎直接面臨曹、孫兩家的傾國之眾，戰爭結果也就毫無懸念了。關羽在襄樊前線被徐晃擊敗，急忙南撤時，軍心渙散，最後敗走麥城，被孫權手下擒獲殺害。

這一切發生得太快了，在益州的劉備和諸葛亮根本沒反應過來，更別提援救關羽了。

短短兩三個月，劉備集團損失了數萬的精銳之師，丟失幾乎三分之一的領土和人口，軍中頭號大將也命喪黃泉。對於有志於興復漢室的劉備，對於將「聯合江東」、「荊州出兵」作為基本國策的諸葛亮，這打擊是致命的。

這其中，劉備還稍好一點。畢竟過去半輩子裡，這種大起大落的經歷他也不是一次兩次了，徐州丟過兩回，汝南丟過一回，現在不過丟了半個荊州，還有益州呢，可以繼續努力！

相對而言，諸葛亮的心理落差恐怕更大。西元二〇七年諸葛亮出山輔佐劉備，到如今已是第十三個年頭。自從諸葛亮幫助劉備制定戰略以來，基本上一步一步按照這個方針在執行，推動。其間，儘管有兵敗當陽、狂奔夏口的狼狽；有入川大戰、龐統陣亡的損失；有爭奪漢中、全力以赴的艱苦，但整體而言，劉備集團還是在逐漸攀升，局勢越來越有利。

誰知道在這一路攀升的中途，卻是一個如此猛烈的跌落，速度之快，打擊之慘，令他猝不及防。對於諸葛亮，這想必是撕心裂肺的痛楚。

痛楚之外，也有無奈。畢竟，諸葛亮不是當家人，對關羽的冒進，對劉備的整體規畫，乃至對整個蜀漢的戰略布局，諸葛亮會有自己的檢討和反思。而這檢討和反思，則在一定程度上再次強化了諸葛亮性格中的一個鮮明特色——謹慎。

諸葛亮一生謹慎。雖然他在跟隨劉備之後的十餘年裡，已經經歷了多次豪賭般的猛進，但這些成功給他的印象，一定不如關羽這一次的失敗如此之深。

慘遭整肅的劉封

關羽失荊州這件事，客觀說來，是多方面原因造成的。既有孫權悍然背盟、守將叛變等客觀因素，也有關羽自己的主觀責任，而劉備、諸葛亮和法正為代表的蜀漢中央政權在這其中，也不能推脫戰略規畫疏漏和防備不到位的責任。

現在關羽已經死了，再追究他的責任毫無意義。背刺的盟友孫權，或者叛變的麋芳和士仁，雖然可惡，劉備的板子一時也打不到他們屁股上。

不管怎樣，整個蜀漢現存的人中間，總得有人為此承擔責任。於是一場整肅的運動開始了。

首先被波及的，是叛徒麋芳的哥哥麋竺。麋芳身為江陵太守，出賣關羽而投降東吳，直接導致荊州輕易丟失，這讓成都的麋竺相當擔憂和羞愧。他叫人把自己綁起來，到劉備面前去磕頭請罪，希望接受處罰。劉備倒還沒老糊塗，他解開綁繩，安慰麋竺說，你弟弟做的壞事，不能讓你來承擔責任。然而，麋竺還是羞憤交加，過了一年多就死了。

更加嚴酷的整肅，則落在上庸、房陵的劉封和孟達頭上。

上庸、房陵位於荊州和益州交界處，向東南是川口要津白帝城，再往東可接江陵；直接沿漢水東下則是襄陽；往西溯漢水而上是漢中。總之，對於跨有荊、益的蜀漢政權而言，這片地方乃是連接東西的要衝，地形複雜，山川起伏。

小知識

糜芳和士仁的下場

關羽失荊州，糜芳和士仁的投降是決定性因素之一。然而糜芳身為劉備的妻舅和跟隨二十多年的元老，居然這樣降敵，實在出乎多數人的意料，想像不出關羽怎麼會把他得罪到這一步。《三國演義》說糜芳和士仁在後來的夷陵之戰前被劉備抓住處死，但歷史上此二人在東吳享受著榮華富貴，卻也同時遭人鄙夷。東吳大臣虞翻見他們一次就罵一次，次次罵得他們狗血淋頭，日子也不甚好過。

但是駐紮在此地的幾位將領，卻都有那麼些尷尬。

此地名義上的老大是副軍中郎將劉封，打仗相當勇猛，當初跟隨諸葛亮一路入川，立了不少功勞。如果他就是一位大將多好，諸葛亮也可以放心地把他當作棟梁安排。

可這位劉封偏偏還是劉備的乾兒子，而且是劉備生劉禪之前收的，當初準備用來作為繼承人培養。後來劉備又生了劉禪，劉封的地位一下微妙起來。

諸葛亮深知，一旦六十歲的劉備歸天，十多歲的劉禪單憑本領絕對不是這位乾哥哥的對手。他對此一直憂心忡忡。現在劉封被放在這麼個山城裡守著，既可以說是重用，卻也有那麼點邊緣化的味道。

二把手是孟達，也挺不容易。當初他和張松、法正是益州的臥底三劍客，為出賣劉璋，迎接劉備立下汗馬功勞。結果三劍客三個下場，張松提前敗露被劉璋殺了；法正入川後成為劉備麾下數一數二的謀臣；孟達呢？卻被發配到這裡來給劉封打下手，心理當然會不平衡。偏偏劉封被「邊緣化」後也不爽，不敢向乾爹劉備發火，就把脾氣撒在孟達頭上，多次欺凌孟達。因此，孟達內外交困，分外痛苦。

其他的申耽、申儀兩位更別說，他倆本是地頭蛇，迫於劉封和孟達的軍威才投降劉備，哪裡還談得上什麼忠誠度。

不得不說，劉備在這個重要位置放的組合實在很差勁。這倒也不全怪劉備，一來之前益州的全部人馬都在爭奪漢中，實在抽不出更多人手；二來，劉封和孟達兩位都文武雙全，假如他們能精誠團結，那就是黃金搭檔——可惜還是那句話，歷史沒有假如。

在關羽北伐襄樊，一路高歌猛進的時刻，他曾經要劉封和孟達出兵順漢水而下，一起夾擊襄陽和樊城。

一貫不和的劉封和孟達這次倒達成了一致：他們認為手下只有幾千個兵，本地剛剛打下來不久，要是擅自出援，發生變故怎麼辦？打下襄樊是你的功勞，上庸和房陵失守可是咱的責任！

於是，他們就沒有派兵去。

接著，關羽就敗亡了。而劉封和孟達不曾增援關羽的事情，也被報告給劉備。

這下子，劉備怒了。

平心而論，劉封和孟達有沒有派兵幫助關羽，和關羽失荊州沒有太大關係。就算劉封和孟達帶著幾千人馬趕到襄樊，荊州該丟還得丟，說不定陸遜一個花招，上庸也被偷了。從軍事角度看，他們不增援是有道理的。（所以在《三國演義》裡，改成關羽被圍困麥城時向劉封和孟達求援，這樣這哥倆就不是拒絕錦上添花，而是見死不救了）

但問題是，關羽的職位是前將軍、假節鉞，有資格調動地方兵馬。就是說從職權上，劉封和孟達理應服從關二爺的命令。這種違令不遵，性質可就嚴重了。然後，關羽還敗亡了。劉備看遍手下的將領，發現這兩人的直接責任最大，於是把自己失去荊州和大將的一腔怒火，都往他們頭上傾洩過去。

劉封不是白痴，事發之後，他悔恨交加。為了表達恨意，他變本加厲地繼續欺負孟達，甚至奪走了孟達的軍樂隊[10]——這在當時，差不多相當於現在把一個將軍的肩章撕下來。

孟達比劉封更聰明。他覺察到劉備的怒火，知道自己絕沒好果子吃，正好劉封又開始欺負他，孟達乾脆搶先一步，帶著人馬投奔曹魏去了。臨走之前，他還給劉備寫了一封告別信，訴說自己的不得已，情真意切，文采斐然。

雖然信上說得懇切，可孟達幹的事卻不地道。他回頭帶著夏侯尚、徐晃等曹魏大將來打上庸，還寫了一封信勸降劉封，說您在劉備那裡地位本來就尷尬，現在又出了這檔子事，哪裡還待得下去？

不如跟我一起投魏吧。

劉封的公子脾氣哪裡容得這個？他把信撕了，出兵和孟達交鋒。結果申耽和申儀也跟著反叛投魏，劉封再能耐也擋不住裡應外合，一路敗回成都，上庸給曹軍奪去了。

這下子，可憐的劉封坐實了三樁罪名：第一、不增援關羽；第二、逼反孟達；第三、丟失土地。劉備好不容易找到一個出氣筒，朝這個乾兒子就是一陣咆哮。

諸葛亮勸劉備趁這個機會除掉劉封，免得以後給劉禪的繼位造成威脅。

於是最終，劉備賜劉封自盡。臨死前，劉封嘆息道：「可惜我沒有聽孟達的話啊。」劉備則為他痛哭流涕。畢竟這個乾兒子跟隨自己十多年，雖無血緣，也有父子之情。六十歲的老頭子，眼睜睜看著自己的兒子自殺，真真痛徹心扉。

劉封的嘆息，劉備的眼淚（歷史上劉備很少流淚，這一次是例外），似乎襯托出諸葛亮的冷酷和險惡。

劉封之死歸根結柢，是因為蜀漢面臨巨大危機。荊州丟失需要問責，未來蜀漢接班人地位也必須保證。在這種雙重矛盾下，劉封最終成為政治上的犧牲品。劉封本人犯下的錯誤（違抗軍令、欺凌孟達）也有取死之道。諸葛亮在其中，毫無疑問地是做了「惡人」。但為了劉備集團當前和日後

---

10 軍樂隊：儀仗軍隊，擔任儀衛的軍隊，為一種軍官身分的象徵。

的穩定與發展，諸葛亮無法顧及自己後世的評價。

篡位

正當蜀漢內部為了荊州之失鬧得雞飛狗跳時，更大的霹靂接連打在中華大地上。

首先是西元二二〇年初，曹操死了。

短短兩個月內，情同手足的大將和畢生的老對手先後去世，對劉備可謂悲喜交加。

曹操死後，曹魏方面曾發生了短暫的紛亂。青州兵敲著鼓離去，曹彰試圖依靠武力過問繼承權，而最終繼承曹操地位的曹丕，又對親兄弟曹植屢屢打壓。

諸葛亮在《隆中對》預言的「天下有變」，就是這個時候。

如果此事發生在半年前，如果這時候關羽還在，荊州還在，恰好是諸葛亮的第三步戰略——進取中原的最好時機。這時候，讓關羽大舉北伐，劉備自己帶兵從漢中直驅關中，孫權也會從淮河方向捏軟柿子，「興復漢室」的目標，幾乎唾手可得！

遺憾的是，歷史無法改變。當機會姍姍降臨時，蜀漢已經失去了抓住機會的實力。關羽死了，荊州完全丟了，孫權和劉備的關係由同盟變成了死敵，反過來向曹操和曹丕父子下矮樁[11]。

曹丕像

即使面臨曹魏的內亂，蜀漢也只能龜縮在兩川之內舔舐傷口。

諸葛亮心中在滴血，坐看一個夢寐以求的機會在眼前，自身卻因為之前的錯誤而只能選擇錯過。對於有大志向的人而言，這種痛苦真是莫可名狀。

歷史不以任何人的意志為轉移。到當年冬天，曹丕終於做了他爹曹操不敢做的事：篡位。

在皇帝寶座上待了三十年的傀儡漢朝末代皇帝劉協，宣布「禪讓」給曹丕。曹丕還要假惺惺地推辭。三次勸告之後，曹丕終於接受「天意民心」，成為新的皇帝。曹魏皇朝取代了劉漢，三國中的第一國建立。

劉協被封為「山陽公」，回到自己的封地去享受榮華富貴。此後他又活了十四年。

這最後的十四年，說不定倒是他一生中最輕鬆的十四年。地位從皇帝降為公爵，從天下名義上的主人成為普通的休閒貴族。至少，他不再為國運操心，不再害怕自己的權力遭到侵凌和掠奪。為漢朝他該做的抗爭都做完了，現在只剩下純個人層面的苟延。西元二三四年，劉協去世，死後謚號

11 下矮樁：向對方放下身段，說軟話之意。

是「孝獻皇帝」，或者簡稱「漢獻帝」。

對於和劉協同一年生，同一年死的諸葛亮來說，恰恰相反。

從這一年起，諸葛亮的地位會越來越高，他的生活會越來越累，需要操心的事會越來越多，最終走上「鞠躬盡瘁」的不歸路。

而就在眼前，諸葛亮，以及他的主公劉備，需要解決的一個最迫切而關鍵的問題就是：

漢朝皇帝沒了，應該怎樣來「興復漢室」呢？

第六章

赤膽鐵肩輔幼皇

皇帝輪流做

西元二二〇年，漢朝滅亡了。

在今天的人們看來，漢朝不過是歷史課本上需要記住的朝代之一。但對那時候的人們來說，則是地動山搖的大事。

撇開三皇五帝的部落聯盟、夏商周的方國林立，秦朝是中國歷史上第一個中央集權制的大帝國。然而，秦朝殘虐百姓，弄得民怨沸騰，終於二世而亡。相反的，劉邦開創的漢朝，在推翻暴秦的基礎上建立，對內休養生息，恢復民力；對外擊退匈奴，傲立世界東方。

對文人和百姓來說，漢朝象徵著強盛、統一、太平和安康。漢朝延續四百多年的歷史，儘管不乏內鬥變亂，但整體而言，堪稱是一個輝煌偉大的時代。即使在末世變亂時，漢朝的實力依然足以震懾周邊國家。對士民而言，漢朝中央的旗號不倒，那麼天下就還有希望。

這份對正統的執著，或許難以為今天的所有人體會，然而卻足以支撐當時的很多人，在「功名利祿」、「榮華富貴」之外，真正為「漢室復興」、「四海歸一」的夢想，投身到激鬥之中，甚至不惜以命相搏——包括曹操手下的第一號謀士荀彧，在目睹自己輔佐多年的主公，即將掘墓埋葬漢朝時，也是憂鬱而死，以身相殉。

因此，西元二二〇年曹丕篡漢，儘管從長期來看，是一個自然而然、水到渠成的結果，但對於當時廣大忠於漢室，或者至少對漢室有些感情的人而言，依然是巨大的震撼。這種悲憤和驚恐的情緒，使得消息傳到益州時略微有些變味。據說，曹丕不僅篡奪了帝位，還殺害了皇帝劉協。

於是，漢中王劉備首先給這位東漢末代皇帝辦喪事，謚為「孝愍皇帝」。葬禮上，劉備聲淚俱下地控訴了國賊曹丕的兇殘，發誓要高舉漢朝旗號，與逆賊鬥爭到底。在整個中國的北方徹底淪為「逆賊盤踞地區」之後，天府之國的四川，當仁不讓地成為「光復大漢」的政治中心和唯一根據地。

然而，皇帝都沒了，大漢的旗幟誰來堅持呢？對諸葛亮而言，這簡直不應該是個問題。

在他跟隨劉備的十多年裡，他能確認，劉備是一個敢作敢為、有擔當、有氣魄的英雄。劉備有著遠大的志向，又有著禮賢下士的王者之風，而且在軍事、政治和用人等諸方面才能出眾。更難得的是，劉備確實對民眾懷有悲憫之心。劉備與諸葛亮，雖然不時有意見分歧，但整體來說，當得起推心置腹、肝膽相照這幾個字。

這樣一位君主，難道不是皇帝的最佳人選嗎？對天下的老百姓來說，這也是較好的選擇吧？

而且，劉備還正好姓劉，是漢朝宗室，這是個加分項。這個「宗室」名號儘管在劉備艱苦創業時不值半文錢，但在他稱帝的問題上，確實能增加不少合法性。

既然如此，就讓劉備來做漢朝的下一任皇帝吧！

諸葛亮是這麼想的，劉備手下的大多數文武官員，也是這麼想的。

因此，在西元二二一年裡，原本被荊州丟失、關羽戰死的悲涼氣氛籠罩著的四川，一躍出現了大量的「祥瑞」、「吉兆」。先是劉豹、張裔、譙周等一群中級官員聯名上書，彙報這些吉兆，認為這些是上天的旨意，預示著劉備應該稱帝。接著，許靖、糜竺、諸葛亮等一群高級官員也聯名上表，從天下的政治格局著眼，希望劉備順應天意人心，登基稱帝。

然而，劉備集團也並非是全票贊成稱帝，還存在少數不和諧的聲音。比如費詩，這位善於言辭、曾經成功勸說關羽接受封號的文官，就不贊成劉備稱帝。他說：「大王您因為曹操父子篡位，所以才不遠萬里地集合義兵討伐他們。現在逆賊還沒討平，您自己先稱帝，這不是讓人抓把柄嗎？」諸葛亮屢次推薦的劉巴也不主張這麼快稱帝。

劉備心裡其實還是很想當皇帝的。所以費詩被貶官了。但這些反對意見，也讓劉備心裡犯嘀咕，下不了決心。

這時候，諸葛亮再次出馬，勸劉備說：「現在曹丕篡奪漢室，天下都沒有正主。全國人民憤恨曹賊，可惜找不到帶頭人。您做為漢朝的後裔，本來就應該即位稱帝啊！咱們集團的文武英雄們，不辭辛苦地跟著您，也是為了幹出一番事業。要是您再這麼推三阻四，恐怕人心會散了。」

什麼「祥瑞」，什麼「上天旨意」，都一邊去吧。諸葛亮短短幾句，從兩個層面說出了更本質的內容：第一、天下需要您稱帝來挑起興漢反曹的大旗，這是公；第二、劉備集團的文武官員需要您稱帝來給他們一個「攀龍附鳳」、「雞犬升天」的機會，這是私。要是您不稱帝，那麼天下大勢不可收拾，您自己的部下也不可收拾。

話說得這麼白，劉備也就下定了決心，西元二二一年的農曆四月，於成都郊外舉行了儀式。劉備自稱皇帝，改元章武，立吳懿的妹妹為皇后，劉禪為皇太子，任命馬超為驃騎將軍，張飛為車騎將軍，就這樣，正式建立了三國中的第二國——蜀漢。當然，他們的正式稱呼還是「大漢」，自認為完全是東漢皇朝的自然延續，而非新建一國。

打，還是不打？

在西元二二一年新成立的蜀漢政權裡，諸葛亮是當之無愧的二把手。他的官職，由劉備稱帝前的「軍師將軍」、「署大司馬府事」一躍成為「丞相」——貨真價實，童叟無欺，一人之下萬人之上。同時，還錄尚書事、假節，大權在握。

小知識

諸葛亮之官職

「丞相」為百官之首。「錄尚書事」意即掌管政府實權。「假節」即代表皇帝，可以不經皇帝批准而殺低級官員。

三國時代當過丞相的人不少，但一說「丞相」二字，前半部大家最先想到的是曹操，後半部則是諸葛亮。兩個比較，「諸葛丞相」的印象可能還比「曹丞相」更深。

至此，諸葛亮到達一生中的巔峰權位。在這個位置上他一待就是十四年，為了這一個流傳千古的稱號，他殫精竭慮，嘔心瀝血。

位極人臣，終身富貴，這是多少人幾輩子的夢想。然而這一刻，諸葛亮心中多半是沒什麼成就感的。因為他個人達到高位的同時，蜀漢這個新建立的國家，卻是一開始就處在風雨飄搖之中。

從國家實力來說，三年前開始的漢中爭奪戰，已經讓益州的人力物力遭到極大消耗；一年多以前的荊州丟失，更讓國土和軍隊遭到慘重損失。

從外交格局來說，篡漢稱帝的曹丕是蜀漢的死對頭，已經占有大半個天下，實力強勁，自不必說；而原本的盟友孫權，自襲取荊州後也已徹底翻臉。

三國之中，蜀漢實力最弱，卻同時與兩家結仇。

同時，讓諸葛亮憂慮的還有人才方面的缺口。關羽敗走麥城，蜀漢已經損失了一位獨當一面的猛將，偏偏在這個當口，法正也去世了。法正雖然人品一般，但足智多謀，行事果決，而且善於勸說劉備，與諸葛亮頗為互補。如今，在國家初建、最需要通力合作的時候，當初的「三駕馬車」卻只剩諸葛亮一人，他感受的孤單和乏力可想而知。

有多少米煮多少飯，實力不足，咬咬牙也就湊合了。更大的困惑，在於一個很具體的問題：

下一步，該做什麼？

從西元二〇七年諸葛亮出山開始，《隆中對》就是劉備集團的戰略指導計畫書。劉備和諸葛亮依照這個計畫，北拒曹操，東和孫權，跨有荊益，一步一步實現了三分天下。如果順利的話，在天下已經瓜分完畢的這會兒，應該聯合孫權繼續北伐了。

問題是，計畫趕不上變化。現在孫權翻臉成了敵人，原本的北伐基地荊州也完全被搶走，《隆中對》的下一步基礎都被拔掉了。怎麼辦？

換誰來當家做主，對這個問題都應該相當頭疼吧！但頭疼歸頭疼，蜀漢皇帝劉備是絕不會猶豫的。他以其大半生征戰磨煉出來的意志，和一個軍事家的直覺，做出了最單純的判斷：打東吳，搶回荊州，為關羽報仇！

邏輯相當簡單：你打了我的臉，我要是不打回去的話，那人人都會來打我臉了。

支持劉備這個觀點的文武官員不少，但還有許多人持相反論調。最有代表性的是劉備的老部下趙雲。這位持重而堅持原則的將軍，義正詞嚴地表示：「國賊是曹操，而不是孫權。只要能滅掉篡逆的魏國，那麼孫權自然降服。現在曹操剛死，他兒子曹丕篡位，正是天下義憤填膺之時。咱們應該趁勢進攻關中地區，占領黃河和渭河的上游，然後向東討伐國賊，中原和河北的忠義之士必然都會紛紛回應，這樣天下大局就可以定了。如果先去攻打東吳，一旦開戰形成僵持，反而給曹丕可乘之機，這就是下策了。」

簡言之，就是要堅持政治上的大局觀，先討首惡，震懾脅從。後來諸葛亮的哥哥諸葛瑾也曾給劉備寫信求和說：「陛下您覺得關羽對您重要，還是先帝（漢獻帝）對您重要？您覺得是荊州重要，還是天下重要？我們殺了關羽，占了荊州，可曹丕殺了先帝，占了天下，您應該更仇恨哪一個，先打哪一個，這道理很簡單吧？」這是基於同一思路。

不過，劉備的主張，其實從軍事上也有其可取之處。關中地區曹魏經營已久，真要打也不是一時半會能拿下的。相反，荊州才被東吳奪去一年多，如果趁順流而下之勢擊敗東吳，奪回荊州，那麼就能為蜀漢贏得較為有利的態勢，下一步可以選擇的餘地也就大了，哪怕到時候再重新講和結盟呢！歷史上的劉備並非是像《三國演義》中那樣的一根筋，單純為了給關二弟報仇，就非要踏平整個江東，殺盡孫家人。東征江東，也是權衡利弊之後的一種選擇。

當然，我們後人看來，兩種方案都是冒險。畢竟蜀漢國力最弱，打江東還是打曹魏都沒有必勝把握的。

但總得做點什麼吧。於是，劉備把希望寄託在自己多年的軍事經驗上。他駁回了群臣的勸阻，開始一心一意地準備東征。

還有一件值得玩味的事情。在《三國演義》中，諸葛亮繼續秉持原則，堅決反對此次行動。歷史上卻並未見過有關諸葛亮在事前有任何反對劉備伐吳的記載。以至於現在有些研究者認為，諸葛亮是贊成伐江東的，因為他是蜀漢國內「荊州人集團」的領袖，而荊州人集團是希望奪回荊州的。

然而，更大的可能，諸葛亮本心並不支持伐江東，但他也沒有強烈反對。在諸葛亮看來，一方面自己身為丞相，如果就國家大事與皇帝發生大的爭執，這對於朝廷形象沒太多好處。另一方面，諸葛亮對自己能否說服劉備，也是沒有什麼信心的。「諸葛一生唯謹慎」，翻遍史書，我們很難找到諸葛亮和劉備觀點激烈衝突時固執己見的記載（而龐統和法正都曾有）。相比龐統的豁達，法正的功利，諸葛亮更習慣於兢兢業業地維繫一個均衡和諧的體系。對部下，他可以用嚴明的法制來調節，而面對劉備這樣的雄主，他是慣於妥協和隱忍的。

所以，後來夷陵之戰敗北，諸葛亮感嘆：要是法正還活著，一定能勸阻劉備東征，就算勸阻不了，也不會敗得這麼慘了！

第二次沉重打擊

二二一年夏天，稱帝不久的劉備，即確定了東征孫權的短期戰略。他的目標，一方面在報關羽被害的一箭之仇，更主要的在於奪回荊州地區。

哪曉得屋漏偏逢連夜雨，正要和孫權開戰之前，蜀漢又遭到一次挫折：國內僅次於關羽的第二號名將，車騎將軍張飛，因為平素對待部下殘暴，被手下人殺害了，其部下帶著腦袋去投奔江東。

還未開戰，先折大將，可謂出師不利了。

這件事沒有動搖劉備的鬥志，反而增強了他用戰爭洗雪仇恨的決心。不久，蜀漢大軍沿著長江向東進發。俗話說「老將出馬，一個頂倆」。劉備畢竟幾十年間征戰大半個中國，是赫赫威名的老將。江東方面，呂蒙已死，一幫中生代將領都不是劉備的對手。西元二二一年秋，劉備軍前鋒吳班、馮習的四萬大軍，在三峽一帶擊敗守衛峽口的李異和劉阿，占領了秭歸。首戰告捷，士氣如虹，荊州南部武陵一帶的少數民族首領和地方豪強紛紛回應。蜀漢方戰場形勢一片大好。

這其間，江東曾經派人前來求和，但條件沒談攏，最後還是繼續戰場上見。

眼看劉備兵勢洶洶，孫權居然厚著臉皮，向曹丕投降稱臣，接受了曹丕賜給的封爵——吳王，以便盡可能地集中力量和劉備開戰。

三國時代的第三個國家孫吳，到這會兒勉強算建立了一半——因為孫權現在名義上還是曹丕的藩屬國，儘管實質上獨立。剩下的一半，要等幾年後孫權自己稱帝，大吳王朝才有名分上的自主。

接受曹丕封爵的同時，孫權幹了更厲害的一手——任命比諸葛亮小三歲的陸遜為大都督，率軍迎戰劉備。

曾經攜手抗曹的兩家盟友，真刀真槍地展開了第二次大規模的搏殺。

西元二二二年，先拔頭籌的劉備繼續向東進攻，但是滾滾長江把他進攻的方向橫著劈成南北兩岸。劉備被迫兵分兩路，命令黃權帶領一支軍隊，沿著長江北岸進發，掩護主力側翼，自己則帶主力部隊沿長江南岸挺進。

另一方面，江東主帥陸遜且戰且退，節節後撤數百里，最後在江陵西邊的夷陵、夷道、猇亭一帶停留下來。其中，南岸雙方戰線退得更靠東，劉備主力把吳軍朱桓包圍在夷道；在北岸，則是陸遜的主力在猇亭屯兵，與黃權的蜀軍對峙。

這樣，雙方形成犬牙交錯的態勢。之後，劉備屢次挑戰，但陸遜巋然不動，部下多次要求出擊，救援朱桓，都被陸遜拒絕。雙方對峙達半年之久。

這就是陸遜的計策。這位比劉備年輕二十多歲的統帥深知，面對慣於征戰的老將劉備，以及士氣旺盛的蜀漢精兵，正面硬拚很難得勝。他早就打定了「誘敵深入」、「消磨銳氣」的算盤。

吳軍後撤數百里，就是把數百里複雜崎嶇的沿江道路讓給了蜀軍。為了維持從四川到湖北的後勤運輸，蜀軍被迫在數百里處處安營紮寨，分兵把守，以防遭到江東優勢水軍截斷糧道。這嚴重削弱了前線兵力，迫使劉備捨棄水師，把水師的部隊也調到陸路來共同作戰，反過來又進一步增加了被偷襲的風險。總之，陸遜後退這幾百里，是在利用這幾百里分散劉備的兵力。

另一方面，陸遜率領的主力在猇亭屯兵不出，使得劉備速戰速決的意圖不能貫徹。蜀軍長久與敵對峙，後方的風險越來越大，前線的士氣也漸漸耗盡，從而陷入進不能進，退不能退的窘境。

等到盛夏，陸遜發動反攻，首先以火攻擊破劉備的大營，隨後水陸全線進攻。蜀軍分散在數百里的連營中，首尾不能救應，被打得大敗，損失數萬軍隊和大量兵器、甲仗和輜重。劉備勉強逃出虎口，文武大員馮習、張南、傅肜、程畿等死於亂軍之中。蜀漢在長江以北的指揮官黃權，被吳軍隔斷退路，又不甘心降吳，只好投降了魏國。

這就是歷史上有名的夷陵之戰，或稱猇亭之戰，被一些教科書稱為「與官渡、赤壁並列的三大以少勝多戰役」（其實這一戰吳蜀雙方兵力基本相當）。對江東來說，這一戰成就了陸遜的赫赫威名。而對不幸的蜀漢而言，這是他們繼關羽失荊州之後不到三年，遭受的又一次大敗，不但再次損失了幾萬精銳部隊，而且人力資源遭到嚴重破壞，馮習、張南、程畿等一大批中生代將領戰死——如果不是死在這裡的話，他們跟著劉備經過這戰火洗禮，說不定中間能出現幾個魏延、劉封這樣的善戰將領。

這一戰還嚴重打擊了劉備。六十二歲的老頭子，被比自己小一輩的對手擊敗，多年積攢的家底損失慘重。對風燭殘年的蜀漢開國皇帝而言，雖然逃出戰場，但他的身心已經被摧毀了。

有為與無為

而劉備的親密戰友諸葛亮呢？

與《三國演義》中不同，歷史上的諸葛亮，在夷陵之戰中表現乏善可陳。他既不曾在東征開始之前率領群臣苦苦勸諫，也不曾在對峙之後看見劉備的安營陣圖大叫「不好」，更不曾預料夷陵之敗，而趕緊派趙子龍前去接應。至於用八陣圖困住陸遜，更是小說家虛構的怪力亂神。

整個東征的一年左右時間裡，諸葛亮依然如他一貫的那樣，默默尊奉著劉備的指示，鎮守成都，調度糧草，規畫益州防禦。這樣的君臣配合模式已然持續多年，有諸葛亮看家，劉備可以放心大膽地帶兵在外征戰，再無後顧之憂。

這一次征戰同樣如此。然而，這一次征戰卻又與眾不同。因為這一戰，原本是違背諸葛亮戰略原則的。要取勝固然很難，即使蜀漢勝利了，殺的也是孫權的兵，撿便宜的還是真正的敵人曹魏。對諸葛亮而言，這很無奈。他也明瞭東征孫權的不妥之處，然而面臨荊州喪失、《隆中對》基礎被顛覆的局面，諸葛亮拿不出更佳的替換方案，更無法說服頑強而固執的老皇帝。到了這一步，做為一個丞相，除了默默執行，還能做什麼呢？

於是，他也只能把希望寄託在劉備的用兵才能上。擊敗吳軍，奪回荊州，締結一個相對有利的和約，至少部分恢復關羽死之前的戰略格局，這算是最理想的結局，之後再考慮回歸聯合孫權北伐的戰略上吧。

遺憾的是，戰爭總是不可捉摸的。劉備偏偏遇上了異軍突起的陸遜，於是，最壞的結局發生了。

在全部蜀漢的官員之中，數諸葛亮的壓力最大。當夷陵之敗傳來時，他心中遭受的挫敗感也是最強烈的。

然而，再多的壓力和挫折，他也只能自己承受下來。年幼時喪失雙親，年少時輾轉遷移，還有在隆中十餘年「淡泊明志，寧靜致遠」的歲月。從這些過程中，諸葛亮已經學會了包容、隱忍。不僅對人包容，也對命運和形勢包容。在最惡劣的情況下，也要冷靜下來，爭取最好的結局。能做到這一點時，人也就有了做大事的潛質，儘管未必能成功。畢竟，要成就大功業，必定將經歷數不清想得到或想不到的挫敗。除了努力，還需要運氣。

然而，只要一息尚存，他就永不放棄。唯有如此，才不至於一蹶不振，才能戰勝接踵而來的困難，才有可能達到最高的頂峰。

「淡泊」和「寧靜」之意，實在於此。

西元二二二年秋，劉備退兵巫縣，接著便召諸葛亮和李嚴從成都趕去白帝城。一個與從前完全不同的新局面，將要落在諸葛亮身上。

託孤

劉備畢竟是在數十年中多次「白手起家」的天下梟雄，抗打擊的韌性也是一等一的。即使遭遇夷陵之敗這種慘事，他依然沒有被打垮。就在慘敗之後不久，劉備退守白帝城，把潰敗的殘兵逐漸收集聚合起來，安營紮寨，很快又有了新的軍威。

另一方面，孫權雖然打了勝仗，他可絲毫不敢小看劉備。再加上這時魏國曹丕也蠢蠢欲動，準備派大軍南下偷襲江東，收「卞莊子刺虎」[12]之計。因此孫權趁著勝利，派人來向劉備求和。蜀、吳兩國之間剛剛經歷了一場生死之戰，很快就停火了。

小知識

相互威脅

吳蜀交戰之初，有臣下勸曹丕趁機出兵，和劉備夾擊孫權，占領江東之地，這樣只剩蜀漢一國也不能持久。但曹丕想坐等孫權和劉備拚個你死我活，又想孫權已經稱臣投降，因此按兵不動。等到東吳已經打敗劉備，並拒絕曹丕「送太子當人質」的要求，曹丕這才匆忙出兵南下，結果被已經騰出手來的東吳擊退。

曹丕出兵時，劉備也寫信給陸遜威脅說：「聽說魏軍已經殺奔江東了，我也想再帶兵往東邊來湊一下熱鬧，將軍您覺得如何啊？」陸遜回信說：「您老人家的軍隊剛剛被打敗不久，應該好好養傷，別搞窮兵黷武。要是您不動腦筋，偏要帶著上次的倖存者再大老遠地跑來，只怕這次一個都回不去了。」

12卞莊子刺虎：卞莊，春秋時的魯國大夫，有勇力。曾不花費一分力氣便制服了兩隻老虎。引申為形容一個人不勞而獲。

劉備託孤

戰爭雖然停火，病魔的威力卻壓倒了劉備。等諸葛亮在西元二二三年春天到達永安的行宮時，六十三歲的劉備已然臥床不起，自知時日無多。

劉備回顧自己的戎馬生涯，跑遍大半個中國，與曹操爭鋒二十餘年，幾起幾落，最終打下一片基業（雖然被關羽和自己糟蹋掉一塊，但還剩好大一塊）。這其中，固然有諸多遺憾，然而以白手起家，能成就這般功業，豪邁一生，可稱無怨無悔。

劉備放不下心的，是眼前的這蜀漢基業。

魏國勢力強大，吳國新近交戰，蜀漢國小力弱，接下來，年僅十七歲的太子劉禪，如何能守住這個國家啊？

於是，劉備進行了著名的歷史事件——白帝城託孤。把劉禪託付給諸葛亮：「老弟，我兒子就靠你了。」

自古以來，老君主臨終前，因為顧慮兒子年輕，讓身邊位高權重的大臣擔當輔政任務，本來就是常情。然而，劉備這一次託孤，卻顯得分外另類。

因為他說了另一句話：「你的才能比那該死的曹丕強了十倍不止，一定能安定國家，成就大業。如果你覺得我兒劉禪值得輔佐，就輔佐他；如果不值得，你可以自己當皇帝，坐江山。」

諸葛亮聞言之後，一把鼻涕一把淚地說：「我一定竭盡全力，忠心到底，至死方休！」

在封建社會「家天下」的觀念看來，劉備這話實在是駭人聽聞，乃至大逆不道。天下是劉漢的，你劉備也要興復漢室，真讓諸葛亮做了皇帝，那他和曹操又有什麼區別？

所以，一百年後的西晉史學家孫盛抱怨劉備：「做大事必須要講究名正言順，大臣就該盡忠皇帝，哪有說還要先看君主的才能好不好，再決定盡忠不盡忠的！這樣的國家能統一天下才怪！劉備這遺命簡直昏亂到極點了！」

也因此，後世的人們給出了更為「厚黑」的設定。他們認為，劉備這一招其實是以退為進，點破諸葛亮可能篡位的野心，藉此逼諸葛亮表態。要是諸葛亮面對劉備的「讓賢」，真敢露出半點喜悅之情，那門外的刀斧手就直接衝進來了。而諸葛亮也正是看穿了這一點，所以哭著表忠心。諸葛亮既然表了這個忠心，他以後也就不敢再篡位了，劉備這一招實在高妙。

還有一種更質樸的觀點：劉備的推讓是誠心的。

劉備，做為一個征戰數十年，幾經起伏，又曾親身體驗戰火四起、生靈塗炭的英雄，他的志向，未必只在「把江山遺留給自己的兒子」這樣一個獸類的本能。「興復漢室」這個口號式的目標，也未必只局限在區區的劉姓一族。劉備歷經畢生艱難困苦打造的蜀漢政權，如何將其從逆境中傳承發展，保住鼎足三分的地位，進而一統天下，造福萬民，這個目標，或許是劉備自己更關注的。在這種情況下，讓跟隨自己十多年，推心置腹的諸葛亮接替皇位，又有什麼不可以呢？

數百年後的五代末年，後周太祖郭威就把帝位傳給了養子柴榮。古來的英雄人物，也有少數能看破血緣局限的。

不管怎樣，諸葛亮是哭著推辭了劉備的深厚情意。隨後，劉備對兒子劉禪說：「人活五十歲就不算早死，我現在已經六十多歲了，唯一牽掛的是你們兄弟三個。你們一定要努力啊！即使是小小的壞事，也不要隨便妄為；即使是小小的好事，也應該努力去做。只有賢才和品德，才可以讓人信服的。（原文：「勿以惡小而為之，勿以善小而不為，惟賢惟德，能服於人。」）。我品德還不夠（劉備簡直太謙虛了！），不是你們學習的好榜樣。以後你們跟著諸葛丞相，應該像對待父親一樣對他！」

有人說劉備虛偽，然而能虛偽一生，那麼也就與真善無異。有人說劉備最後一段遺言依然是作戲，借用數年前一位網友的評價：「如果你臨終前告誡你兒子說『要為人民服務』，那麼即使虛偽，我也佩服你。」

後人願意相信劉備的動機是哪一種，見仁見智。但就諸葛亮而言，短時間內，是不會有太多想法的。

那一刻，他被君主的誠摯感動了；也在那一刻，他更堅定了匡扶蜀漢到底的決心。

後漢三國的這對搭檔，在他們國運的最低谷時期，用一種近乎慘烈的模式，演繹出君臣關係中最高潮最感人的一幕。

感動之餘，還要面對冰冷的現實。

農曆四月下旬，漢昭烈帝劉備去世，享年六十三歲。做為曹操和孫堅的平輩，他是三國時代十一位皇帝中資格最老的一位，也是最早去世的一位。在亂世梟雄中，他已堪稱高壽，然而死得很不甘心。幸好，他留下的事業，有一位很好的守護者和繼承者。

整個蜀漢的重擔，現在是徹底地壓在諸葛亮身上了。

劉阿斗

諸葛亮在他一生中的最後十餘年，輔佐了一位君主。這位，便是大名鼎鼎的劉禪，字公嗣，更廣為人知的是他的小名「劉阿斗」。他是劉備僅存的三個兒子中的老大。

在廣大人民群眾的心目中，這位劉禪是廢材無能、沒心沒肺、昏君蠢貨的代名詞，坐在皇位上一事無成，還淨拖諸葛亮、姜維等人的後腿。普及這種輿論的最大功臣當然是羅貫中，其《三國演義》廣泛流傳民間，宣傳到位。但早在羅貫中之前的文人們，便根據「樂不思蜀」等典故確立了這一結論。例如唐人劉禹錫的五律《蜀先主廟》便說劉備「得相能開國，生兒不象賢」，把劉禪和諸葛亮做一鮮明的比較：諸葛亮代表忠誠睿智賢能，而劉禪當然就是昏愚的象徵。

讓人跌破眼鏡的是，諸葛亮對於這位幼主，一度的評價還頗高。據劉備的遺詔中說，諸葛亮曾經感嘆，劉禪最近表現的智慧和度量大有提升，超過了期望值。劉備還就此評論說，你真能如此，我還有什麼好擔心的呢？

孤立地看這件事當然可以做不同解讀，可以認為諸葛亮只是為了顧及劉備和朝廷的面子，空泛地稱讚一下劉禪，讓病榻垂危的劉備高興；甚至可以認為諸葛亮是在辛辣地嘲諷，因為說人智慧大有提升，超過期望值，也完全可以理解為「你過去實在太差了」。

不過，處於議論中心的劉禪本人，倒確實不能同歷史上那些純粹昏庸無能、禍國殃民的皇帝相提並論。

從劉禪的經歷來看，也是頗為曲折坎坷。父親劉備大半生輾轉中國，從河北省一路顛沛到湖北省，其間多次被呂布、曹操等追得拋妻別子，老婆孩子也被人收編了好幾回。所以到最後，比他爹小四十多歲的劉禪，居然成為僅存的長子。劉阿斗的母親不是劉備正妻，而是姨太太甘氏，她是在死後才被追封為皇后的。阿斗生下來一年就遇上了當陽大潰敗，差點陷沒在亂軍之中，幸虧趙雲拚死相救才得以存活，沒兩年又差點被繼母孫夫人給綁票到東吳，稱得上幾經風雨了。

劉禪像

西元二二三年劉備去世時，劉禪年僅十七歲，對一個皇帝來說，算比較年輕了。這位年輕的皇帝，從西元二二三年到西元二六四年，坐了四十二年的皇位，在三國十一位皇帝中名列第一。在這四十二年中，蜀漢始終是三國中最弱小的一國，而且屢屢與強大的魏國處於軍事對抗狀態。按照通常理解，就是窮兵黷武，自取滅亡。但就在這種情況下，蜀國前期政通人和，後期雖然民眾負擔重，但政治依然保持整體穩定。

問三國哪個皇帝最昏愚，最膽小？恐怕一半的人會立刻想到劉禪。然而，這位昏愚膽小的皇帝，他的國家卻是最安定的。

相比後三代的魏國、吳國，都是權臣橫行，挾持君主，朝廷上下顛倒，混亂不堪。魏國的司馬懿父子把持國政，吳國先後有諸葛恪、孫峻、孫綝擅權。「聰明」的孫亮被廢黜帝位，而「勇敢」的曹髦被司馬昭的家將直接殺死。相反的，看似昏昏碌碌的劉禪，卻繼續坐在君位上。他的國家，朝臣之間的爭鬥，其烈度遠小於魏、吳後期動不動舉兵造反。即使與魏吳的開國皇帝曹丕、孫權相比，阿斗本人也有一個很大的好處：對待臣下，多數時候是相對溫和的，較少有那種聽不得人勸而勃然大怒的情形，更不會逼死臣僚。與吳國末代皇帝——暴君孫皓當然就更不能比了。

這些固然可以歸功為劉備和諸葛亮在前期打下的基礎，但劉禪本人的素質在其中所起到的作用，同樣是決定性的。

劉禪的治國，頗有「順其自然」的味道。前期諸葛亮位高權重，而且行事謹慎，劉禪就老老實實地把國政完全託付給諸葛丞相，自己放手吃喝玩樂。等諸葛亮去世後，蔣琬、費禕等先後遵行諸葛亮的遺命，為政同樣謹慎，但才能、威望不如諸葛亮，劉禪就逐步把權力收回來，同時給予他們足夠的支持和發揮空間（諸葛亮死後，就不設丞相了；蔣琬死後，劉禪開始自己管理政務）。而在費禕之後是姜維掌握軍權，姜維一心繼承諸葛亮遺志，恨不得以舉國之力和魏國拚命，常年出兵，損耗巨大。這時候劉禪對姜維的支持就不是百分百的了，同時任用諸葛瞻、董厥、樊建等人分權。

總之，劉禪並不能稱為通常意義上的聖君明君，他也有寵信宦官黃皓等被人詬病的毛病，而且缺少過硬的功績。但他肯定不是通常意義上不明事理的昏君，也不是酷虐待下的暴君。他心裡什麼都很明白，也知道怎樣確保自己的安全和帝位。能有這樣一個不糊塗的皇帝，至少對蜀漢老百姓不是壞事。

所以，他能看似昏昏碌碌地在皇位上坐四十一年，尤其後三十年是在離開諸葛亮輔佐的情況下。至於最後在鄧艾兵臨城下時的不戰而降，或者投降後「樂不思蜀」的表演，更多的是屬於明哲保身的手段。我們可以指責他的選擇毫無氣節，愧對劉備和諸葛亮，但至少劉禪確實圓滿地達成了自己的目的。

在諸葛亮當政時期，劉禪年齡還小，而他又是如此懂事的一個皇帝。面對父親任命的託孤大臣，並且要求他「以父事之」的諸葛亮，劉禪當然是完全放權。《三國演義》中寫諸葛亮四出祁山時，原本勝利在望，卻因劉禪聽信讒言，將諸葛亮召回，從而功虧一簣。這是羅貫中的虛構。事實上，以當時諸葛亮的權力地位，劉禪是不可能違背其意志破壞北伐戰略的。即使在人情上，劉禪對諸葛亮也是完全信任與託付。羅貫中編排這個橋段，其實既損害了劉禪形象，也侮辱了他們的君臣關係。

當然，劉禪畢竟是二十上下的青年，血氣方剛，身上又流淌著梟雄劉備的血脈。對於國家大事，對於權力，男人本能的渴求總是有的，沒有幾個人會甘之如飴地當一個傀儡。而諸葛亮呢？責任心太強，偏偏又是事無巨細地包攬無餘，簡直完全不給劉禪留下一點權柄。

《出師表》中說「宮中府中，俱為一體」，可作為諸葛亮此種心態的潛在反映（宮中即皇宮，府中即丞相府）。劉禪坐在君位上閒得無聊了，也會酸溜溜地發幾句牢騷：「國家政務都是歸諸葛丞相的，朕只負責祭祀工作。」不過也就僅限於牢騷而已。劉禪對諸葛亮，從頭到尾依然是全面支持，並不曾動過其他腦筋，就算有一些不滿，也更類似叛逆期的兒子和學生，對父親和老師的那種逆反和小脾氣。

少年皇帝同輔政大臣的關係，在歷史上並不少見。千餘年後，張居正也是以首輔、帝王師的身分，輔佐和管教年少的萬曆皇帝，君臣之間一度蜜裡調油，非常和諧。然而好景不長，同樣因為對權力的渴求，使得萬曆皇帝逐漸產生對張居正的猜疑和反感。等到張居正一去世，萬曆皇帝立刻翻臉不認人，將其抄家，褫奪尊號，甚至逼死了張居正的多個兒孫。其實，張居正的攬權並不如諸葛亮嚴重，諸葛亮的才華也未必在張居正之上。然而，兩者死後的榮辱卻是天壤之別。這一方面要歸功於諸葛亮在道德品質上無懈可擊，處事唯公，反之張居正在私生活方面授人以柄，又廣交政敵；另一方面，恐怕也和劉後主的胸襟氣魄遠勝過萬曆皇帝大有關係。

在西元二二三年這個時候，諸葛亮打心眼裡究竟如何看待劉禪，是真覺得他聰明伶俐，還是暗自感嘆他是個草包，僅僅表面上客氣敷衍，現在我們當然不得而知。

唯一能肯定的是，無論劉禪是賢是愚，諸葛亮都將兢兢業業地輔佐他，度過自己人生的最後十餘年。

因為這是他對劉備的承諾。

蜀漢攤子

劉備傳給劉禪和諸葛亮的蜀漢，是一個滿目瘡痍的攤子。

從領土來說，自從半個荊州被東吳占領，以及上庸、房陵等郡叛變投魏後，蜀漢只剩下益州，把漢中郡單列出來算，也不過一個半州，而且漢中郡原先的老百姓還都被曹操給遷走了。別看地圖上量著面積還挺大，可多數都是崇山峻嶺，或者少數民族散居區。在漢晉那時候是標準的地狹人少。相比來說，孫權當時占據大半個荊州、大半個揚州以及整個交州，實打實的兩個半州；魏國更是占據北方的八九個州。三家土地差不多是1：2：7，蜀漢不但墊底，簡直是慘不忍睹。

小知識

三國人口

根據《三國志》記載，蜀漢滅亡時百姓人口為九十四萬，東吳是二百三十萬（其中還有大量被豪門隱匿的人口未統計）。而西晉初年的全國人口是一千多萬。即使排除人口波動和統計誤差，蜀漢在人力資源上與其他兩國差距也相當明顯。

蜀漢軍事實力的另一個重要組成部分，是劉備帶領入川的部隊。這是劉備幾十年轉戰全國所搜羅積累的精銳。但這些精銳又被陸遜給滅了不少。結果，諸葛亮還是只能用本土提供的兵源，來對抗遠遠超過自己的強敵。

因為劉備去世，皇帝年幼，朝廷上的波瀾難以避免。官場上充斥著各種刺頭[13]，有人對諸葛亮獨掌大權不滿，有人想渾水摸魚，還有的只是單純因為對國家目前的處境或者個人的待遇不滿，從而大發議論。真是形形色色，不計其數。甚至就連僅次於諸葛亮的二把手李嚴，有時候也會要求諸葛亮提高待遇，或者擴大權力。這些都讓諸葛亮頭疼不已。

唯一值得慶幸的，是孫權和曹魏並未聯合起來。

13刺頭：遇事刁難不好對付的人。

夷陵之戰剛剛打完，曹丕就出動大軍，企圖用「卞莊子刺虎」之計滅掉江東。於是，蜀漢的兩個對手之間又爆發大戰。這場戰爭持續的時間不長，吳將朱桓在濡須擊退曹仁，擒殺魏將常雕；朱然守江陵，擊退魏將曹真、夏侯尚，曹魏就消停了。江東和曹魏的翻臉，避免了蜀漢遭遇兩家圍剿的風險，給蜀漢的外交政策提供了改良的契機，也為諸葛亮的《隆中對》保留了最後一線希望。

不得不說，相對於最理想化的《隆中對》，眼前的條件已然是面目全非。「跨有荊益」的戰略格局，現在只剩下益州一隅；原本計畫的「兩道出兵」，現在隨著荊州丟失和夷陵之敗，是既沒有「道」，也沒有「兵」；《隆中對》中計劃一員上將從荊州北伐中原，劉備親自帶兵從益州攻擊關中，現在劉備也死了，「上將」也沒剩下。

接下來怎麼辦？

諸葛亮的選擇並不多，僅僅兩條路而已。

第一條路是死守本土不失；第二條路則是主動出擊，進攻魏國。

相對來說，第一條路看上去要容易得多。戰爭中進攻一方本來就比防禦一方要困難，何況蜀漢占據著險要的山川地形，「蜀道難，難於上青天」。本地的軍隊出川固然困難，外面的軍隊要打進來更不容易。當初劉備這樣英明神武，帶著一批名將和百戰之師，在一群臥底的內應下，攻打劉璋，前後耗費三年，還死了龐統。現在以諸葛亮的才能，要把四川守個十幾年，幾十年，還是沒什麼問題的。

但是，選擇這一條路的最大問題是：沒有希望和前途。

蜀漢只有一個半州，魏國有八九個州。只是因為北方遭受戰亂更為嚴重，才使得眼下兩國實力沒有那麼懸殊。論耕地面積，論人口、經濟包括軍事實力的恢復能力，蜀漢遠遠不如魏國。保守國內的結果，本國固然可以發展經濟，增長人口，但是這增長的速度比起魏國來如何呢？只能是遠遠落後。

這樣下去，等到一代人或者兩代人之後，魏國的戰爭創傷恢復得差不多了，新的軍隊訓練出來了，那麼蜀漢將面臨比現在更加懸殊的對比和更加絕望的命運。

更重要的是，劉備集團數十年來，能夠與強大的曹魏對抗，靠的就是恢復大漢正統秩序的旗號，凝聚人心，用這種不屈不撓的精神激勵部下，迎戰強敵。如果現在放棄這個理想，關起門來固守四川，十年二十年下來，朝廷和全國軍民的進取心必然淪喪，那時候，又憑什麼來和強大的魏國抗衡？

因此，諸葛亮選擇了第二條路：主動出擊，北伐曹魏。

這條路的艱巨無須贅述。要以弱國進攻強敵，不僅在軍事上很困難，經濟上也將給國家民眾帶來更沉重的負擔。

惡毒地說，在實力不如人的情況下進攻，簡直是把自己的勝利寄託在敵對方的指揮官無能上面。

對諸葛亮自己而言，這也是一條很難走的鋼絲。他必須謹慎地使用國內的力量，謹慎地應對戰場上的一切風險。稍有不慎，如果再出現類似夷陵之戰的敗局，很可能整個國家也將就此葬送。

這條路充滿變數，充滿冒險，唯一激勵人的，就是至少還有希望。

如果諸葛亮在軍事上能夠發揮足夠出色，能夠抓住敵軍的失誤，再加上足夠的幸運，那麼是有可能逐漸改變敵對雙方的力量對比，從而開拓新的局面。

諸葛亮受劉備重託，他不願意坐以待斃，不願意靠著險要的地勢，死守上幾十年，坐等魏國逐漸強大起來，然後把死路一條的蜀漢交給自己的繼任者。

他決定主動出擊，爭取那微小的希望。

選定了這一條路，諸葛亮剩下的生命，將註定融入這場終點遙遠的競賽，殫精竭慮，鞠躬盡瘁，至死方休。

第七章
用法秉德身立正

大權在握的疲憊

西元二二三年劉備去世後，劉禪繼位，改元建興。丞相諸葛亮護送劉備的靈柩返回四川安葬。劉備託孤時留給諸葛亮的助手尚書令李嚴，同時擔任中都護，統管內外軍事。李嚴鎮守白帝城，防範來自東吳的可能威脅。

劉禪呢？稀里糊塗地當上了皇帝，對於老爹留下的託孤重臣諸葛亮，自然尊崇有加。他封諸葛亮為武鄉侯，為他建立了丞相府。不久，諸葛亮又被任命為益州牧，也就是四川省首長。要知道，劉備在稱帝前自封的官職就是益州牧，而且當時蜀漢的全國領土，其實基本上也只有益州這塊地盤。諸葛亮等於既當了政府首腦，又兼任了主要領土的地方行政長官，軍政大權盡攬在手。

從來權力越大，責任越大。諸葛亮原本的作風就是謹慎，事無巨細，都喜歡親力親為，關注細節。

在劉備時代，這不是壞事。劉備做皇帝統管大局，

小知識

開府

開府，在漢代指高級官員建立自己的專屬工作部門，並且選用自己的幕僚。這是加強行政和人事權力的直接表現，通常只有三公以上的高官才能擁有這個特權。在劉備稱帝前，只是劉備自己開府，諸葛亮做為劉備的高級幕僚和執行助理，「署左將軍府事」、「署大司馬府事」。劉備稱帝後，做為百官之首的諸葛丞相，主要也是依靠錄尚書事管理國政。等到劉禪時代諸葛亮自己開府，實質上標誌著整個蜀漢帝國的權力中樞都到了丞相府。

做戰略決策；諸葛亮幫助他完善細節，從而形成良好配合。更別說那時候還有法正（以及更早的龐統）提供高屋建瓴[14]的奇謀詭計，有關羽、張飛這樣獨當一面的猛將。

可是，如今已大不同。在劉備死後，諸葛亮這個丞相不是皇帝的助手，而是皇帝的保姆和皇帝的全權代理人。諸葛亮必須擔負戰略決斷和宏觀統籌的責任，而他卻依然秉承過去給劉備打工時的習慣，對每件小事情都生怕弄錯，事必躬親。這樣就必然造成一個結果：筋疲力盡。

他的這個問題很早就有人指出來。有一次，諸葛亮在親自校對修改文書，他手下的祕書楊顒再也忍不住了，直接衝進辦公室，勸諸葛亮說：

「管理這玩意兒，有自己的一套法則，上下不能越權。比如說一家人裡面，長工種地，女僕做飯，雞打鳴報曉，狗守門防盜，牛運重物，馬走遠路，大家各司其職，那麼主人家就可以過著吃飽了睡，睡夠了吃的悠閒生活。如果某一天，這位主人忽然神經發作，不再安排用人和家禽家畜，卻自己去一件一件地做，必然要搞得筋疲力盡，而且什麼事都做不成。不是因為他不如用人，不如禽獸，而是他違反了做為主人的管理法則。所以古人說，王公應該坐而論道，制定政務，士大夫應該去把這些政務落實，大家夥兒各司其職，事情就好辦了。漢代的丞相丙吉只關心牛喘氣（因為說明天氣異變）而不關心路邊的死人，陳平不肯去瞭解錢糧的數字（因為這事有專門官員負責），他們

---

14 高屋建瓴：比喻居高臨下，形勢無法阻擋。瓴，音同「零」。

都知道自己的主要職責是管理百官，這才算符合管理原則啊。今天您是國家的執政，卻自己來校對文書，這樣也太辛苦了吧！」

諸葛亮微微一笑：「您說得對。」之後一段日子，他適當地減少了對這些雞毛蒜皮的關注。但是，過了沒多久，諸葛亮依然故我，孜孜不倦於各種小事細節。

當年諸葛亮在隆中讀書時，和他的幾位朋友崔州平、孟建等一起讀書，崔州平他們把書中內容讀得滾瓜爛熟，唯有諸葛亮「觀其大略」，不去糾結細節。諸葛亮最終確實是比他的幾位朋友取得了更高的成就。然而，在達到人生權力頂峰之後，諸葛亮的風格卻與讀書時判若兩人，偏偏對細節分外關注，而在這同時還不放棄「大略」。因為他擔心別人的才能不如自己，擔心別人不像自己這樣盡心。所以很多工作，寧可自己來親自做，不肯輕易託付給人。

不得不說，這雖然能夠把一些細節事務做得盡可能的完備（畢竟諸葛亮本人具有出色的行政能力），然而付出的代價，卻是精力的嚴重消耗和健康的損害，最終究竟給蜀漢的「興復」大業帶來了多少損害，恐怕是難以評估清算的。

依法治國

按照《三國演義》中的設定，諸葛亮剛一出山，就成了劉備集團名副其實的「當家人」，軍政大事都是諸葛軍師說了算。劉備死不死，對蜀漢勢力影響沒那麼大。

這只是小說。實際上，劉備的軍事能力、用人能力和魄力均在諸葛亮之上。蜀漢勢力在劉備當權時期，和劉備託孤之後的諸葛亮時代，具有迥然的不同。

劉備頂著宗室頭銜，出身窮人家庭，帶著幾百人的鄉下義勇軍開始討伐黃巾軍，從血海裡硬生生砍出來一片江山，其果決和敏銳，天下屈指。他沒有鬍子，長相醜陋古怪，但在醜陋古怪的皮囊下面卻是超凡的人格魅力。劉備為人豪邁，快意恩仇，從骨子裡噴發出無盡的熱情。和他打交道的人，有的對他厭惡，比如袁術；有的對他回避，比如劉巴，但更多的則心甘情願地投奔到他的麾下，忠心耿耿，陪他共同患難，出生入死，建功立業。

劉備這種執政模式是不可複製的，因為其他人沒有他那麼強的氣場，罩不住。因此，當劉備到成都待著時，荊州就出事了——麋芳、士仁等投降江東，直接導致了關羽的敗亡。

因此也就不難理解，當劉備去世之後，諸葛亮要想維護他留下的這個攤子，還要加以開拓，是多麼艱難的一件事。

相對劉備這種自帶氣場的英雄，諸葛亮身上文人氣更重一些，當時他的名望和魅力也不能和劉備相比。因此，諸葛亮不可能繼續劉備這種純性情的執政風格，他要創立自己能夠駕馭的模式。這個模式大致包括兩層準則：從公上，嚴肅法紀，遵規守矩；從私上，與人為善，一塵不染。看似簡單，但堅持並不容易。

嚴肅法紀，遵規守矩，就是制定合理而有效的法律法規，並且督促大家遵守這些法規，對違規行為加以懲治。在今天這幾乎就是廢話，很多時候卻又變成空話。相對來說，制定法紀容易，遵守法紀就難。因為每一次違反法紀的都不是抽象的概念，而是具體的人。一涉及利益、關係，就容易給執法者帶來誘惑或壓力。於是徇情枉法、下不為例也就成了常態。

在劉備時代，諸葛亮只是「大管家」。最高權柄還是在劉備手中，諸葛亮的執法也並非全然不受約束，對於朝廷的高官，他就沒有處分權。所以法正在蜀郡太守的任上飛揚跋扈，報復殺人，諸葛亮也只能乾看著，不可能把他繩之以法。

現在情況不同了，諸葛丞相本人成為實權掌握者，也就可以痛痛快快地貫徹依法治國的路子了。嚴肅法紀，雖然會觸犯部分群體或個體的利益，也會招致怨恨，但歸根結柢來看，是與國家和民眾利益一致的，也有利於政權的穩定。

諸葛亮在蜀漢當了十二年的一把手，在這十二年中，很多高級官員都曾受到他的懲處。其中有的是和諸葛亮很親密的人，比如馬謖；有的是地位很高的人，比如曾與諸葛亮同受劉備遺詔的李嚴。面對這些人的錯誤，諸葛亮都是毫不手軟，依法懲治。他的這些行為，在當世會引起非議，在後世也會引起爭論。但至少，「秉公執法」的大原則得到貫徹。相比魏、吳兩國，皇帝經常動用特權，搜刮民脂民膏以供享樂，甚至隨意殺戮下臣，蜀漢的政治情況卻一直相對良好。這其中，諸葛亮立法執法的影響，是不容忽視的。

封建時代的朝廷法制，還有「赦罪」的慣例，就是法外施恩，免除刑罰。尤其遇上皇帝結婚的喜事，或者天災疫病的禍事，往往對天下的罪人加以赦免。而諸葛亮當政時代，極少赦罪。有人就此事給諸葛亮提意見說：「您這樣是不是太冷酷了？那些犯人好可憐，這麼多年都沒有特赦機會。」諸葛亮回答：「太平盛世，靠的是大仁大德，而不是小恩小惠。法制公正，民眾犯罪少，社會自然安定。要是頻繁地赦免罪犯，對那些罪犯倒是有恩德了，對國家和大部分良民有什麼好處？」

《三國志》作者陳壽這樣評價諸葛亮對蜀漢的治理：法律制定嚴明，賞罰都必然嚴格遵循規則，沒有做了壞事不懲治的，也沒有做了好事不表彰的。這使得官吏不再奸猾，所有人都能自勵自律，道不拾遺，強不侵弱，整個國家的風俗教化也為之肅然。

以德服人

做為領導者，如果僅憑威力彈壓屬下、百官和民眾，即使能保持表面的穩定，卻不能阻止內部的暗流湧動，輕則後世落下罵名，重則當世天翻地覆。對於蜀漢這樣的弱勢政權，外有強敵虎視眈眈，誇張點說，簡直無時無刻不在危急存亡之際，內部的凝聚力就更加重要。

內部凝聚力很大程度取決於執政者的個人魅力。劉備在遺詔中說：「惟賢惟德，能服於人。」賢指個人的才能，德指個人的品德，只有二者兼備，才能真正服眾。雖然現代人常喜歡批評「好的國家應該建立在制度基礎之上，而不應該取決於領導人的才德」，但這多半也只是理想狀態。文武官員也好，百姓士兵也好，企業員工也好，跟著一個有能耐、有人品的領導者，鬥志也會高一些的。要是老闆是個昏庸之人，再好的企業制度也會給玩砸了。

劉備自己雖然在遺詔中自謙「德薄」，他其實是完全符合這兩條標準的。相對而言，諸葛亮在這方面的基礎要略差一些。他做為蜀漢的重要謀臣、二把手，乃至後來成為實質上的一把手，這個過程離不開個人形象的塑造和人際關係的改善。

最初諸葛亮以一介年輕書生，加入劉備幕府而受到重用，那些資歷比他老很多的同僚們是頗有些不滿的。劉備最鐵的兩位部下關羽和張飛就公然「不悅」。張飛素來敬重士大夫，還保持表面上的尊重，關羽一貫傲上而不忍下，估計就直接甩臉子了。後來還是劉備對他倆說：「我得到諸葛亮，就像魚得到水。」這才暫時平息了內部糾紛。

像這樣依靠老大發話來維持人際關係，是不可能長久的。做為新加入團隊的高層，諸葛亮自己必須設法與同僚建立真正的信任和默契。在《三國演義》和諸多民間傳說中，諸葛亮是依靠神鬼莫測的智謀表現，最終讓關羽和張飛信服。比如博望坡、新野的火攻，乃至華容道上算準了關羽要放走曹操等。換言之，是通過純粹的能力征服關、張。

歷史上，玩弄這種裝神弄鬼的花招並不現實，諸葛亮也並不是神仙。實際上諸葛亮走的是平常的路子：工作上勤勤懇懇，待人有禮有節，再加上如一的謙虛和謹慎。秉持這樣的作風，即使未必能很快讓人喜歡，至少不會讓人討厭。諸葛亮本人又確實具有過人的外交和政治才能。當這些能力逐漸在實踐中表現出來之後，同僚們最初的成見也就漸漸消融了。

隨著諸葛亮在劉備集團地位的逐漸上升，逐漸立下實打實的功勞，而他本人又是如此的謙和公正無私，自然也能得到同為英雄的關羽、張飛等人認可。他又擅長換位思考，能顧及同僚的考慮。張飛在荊州時候受了劉巴的冷遇，事後是諸葛亮去向劉巴寫信勸告，可見張飛真把諸葛亮當自己人，傾訴了一番自己被劉巴打臉的委屈求安慰。另一個例子是在平定益州之後，關羽寫信給諸葛亮，問新投降的馬超能耐如何，「爭強好勝」之意躍然紙上。有趣的是，關羽不是給劉備寫信，卻是給諸葛亮寫信，說明在他心中，諸葛亮至少是一個可以信任的裁判員。劉備稱漢中王後，黃忠被封為後將軍，諸葛亮就曾勸劉備，說黃忠以前地位不如關羽、張飛和馬超，現在和這三人平級，關羽可能會不服氣。事後，關羽果然曾為此一度鬧情緒。諸葛亮對同僚們的心態把握算很難得了。

至於劉備集團其他資歷相對較淺的成員，對諸葛亮這個「二當家」也是頗為敬服。蜀漢內部官員的評價，或許會顧及顏面，那麼就來看看投降敵國的「叛將」評價吧。

前面所述的孟達，在劉璋手下是引劉備入室的叛臣，後來又轉而叛劉投魏，算是蜀漢集團中一位經歷很複雜的過客。孟達匆匆叛逃，他的老婆孩子都留在成都。後來蜀漢大臣李嚴的手下王沖因為和上級鬧矛盾，也投奔魏國。到了魏國，見到前輩叛將孟達，他對孟達說：「孟大哥，當時你走的時候，諸葛亮恨得咬牙切齒，要把你的老婆孩子都殺了，幸虧劉備沒有同意，好險！」

孟達搖搖頭，回答說：「你在騙我。諸葛亮這人，行事是有原則的，能分清大小輕重。他絕對不會做出這種事情。」孟達本身就是一個心眼多的將領，經歷又這樣複雜，他當然不會把諸葛亮當作推心置腹的朋友，然而他也很清楚諸葛亮的作風，不會相信太荒謬的誣衊。

同樣，在夷陵之戰中，蜀漢軍隊的北路指揮官黃權因為後路被吳軍截斷，被迫投降了魏國。不久傳來謠言，說蜀漢那邊已經把黃權的老婆孩子都殺了。曹丕聽說這事，還「好心」地下聖旨，要給黃權的老婆孩子發喪。

黃權拒絕說：「我和劉備、諸葛亮都是坦誠相待、彼此信任的，他們一定也明白我的用心。我投降陛下，他們絕不會因此對我的家人如何。這恐怕是謠傳吧？」後來事實果然證明，劉備和諸葛亮不但沒有殺害黃權的家人，反而好好地供養著他們。

此後黃權在魏國若干年，與文武官員談論時，經常稱讚諸葛亮如何如何賢能有道德、才華出眾，魏國沒幾個人能比得上。要知道，當時諸葛亮做為蜀漢執政要員，是魏國的第一號大敵，而黃權這般侃侃而談地讚美他，一點都不怕落人話柄，以至於司馬懿還專門寫信給諸葛亮說：「你們這邊逃過來的黃權實在是個性情中人啊，當著大魏國文武官員的面，說你的好話完全無所顧忌。」

我們從中至少可以得出兩個結論：其一，黃權是個很有性格的人；其二，諸葛亮在當時的蜀漢士大夫們眼中，確實已經成為才能與道德的楷模。

除了處事公允，待人以誠，諸葛亮還強調廉潔。他曾說「靜以修身，儉以養德」。自從成為劉備集團的二把手，公務繁忙，想要「靜」是奢望了，「儉」卻一直恪守著。

諸葛亮自幼父母雙亡，曾離鄉逃難，又曾在隆中躬耕十餘年，那時候生活簡樸並不奇怪。投奔劉備之後，赤壁奔波，千里入川，鞍馬勞頓，也顧不上享受。但在入主成都之後，尤其在劉備去世後，他身為蜀漢實質上的一把手，十餘年大權在握，面對「天府之國」的良田沃土，依然能廉潔奉公，這就相當難得了。

諸葛亮曾經給劉禪上表，公示他自己的個人財產情況：家裡在成都有桑樹八百棵、土地十五頃，靠這些地產，家裡人穿衣吃飯都綽綽有餘。自己在外地施政打仗，吃的穿的都依靠公家供應，所以不需要再置辦其他產業。

諸葛亮還說，到自己死的時候，不會讓家裡家外有什麼剩餘的財產，免得對不起劉禪。

他果然兌現了自己的承諾。

行勝於言，這真是融入血液裡的道德了。

雖然用現代的流行話說，國家領導者最重要的是治國效果，「廉潔」反而退居次要。甚至有人說，一個徇私自肥的強人能把國家經濟搞上去，勝過一個兩袖清風的庸才一籌莫展。

然而，貪汙腐敗與治國才能本來不存在邏輯關聯，公私矛盾時的取捨卻往往影響到最終效果。

狂士的感嘆

當一個人存了貪念，縱然真是天降奇才，又有誰能保證他的才能是用於為國為民上面？對於廣大老百姓而言，國家大事難免有起有落，但高高在上的執政者，是越來越富肥得流油，還是奉公守法清廉度日，這個差別卻足以影響到民眾對國家的信心。

諸葛亮身居高位而家財無餘，即使不能直接使蜀漢的吏治清明，富國強兵，至少向所有的人傳遞了這樣的一個信號：他是真心地捨棄了個人對榮華富貴的追求，致力於他心目中所認為的偉大事業。

這就是他的信念。

有信念的人是偉大的，也總會散發出人格的魅力。諸葛亮能在當世得到國內外士大夫的推崇，在後世得到民眾的緬懷，他的德行，是不可缺少的一環。

小知識

諸葛亮的幽默

著名的算命大師譙周「身長八尺，體貌素樸」，他第一次去拜見諸葛亮的時候，諸葛亮左右的官吏見到他憨痴痴的模樣，都禁不住笑了。這是失禮的行為，但諸葛亮也沒說啥。等譙周出門去之後，負責紀律的官員向諸葛亮要求，把當時發笑的人都抓起來進行懲罰。諸葛亮給出了讓人捧腹的回答：「看見譙周這模樣，連我都忍不住要笑，何況左右的人呢？」負責紀律的官員也笑了。

諸葛亮嚴於律己，同樣嚴於律人。一旦涉及諸葛亮的原則問題，那是絕不含糊。

在「言論」方面，諸葛亮就是相當謹慎乃至嚴苛的。如前所說，蜀漢出狂士。彭羕因為對馬超說出鼓動造反的話，張裕因為詛咒蜀漢政權要亡國，這都算是踩到了國家的底線，所以在劉備時代便被殺了。李邈也因為當面諷刺劉備差點被殺，幸虧諸葛亮出面保了下來。

等劉備去世，諸葛亮執政期間，蜀漢的狂士依然層出不窮。比如有位叫來敏的，是東漢名臣來歙的後代，大貴族出身，又是劉璋的遠房表叔，讀書學問很大，但目空一切，最喜歡發表議論。劉備入蜀時，在劉巴的推薦下，來敏主管教育，給劉禪當管家。等劉禪繼位後，諸葛亮提升來敏為輔軍將軍。那會兒來敏已經六十多歲了，人越老，脾氣越大，看什麼都不順眼，尤其覺得一幫年齡比自己小的人都爬到頭上了，很是不服，心中一惱火，就管不住自己嘴巴，成天嘲這個罵那個。他越是這樣，大家自然就越排斥他，而這反過來又讓來敏更加憤怒。最後，來敏甚至公然對諸葛亮說：「這些毛頭小子有什麼功勞品德，居然騎在我頭上耀武揚威？這些人都這麼排擠我，為什麼啊？」諸葛亮對這位老人實在沒辦法，就把他的官罷免了，讓他閉門思過。

諸葛亮死後，劉禪看在舊日情面上，讓他當官，結果來敏還是滿嘴放炮，同樣因為這個原因，兩度當官，又兩度被罷免。或許是罵罵咧咧地釋放了胸中的悶氣，這位老人居然一直活到蜀漢滅亡，享年九十七歲。

來敏不過是倚老賣老罵大街，最多讓同僚們不滿，另一位的事情，卻要嚴重得多，他就是廖立。

廖立年齡和諸葛亮差不多，也是荊州地區的一位俊傑，曾經被諸葛亮稱為與龐統並列的良臣。劉備奪取荊州後，廖立擔任長沙太守，等到西元二一五年孫劉兩家爆發第一次荊州爭奪戰，呂蒙攻占長沙，廖立三十六計走為上策，逃出城去。劉備知道這事不怪他，改派他當巴郡太守。之後劉備稱漢中王，廖立轉為侍中（皇帝的顧問），劉禪繼位後，又擔任長水校尉（相當於首都衛戍的特種部隊指揮官）。

廖立雖然是狂士，他可同時是諸葛亮的支持者，加上又曾得到諸葛亮的好評，他更是得意，認為諸葛亮才能第一，自己第二，現在這官太小了，不足以容納自己的大才。懷著這種怨氣，廖立掃視朝廷上的高官，覺得這個不行，那個沒用；越看別人沒用，越覺得自己委屈；越覺得自己委屈，就越產生了對同僚的憤恨，連李嚴這樣的二把手他都不放在眼裡。

北伐前夕，諸葛亮的祕書李邵、蔣琬和廖立聊天，廖立一肚子怨憤，不自覺地來了個總爆發。他施展滔滔辯舌，居然從劉備開始點名痛罵：「咱們先帝劉備是個笨蛋，當年打下益州以後不搶漢中，反而去和孫權爭奪南三郡，結果最後三郡還是給了人家，幾萬大軍從四川跑到湖北又跑回來，士兵們千里辛苦奔波，搞得漢中被曹操奪取，夏侯淵、張郃威脅巴郡，差點把整個益州都葬送了。後來，這老東西又帶著全部軍隊去漢中和曹操打，結果顧頭不顧尾，讓關羽在東邊死無葬身之地，上庸、房陵也投降魏國。至於關羽，就是個匹夫，有勇無謀不會帶兵，只知道猛衝猛打，所以才幾次戰敗，損失了大量部隊。」

罵完了死人，又開始罵活人。廖立把他看不慣的群臣，一個一個罵過去：「向朗、文恭，都是凡夫俗子。文恭當治中的時候，做事毫無原則；向朗過去奉承馬良兄弟，把他們誇為聖人，現在做長史，也只知道溜鬚拍馬。郭攸之這傢伙只不過是個小跟班，不足以商討大事，現在卻當上了侍中。蜀郡太守王連也是個平庸低俗的傢伙，貪得無厭，聚斂錢財，使得百姓都苦不堪言。」

這段罵辭，堪稱是蜀漢版的「擊鼓罵曹」。擊鼓罵曹是文學虛構，廖立罵群臣卻是史實。不同的是，禰衡瞧不上曹操，所以把人家手下一一痛罵，而廖立本身就是蜀漢的大臣。禰衡通過罵曹操的眾文武官員，矛頭直指曹操，而廖立雖罵了先帝劉備，罵了蜀漢群臣，對諸葛亮卻無絲毫不敬。他是真心崇拜諸葛亮的，或許還希望通過這番罵說明諸葛亮優化人力資源配置。

然而，諸葛亮不能放縱這種隨意指摘朝政、破壞同僚關係和朝廷形象的行為。他欣賞廖立的才能，若是在山林隱士的位置上，大可交了這個損友，聽他指桑罵槐聊以為樂。但如今在丞相的位置上，需要保證的是整個國家機構的正常運轉，保證整個團隊的凝聚力。廖立這種做派，完全站在自己角度，罔顧他人感受破口大罵，是必須加以遏制的。

於是，諸葛亮上表給劉禪，請求對廖立進行處罰。當然了，上表給劉禪，其實就是諸葛亮自己左手交給右手。很快，廖立被罷免官職，廢為平民，然後發配到了蜀漢西邊偏僻的汶山郡（今汶川一帶）。

一個心高志大的才子，在四十來歲的黃金年齡，轉眼從朝廷官員淪落為流放的平民，這種落差足以摧垮很多人。但廖立也有志氣和尊嚴，他默默地接受了命運，帶著老婆孩子去了汶山，埋頭耕地，養殖牲口，過著田園生活。好歹是中央官員下放，比起一般的農民還是要寬裕不少的。對於流放他的諸葛亮，廖立並未怨恨，邊緣地區的生活讓他冷靜下來，反思過去，他明白了自己的問題。就這樣，廖立老老實實地「勞動改造」，等待著有一天諸葛亮把自己重新起用。

直到西元二三四年，諸葛亮的死訊傳來，廖立忍不住流下了熱淚。他嘆息道：「諸葛丞相死了，我只能一輩子待在這種邊遠地區了。」不過，這種田園生活，適度的勞動，又遠離了朝廷上政務的殫精竭慮或權力的鉤心鬥角，對廖立個人的健康和修養倒頗有好處。後來姜維帶兵經過汶山時，曾經拜訪過廖立，那時已年邁的廖立依然是高談闊論，意氣風發，越老越精神。這一點，比諸葛亮幸福多了。

第八章

量才禮士任賢良

誠意聘賢

諸葛亮自從加入劉備集團，便一直努力為集團發掘人才，尤其幫劉備從荊州網羅了大批賢能。到他獨掌全國大權時，能管轄的基本只有益州一地，在人才選拔上的空間更小。這當然是無可奈何的事情。

但即使如此，諸葛亮還是數著米煮飯，想方設法地從四川本地人和外來的「拆遷戶」中探尋各方面有才幹的人，為蜀漢政權添磚加瓦。他曾對屬下說，各項工作中，對國家最重要的就是選拔人才，所以你們都要多多地推薦各方面的才來。

諸葛亮當初是被劉備三顧茅廬，懇切請出山來的。到他做了當家人，也把劉備當年邀請他的誠意拿出來，同樣懇切地去敦請他看中的人才。

比如有一位四川的大學問家——梓潼人杜微。杜微在劉璋時代當過從事，後來藉口生病辭職，劉備入蜀之後，也想請杜微做官，杜微藉口自己耳聾，閉門不出，劉備最後也拿他沒辦法。

等到西元二二四年諸葛亮擔任益州牧時，他再次請年邁的杜微出來做官。杜微依然再三推辭，但諸葛亮三番五次的邀請，最後用車子把杜微給載到了丞相府中。見面之後，杜微還是說耳聾，問他什麼都瞪著眼作迷茫狀。諸葛亮微微一笑，杜老先生耳聾的事，他早有準備。

於是，諸葛亮拿出了他的法寶——筆墨紙硯。接下來，諸葛亮很誠懇地一筆一畫，寫在紙上給杜微看：「我早聽說您的德行，非常渴望得到您的教誨，但因為才德低下，沒有緣分向您請教。很多人都曾讚嘆您的崇高志向，初次見面，仰慕已久。我本領平庸，擔任益州的長官，德行淺薄而任重道遠，所以始終懷著憂慮。我們皇上今年才十八歲，天資仁愛聰敏，禮賢下士，天下的人也都懷念漢室。所以，我想與您一起順應上天和老百姓的意願，輔佐英明的皇上，興復漢室，立下青史留名的功勞。」

杜微看了諸葛亮寫的字，還是口口聲聲說自己年老多病，請求不當官回家。

諸葛亮繼續親筆寫字，遊說杜微。他揭批了曹丕的罪惡，繼而闡述自己立志滅魏興漢的決心，並對杜微再三相勸。

最後，諸葛亮說，我請您當官，只希望憑您的德行來輔佐朝廷，不會讓您去管打仗的！看諸葛亮如此誠意，杜微也不好再完全推辭。到末了，杜微擔任諫議大夫，專門提意見，發議論，不負責具體事務。這倒是挺適合杜老頭子的。

再比如廣漢人秦宓，是四川本地的另一位大學問家。從小就以才學聞名，博覽群書，口齒伶俐。他又頗有名士風範，不是那種趨炎附勢的人，州郡裡多次徵他當官，他都不肯去；面對朋友的一再舉薦，他還以許由、莊周自比，表示甘願清貧的志向。

劉備占領益州後，再三讓秦宓當官，他推脫不過，才當了從事祭酒。沒多久，因為反對劉備進攻江東，又被免官下了監獄。大概是劉備征戰半生，喜歡乾脆果決，對拿腔拿調的讀書人，多少有點潛意識的反感。

這樣一個讀書人，又是劉備曾經貶斥的，諸葛亮卻對其頗為看重。西元二二四年諸葛亮任益州牧時，就把秦宓提拔為別駕（高級助理），接著又晉升為左中郎將、長水校尉。秦宓看諸葛亮誠意邀請，雖然當了這個官，可是瀟灑自如的作風沒有一點改變。而諸葛亮對他也推崇如一。後來在東吳使者張溫來訪時，秦宓靠著自己的學問，在辯論賽中折服張溫，立下了一個大功勞。

杜微和秦宓這種大學問家，在政務上沒有太多建樹，諸葛亮拉他們入朝，並不指望他真的幹什麼活，而是做出推德重賢的表率。同時蜀漢迫切需要能幹活的，尤其連年與曹魏打仗，又要防止南方少數民族地區的叛亂，那些軍事出色，或者軍政兩手都硬的人才，就顯得頗為寶貴。

這一方面，諸葛亮提拔了一批在原有崗位上表現突出的本土化中級幹部。比如雲南人呂凱，傳說是呂不韋的後輩，擔任永昌郡的地方官，在當地素有威信，得到軍民的擁戴。南方叛亂時，呂凱和王伉等人堅守城池，擋住了叛軍，為後來諸葛亮平叛起到很好的配合作用。等南方叛亂平息後，諸葛亮便上表朝廷，提拔呂凱為雲南太守，王伉為永昌太守。

再如巴西人馬忠（又名狐篤），劉備入川時擔任縣長，夷陵之敗後帶著地方徵集的補充士兵去增援前方，得到劉備的賞識。諸葛亮開府後，就提拔馬忠為自己直屬的軍事指揮官，後來曾鎮守南方，又曾擔任諸葛亮的參軍，並討平西部、南部邊境地區羌族和南蠻部落的叛亂，最後成為顯赫一方的大員。

還有馬忠的老鄉，巴西人王平（又名何平），過去擔任的是副將。西元二二八年的街亭之戰中，馬謖不聽諸葛亮的安排打了敗仗，王平卻臨危不亂，整頓軍隊安然退回。這麼一比較，就顯出王平的不平凡來。諸葛亮按軍紀殺了馬謖後，就提拔王平為參軍。此後，這位大字不識十個的「土包子」，逐漸成長為蜀漢一等統兵大將，屢立戰功，威震北境。

老子英雄兒好漢

俗話說上陣父子兵，諸葛亮從劉備時代老一輩官員的子弟中揀選了一批人才，比如董和的兒子董允，霍峻的兒子霍弋，馬良的弟弟馬謖等。

江陵人董和，最初是劉璋的手下，又曾經和諸葛亮一起署劉備的左將軍府事、大司馬府事，一直當諸葛亮的助手，諸葛亮對他的才幹和踏實很推崇。董和的兒子董允，曾經給劉禪當過太子舍人。諸葛亮看他頗有乃父之風，為人正直，處事公允，就把他提拔為黃門侍郎，後來諸葛亮要北伐時，又升董允為侍中，領虎賁中郎將，統率皇宮的親兵，成為都城內的軍政大員。

董允也未曾辜負諸葛亮的期望。皇帝劉禪趁著諸葛丞相不在，想享受大好人生，準備多選幾個美女進宮。誰知每次要求一提，董允立刻引經據典地說：「陛下雖然可以多娶些老婆，但也是有規章制度的。按照自古以來的規矩，皇帝的妃嬪不能超過十二個，現在咱們的編制已經滿了，所以陛下您就委屈一下吧！」

於是在董允的管制下，劉禪堂堂一個皇帝，想要多找幾個女人都不行。有這樣的人看守皇宮，諸葛亮還有什麼不放心的呢！

小知識

董允的功勞

諸葛亮死後，劉禪失去了直接約束，開始寵幸宦官黃皓。董允在這種情況下，對上忠言規勸劉禪，對下嚴厲警告黃皓。後主對董允的規勸還是要敷衍幾分，黃皓更是畏懼董允，不敢為非作歹。可以說，董允一直是諸葛亮留在劉禪身邊的定海神針，在諸葛亮外出打仗和諸葛亮死後都是如此。直到董允死後，黃皓才漸漸攬權，干涉國政，弄得朝綱混亂。那時候，一般官員和老百姓紛紛追憶起董允的好處來，都說若是董允在，黃皓哪裡敢這麼囂張。

董和的江陵老鄉霍峻，最初是劉表的部下，後來跟著劉備入川。益州之戰期間，他曾經帶著幾百兵力守葭萌關，先是挫敗了張魯用詭計奪關的計畫，後來又在劉璋一萬多人的軍隊圍攻下堅守葭萌關一年之久，保證了劉備大軍始終有一個根據地，可謂是戰功斐然。

霍峻的兒子霍弋，也曾當過劉禪的太子舍人。劉禪登基後，諸葛亮把霍弋帶在身邊當記室（相當於祕書），讓他和自己的養子諸葛喬一起跟隨自己左右。霍峻年齡與諸葛亮相當，諸葛亮就把霍弋當自己的子弟培養鍛煉。諸葛亮死後，霍弋在軍政方面立下很多功勞，最後成為鎮守南方的一把手。

另一位比他們都著名的，就是失街亭的主角馬謖了。當初襄陽馬家，兄弟五人都是大才子，名氣最大的是老四，就是馬良。馬良是諸葛亮的朋友和支持者，寫的一手好文章，後來在夷陵之戰中遇害。老五馬謖文章寫得不如四哥漂亮，但比四哥能說話，尤其喜歡軍事，對於行軍打仗的話題，頗有見地。諸葛亮因而對他頗為欣賞。

有人卻持相反意見，那就是劉備。劉備入益州的時候，馬謖就跟在他身邊當助理，在益州一路打了兩三年的仗。劉備本身又是征戰多年的老兵，馬謖在軍事上的能耐，劉備比諸葛亮看得明白。所以在白帝城託孤的時候，劉備專門囑託諸葛亮說：「馬謖這人啊，言過其實，不可大用，你一定要當心！」

諸葛亮對劉備這話不以為然。雖然是君臣魚水情，但高臥隆中的儒相，和浴血疆場的統帥，畢竟閱歷有別，看問題的角度也不同。何況，當時劉備已經六十三歲，臨死前的一番評價，沒準被諸葛亮認為是胡言亂語。總之，諸葛亮堅信自己也是會看人的，馬謖重用與否，應該根據自己考察的結果，而不是先帝劉備死前的一句話。

抱持著這個原則，諸葛亮讓馬謖擔任自己的參軍（參謀），經常和他討論軍事。馬謖在參謀這個崗位上幹得還真不錯，表現頗對諸葛亮胃口。這樣，馬謖在諸葛亮的班子中穩步上升——這種上升，將在最後讓他自己和諸葛亮，乃至整個蜀漢都嚥下苦果。

此外，襄陽名士向朗，資歷老，學問大，被諸葛亮任命為步兵校尉、丞相府長史。向朗的姪兒向寵善於帶兵打仗，在夷陵之戰中跟隨劉備，各路軍隊都被陸遜殺敗了，只有向寵帶領的一支人馬保持著嚴整的營盤。所以，諸葛亮任命他為衛戍部隊指揮官。

還有關羽的二兒子關興，少年英俊，才華出眾，諸葛亮對這小夥子非常賞識，他二十來歲就當了侍中、中監軍，可惜沒幾年就病死了。《三國演義》中把他塑造為一員猛將，衝鋒陷陣，屢立戰功之後才病死，大約是為了增加關羽的將門虎威。

至於諸葛亮自己的子弟，當然也會任用。諸葛亮的弟弟諸葛均在蜀漢為官，最後官至長水校尉。諸葛亮和夫人黃氏結婚後多年都沒有孩子，為了繼承香火，就把哥哥諸葛瑾的次子諸葛喬過繼過來，在蜀漢擔任駙馬都尉（管理馬匹車輛的官職，不是皇帝女婿）。諸葛亮對他要求很嚴格，安排他從事一些基礎工作——比如督促運送軍糧——作為培養和鍛煉。

不拘一格用人才

通常來說，在治平之世，選拔人才通常循序漸進，論資排輩；而在戰亂之世，對人才的需求來得更加猛烈，往往破格錄用，有才幹的人可能得到飛速晉升。曹操、劉備都不拘一格用人，諸葛亮也學到了劉備的幾分手段。

早在劉備爭奪漢中時，犍為太守李嚴部下的功曹楊洪因為和李嚴意見不一，辭職不幹。李嚴就推薦楊洪到成都去當從事。楊洪到成都後，諸葛亮與他談漢中戰事，覺得這人挺有見識。恰好原來的蜀郡太守法正跟著劉備去漢中打仗了，諸葛亮就把楊洪火速提拔為蜀郡太守，官職一下和老上司李嚴持平了，可謂躍升。

楊洪的表現也確實對得起諸葛亮的重用。就在幾年後，劉備在白帝城病重，把諸葛亮召過去聽遺命，漢嘉太守黃元趁機造反。這時候成都空虛，朝野驚慌，楊洪卻鎮定自若，迅速找到太子劉禪，把他的親兵調出來，再安排兩個將軍帶領太子親兵去進攻叛軍。楊洪還預料叛軍行為，運籌帷幄，分毫不差，很快將黃元擒獲斬首。在處理人事政務關係的時候，楊洪秉公無私，為人稱道。這位得到閃電提拔的太守，沒有給諸葛丞相丟臉。

無獨有偶，楊洪當蜀郡太守時，手下的郡吏何祗，也是一個人才。

他家境貧寒，長得五大三粗，又特喜歡大吃大喝，花錢月光，一般人都看不起他。諸葛亮聽說何祗不好好幹活，成天遊手好閒，工作做得一塌糊塗，就親自前來調查。何祗知道諸葛亮要來，就連夜做功課處理公務。等諸葛亮早上到衙門時，一問衙門的工作，何祗侃侃而談，對答如流。諸葛亮頗為驚異，聽說這小子胡作非為，想不到也是個人才，就提拔他當了成都縣令，又兼了郫縣（今成都市下轄的一個區）令。何祗一人管兩縣，幹得相當出色，諸葛亮又給他升官，沒幾年他就當上了汶山太守，也和他的老上司楊洪平級了。

汶山有很多少數民族部落，動不動就叛亂，何祗過去之後，一面好言安撫，一面對不聽話的嚴厲懲處，這麼恩威並施，少數民族都很服他，汶山很快安定下來。後來何祗被調到廣漢去當太守，前腳剛走，汶山的少數民族後腳又叛亂了，並且宣稱「除非把何祗大人調回來，我們才不造反」。朝廷沒辦法，只得另外選了何祗同族的一個人當汶山太守，少數民族勉強接受了這個任命。由此可見何祗的能耐。

楊洪和何祗兩人迅速和老上司平級的例子，也被蜀漢朝野作為諸葛亮用人的經典故事加以傳揚。

再如前面說到的蔣琬，劉備曾要殺他，是諸葛亮把他保下來。劉備稱漢中王時，蔣琬只是一個尚書郎。到諸葛亮開府時，就要再提拔蔣琬。蔣琬非常謙虛，堅持推讓其他幾位同僚，這讓諸葛亮更加欣賞他。再後來諸葛亮連年北伐時，蔣琬往往留鎮丞相府，負責給諸葛亮提供後勤支援，正如當年諸葛亮給劉備提供後勤一樣。等到諸葛亮去世，這位最初官小位薄的臣子，居然得以成為諸葛亮的繼承人。而蔣琬此後的表現確實出類拔萃，身居高位，既不得意忘形，又不驚慌失措，從容地處理國家大事，而且心胸開闊，讓大家心服口服。劉禪也放心大膽地把國政繼續交給蔣琬，正如以前交給諸葛亮一樣。

小知識

蔣琬的胸襟

蔣琬當上大將軍後，有一次和文官楊戲討論工作，提出一條意見，楊戲沒有回答他，有人就說：「楊戲這是輕視領導，應該懲罰。」蔣琬說：「怎麼能罰呢？顯然楊戲不同意我的觀點，他既不肯違背本心附和我，又不肯當面衝撞我，所以就不說話，這是楊戲的忠直啊。」另一個官員楊敏罵蔣琬「做事昏庸糊塗，不如前任」，相關部門要處罰楊敏，蔣琬說：「我本來就不如前任的諸葛丞相，他說得沒錯，幹麼處罰？」相關部門說：「那他還說您昏庸糊塗呢，證據在哪兒？」蔣琬說：「既然我不如前任，那麼事情一定做得有不合理的地方。既然事情不合理，那當然就是昏庸糊塗了。別再問下去了。」後來楊敏因為其他事情被下了監獄，大家都想他死定了，結果蔣琬又免了他的重罪。

此外，還有江夏人費禕，論起輩分來算劉璋的拐彎表姪子。他本來是到益州來遊學讀書，恰好入川後，劉備也把四川打下來了，乾脆就留四川了，身分和地位都不算高。

某一次，蜀漢老幹部許靖不幸死了兒子，官員士人都紛紛去弔喪。費禕和董允是好哥兒們，準備蹭董允的車一起過去。董允就向老爹董和請求給輛車，董和想故意刁難下這兩小子，只給了一輛很小很簡陋的車子。董允的臉頓時拉下來了，站在那裡說也不是動也不是。這時費禕不慌不忙，自己先爬上車去了，董允這才跟著上車。

等到了追悼會現場，朝廷的權貴都來了，諸葛亮也在內。這幫達官貴人的車子，當然是一輛賽過一輛，襯托得董允他們的小車更破更土。看著大家投過來的目光，董允臉上尷尬得很，費禕卻神情自若。

等喪禮結束後回到家中，董和專門向車夫詢問現場的情況，這兩個小子表現如何啊？瞭解清楚後，董老爹對兒子說：「哎，兒子啊，我以前一直不知道你和費禕到底誰比較優秀，從今天開始，我算是知道了。」

董允聽了這話，恨不得找個地縫鑽進去。

然而，當天注意到這兩人差別的，並不僅僅是董和一人。慧眼如炬的諸葛亮，也由此對費禕另眼相看。等到西元二二五年諸葛亮南征得勝，凱旋回成都時，文武百官出城幾十里迎接，裡面資歷老的、官階高的不計其數，諸葛亮偏偏把費禕拉上自己的車，讓費禕和自己一同入城。

費禕就這樣坐在諸葛亮的旁邊，顛簸顛簸地進了成都。這一刻，他的表情依然泰然自若，就和幾年前坐著董和的破車去參加喪禮一樣。蜀漢的官員們看著費禕，眼光卻沒法自若了。

此後，費禕奉命出使江東。孫權生性喜歡搞怪，手下更有一群辯論高手，以諸葛亮的姪兒諸葛恪為首，每次費禕一去，就遭到唇槍舌劍的圍攻。費禕總是據理回答，應對自如。有時候孫權故意在宴會上把費禕灌醉，然後問他國家大事，想看他出洋相。費禕這時候就推脫「我已經醉了」，閉口不談，等宴會散了之後，退回招待所，他再將孫權問的問題一條一條地整理出來，然後逐次回答，井井有條。孫權看他連酒宴上的惡作劇都處理得這樣漂亮，大為傾倒，感嘆道：「你這樣的賢德之人，以後必然會當上蜀漢的高官，只怕今後來我江東的次數會很有限了。」

果然，諸葛亮開始讓費禕擔任重要職務。而費禕最終在諸葛亮、蔣琬之後，成為劉禪的第三任宰相。

魏延的反骨？假的！

諸葛亮要興復漢室，北伐中原，離不開勇猛的將軍和出色的謀士。在他所重用的人中有那麼兩位，一個驍勇善戰，一個軍政純熟。遺憾的是，這兩位偏偏是死對頭，讓諸葛亮傷透了腦筋。

這二位，就是著名的：魏延和楊儀。

在《三國演義》中，魏延簡直被寫成了諸葛亮的死對頭，說他第一次在襄陽造蔡瑁的反，第二次在長沙造韓玄的反，所以被諸葛亮看出「腦後有反骨，久後必反」，當時就想殺魏延。《三國演義》還寫魏延多次違抗諸葛亮軍令，甚至在「七星燈借壽」時撲滅燈火，直接送掉諸葛亮的命；又寫諸葛亮對魏延早有防備，上方谷火燒司馬懿時企圖把魏延一起燒死，最後臨死還遺計安排馬岱臥底殺了魏延。總之，在羅貫中筆下，蜀漢丞相和最出色的武將之間的鬥爭，到了你死我活的程度。

這既醜化了魏延，也誣衊了諸葛亮。受此影響，又給不少讀者另一重相反的印象，認為諸葛亮處心積慮地打壓魏延。其實這都是不對的。

歷史上的魏延，並非降將，他是義陽人，距離新野很近，很可能是劉備在荊州期間招募的班底。在跟隨劉備取益州、打漢中的過程中，他表現不如黃忠搶眼，但也立下不少功勞。

對魏延的才能，劉備看得最清楚。打下漢中之後要安排一員大將鎮守，當時朝廷官員都認為張飛最合適，張飛自己也覺得少不了自己的。誰知劉備卻提拔資歷尚淺的魏延為鎮遠將軍，領漢中太守，這讓全體指戰員都大驚失色。劉備為了給魏延一個表現的機會，特意召集群臣聚會，然後當眾問魏延：「我讓你幹這麼重要的職務，你準備怎麼幹呢？」魏延回答：「若是曹操帶著天下大軍來，我為您擋住他；要是曹操的部下帶著十萬人馬來，我為您消滅他！」劉備看著自己的愛將這般豪邁，樂得合不攏嘴，百官也紛紛誇獎魏延擲地有聲的壯語。

豪言壯語本身不能證明實力，但勇氣和魄力至少可以稍微壓制疑慮。從這一刻起，魏延確立了自己在蜀漢第二代將領中頭牌的地位。俗話說「能夠讓士兵充滿鬥志的就稱為名將」，魏延既善於統率士卒，自己作戰勇猛，同時還好動腦筋，對戰略戰術有自己獨到的見解，確實是一位難得的將才。

到諸葛亮掌握大權時，蜀漢老一輩名將基本凋零殆盡。魏延這樣既有名望，又有戰績的中生代將領，諸葛亮當然要加以重用。因此在西元二二三年劉禪繼位時，就加封魏延為都亭侯。西元二二七年諸葛亮準備北伐時，又任命魏延為前軍都督、丞相司馬，領涼州刺史。蜀漢數次北伐曹魏，在北伐軍團中，魏延基本是僅次於諸葛亮的二號人物，諸葛亮多次派他獨當一面，而魏延也對得起諸葛亮的信任，頻頻殺敵立功。

魏延當然是有缺點的。他像很多有才能的人一樣，脾氣大，而且剛愎自用，不善於和人相處。魏延對敵人是猛衝猛打，對自己人也是猛衝猛打。尤其老一輩的張飛、馬超等先後去世，魏延成為武將中的老大，既有出類拔萃的能力，自然有超乎常人的驕傲。他趾高氣揚，一點不肯讓人，平日待人接物，也是很不客氣。

這種情商上的毛病，說起來可大可小。蜀漢同僚也好，上司諸葛亮也好，知道魏延這樣的脾氣，都忍著他，讓著他。有一位劉琰，過去是劉備的老部下，資歷比諸葛亮還老，官拜車騎將軍（相當於國防部副部長，大將軍銜。劉備稱帝時張飛就是車騎將軍），跟在諸葛亮身邊參議軍政。就因為他和魏延發生爭執，說了些諷刺魏延的胡言亂語，諸葛亮就很嚴肅地責備了劉琰一頓，把他趕回成都去，不讓他在軍中待著了。

諸葛亮對魏延通常來說還是比較維護的；魏延對諸葛亮和整個蜀漢政權，也是忠誠的。

至於著名的「子午谷之爭」，只不過是統帥和大將在軍事策略上的分歧，魏延有他的戰略觀點，諸葛亮也有自己的看法，最後誰官大聽誰的，僅此而已。魏延固然對此感到遺憾，甚至憤憤不平，說諸葛亮膽小，惱恨自己的才能不得發揮，但他絕不至於因此就仇視諸葛亮，以後照樣按照諸葛亮的部署勇猛殺敵。諸葛亮和魏延在十餘年中，應該是觀點有分歧，但團結合作，談不上誰打壓誰，更談不上誰陷害誰。

不共戴天的左右手

如果說，光諸葛亮和魏延，事情還好辦，但多了個楊儀，事情就複雜了。

楊儀是襄陽人，一度在曹操手下當官，後來「棄暗投明」，自己跑去見關羽，關羽派他進四川去見劉備。劉備最喜歡發掘人才，和楊儀聊了聊軍事政治，拍案叫絕，立刻留他在身邊當了參謀。等劉備稱漢中王的時候，楊儀就當上了尚書。

到諸葛亮時代，楊儀擔任參軍、長史等輔佐官職。官銜雖不太高，卻是「師爺」一類的要職，做的是諸如編制部隊、調動糧草兵器等工作，看似細碎，實際上極為重要。

楊儀確實才華過人，對這些讓一般人頭大的工作，提綱挈領，幹起來行雲流水一般，因此諸葛亮甚為倚重。

魏延和楊儀這一武一文，可以說是劉備留給諸葛亮最寶貴的財富之一，一個是業務總監，一個是行政總監，都是蜀漢這盤棋不可或缺的重要人手。用好這兩個人，蜀漢的事業成功希望就大大增加。他們也可以說是諸葛亮在北伐中的左右手。

遺憾的是，這左右手之間，卻都恨不得打對方，原因很簡單：魏延和楊儀這兩個人，都是屬於有才氣，也有脾氣，而且心胸不那麼寬廣的人。

魏延固然是「兩頭冒尖」，楊儀也是個恃才而驕的人。魏延是武夫，有些蠻橫霸道；楊儀是文人，他不像魏延那麼橫，但卻有文人的性格——強。他不但脾氣強，而且心眼小，記仇，還有些酸氣。早在劉備時代，楊儀就曾得罪尚書令劉巴，因此從尚書的實權職務上被改任為「弘農太守」（只是虛職）。前面說過，劉巴是屬於連劉備都不放在眼裡的狠人，劉備巴巴地追了小半個中國才把他追到。這樣的人楊儀都能得罪，他的個性也可見一斑。

所以，當魏延和楊儀在諸葛亮軍中相聚，就形成了一個尷尬的局面：沒人敢惹魏延，除了楊儀。兩人最初只是小摩擦，小分歧，隨後矛盾越來越大。魏延認為楊儀只是搬弄口舌的酸儒，楊儀認為魏延只是仗勢欺人的匹夫，這兩人之間性格的衝突，漸漸發展為不共戴天的仇怨。有時候魏延竟然拔出刀來，威脅著要砍楊儀的腦袋，而楊儀則嚇得一把鼻涕一把淚，場面頗有幾分滑稽。

對諸葛亮來說，這真是無語又無奈。諸葛丞相對魏延和楊儀都是非常倚重的，少了哪一個，北伐大計都會受到嚴重影響。劉琰這種沒什麼能力的老幹部，得罪了魏延可以把他趕回成都去，但楊儀和魏延卻是缺一不可的。諸葛亮本人又不具備劉備那樣的氣場，他要處理的事情實在太多，很難有精力和手段調解部下之間這種莫名其妙的矛盾。他能做的，也就是安排好他們的分工，或者說幾句大道理。而這些大道理對於魏延和楊儀來說，絲毫不能減輕他們彼此之間的厭惡感。

每逢魏延拔刀時，就要靠諸葛亮的另一位助手費禕坐到他們倆中間，好言好語，說圓場話，調停，安撫魏延，寬慰楊儀，鼓勵他們共同為國家出力，才能把鬧劇收場。靠了費禕的大力匡救，才勉強維繫著魏延和楊儀的「和平共處」。這在費禕本人，是他能力和人品的體現；但在諸葛亮或整個蜀漢，卻是一種悲哀。

在諸葛亮當政的時間裡，尤其在北伐開始後，這種無可救藥的內訌就在持續上演，甚至鬧得「外國友人」都知道了。

費禕有一次出使東吳，孫權設宴招待。宴會上孫權喝多了，口無遮攔地對費禕說：「魏延和楊儀這兩個都是沒什麼德行的小人，雖然也有雞鳴狗盜的才能可以為國家效力，但一旦諸葛亮死了，他們失去制約，必然要造成禍亂。你們蜀漢的人怎麼這麼糊塗，不加以防備，這不是把禍患遺留給子孫嗎？依我說，趕緊把這倆都撲殺填埋了。」費禕見孫權滿嘴酒氣來這麼一句，一下愣住了。幸虧邊上的人提醒，費禕整理了一下思路，回答說：「魏延和楊儀只有私人矛盾，並沒有不軌的野心。他們的才能確實很出色，我國為了消滅曹魏，對他們量才使用，如果因為這個就捨棄不用，等於是因為擔心風浪就完全放棄船隻，這才是糊塗呢。」孫權聽了，哈哈大笑，不再拿這個事尋開心了。

費禕這話應對得雖然巧妙，但不過是外交辭令而已，根本的矛盾確實如孫權所說的那樣。諸葛亮聽了這番對答，也只是讚揚費禕的急智和辯才，他肯定是笑不出來的。

不管如何，諸葛亮在蜀漢這一畝三分地上，量才使用，逐漸把蜀漢的人力資源架子搭建起來，這也為他下一步的建設和開拓打好了基礎。

第九章

南中瀘水瘴煙散

風雨飄搖的西元二二三年

西元二二三年夏天的蜀漢，正處在風口浪尖上。

前一年在夷陵之戰中損失了大量精兵，頂梁柱劉備隨之轟然倒塌，登基的小皇帝劉禪年方十七。諸葛亮秉政之後，雖然大力選用人才，安撫人心，但整個局勢不容樂觀。北面是死對頭曹魏，東邊是剛打過一場大戰的孫權，西邊和南邊又有邊境豪強和少數民族的造反，就連巴掌大的四川境內都不寧靜。

這個關頭，真是既不能安內，更不能攘外，用諸葛亮的話說就是「此誠危急存亡之秋也」。

所以就在這一年，魏國的一群大官們，什麼司徒華歆、司空王朗、尚書令陳群、太史令許芝、謁者僕射諸葛璋等，他們非常樂觀，也非常「好心」，覺得都到這一步了，你小小蜀漢還玩什麼？不如早早投降了吧。他們紛紛寫信給諸葛亮，勸他看清形勢，順應天意，乖乖地給魏國做附庸吧。

要知道，孫權前些年向魏國稱臣，這會兒名義上還是魏國的諸侯，要是諸葛亮手一抖真投降了，那大魏帝國就從名義上統一天下了。

然而，諸葛亮是不肯屈服的。他當初選擇劉備，已經抱定了堅守漢朝「正統」的信念，更何況曹魏篡漢的過程，在他看來也是形同胡鬧。看著北邊的名士高官們書信不斷，他也不一個一個回信了，就給他們統一來了封公開信，算是答覆。

在信中，諸葛亮先拿當年的項羽作例子，說項羽只憑武力，不講道義，雖然曾一度稱霸天下，最後還是身死國滅。曹操沒有接受教訓，也會落得同樣的下場。曹操自己運氣好先死了，他的子孫也一定會遭禍害的。

接下來，諸葛亮指責華歆、王朗等一幫人為曹魏篡漢搖旗　喊，就和當初王莽篡漢時那幫無恥文人一樣，也要遭報應。

針對魏國大臣們「魏蜀強弱懸殊」的說辭，諸葛亮又舉出光武帝劉秀在昆陽之戰大敗四十萬新莽軍的戰例，說明戰爭勝敗在於正邪，而不在於多寡。曹操當初帶著幾十萬大軍，照樣在漢中吃了敗仗，而曹丕比他老爹更過分，居然篡位，你們這些人就算口若懸河，也不能洗脫他的汙穢。

最後，諸葛亮嚴詞宣告：天理昭然，不是不報，時候未到。我是一定要北伐的。當初軒轅黃帝帶著幾萬兵卒，就能擊敗蚩尤，平定天下，何況我蜀漢還有幾十萬正義之師，討伐你們這些亂臣賊子，自當勢如破竹，除殘去穢，以張天下大義！

這番話寫得氣勢如虹，言辭犀利，可謂擲地有聲，讀來振奮人心。羅貫中後來正是依據這一番話，在《三國演義》中編出「罵死王朗」這一段話來。

然而，批判的武器不能代替武器的批判，最終決定國家存亡的還是實力。諸葛亮深知這一點，打完嘴仗之後，他繼續埋頭思考策略，改善蜀漢當前四面受敵的惡劣環境。

四方之中，北面的曹魏雖然從政治上來說是不共戴天的死敵，但自從西元二一九年劉備奪取漢中和關羽北伐失敗後，已經有三四年沒有打仗。兩國之間隔著高聳的秦嶺，道路險要，如果發生大規模的戰爭，進攻一方的難度挺大，曹丕也很難下定決心翻過秦嶺來找麻煩。再加上鎮守漢中的魏延是驍勇善戰的猛將，一時半會這個方向反而是最安寧的。

西邊的汶山等郡，是漢族和少數民族的雜居地區，雖然有時會出些叛亂什麼的，但距離成都不太遠，蜀漢中央力量可以及時趕到，總的來說問題不大。諸葛亮任命像何祗這樣的能臣擔任地方官，逐漸把這一處也擺平了。

剩下的兩個方向情況卻要複雜得多。

孫權就不多說了，與蜀漢集團恩怨交織十多年，聯合抗曹也是他，襲取荊州、火燒夷陵也是他，現在還頂著曹魏附庸的名分。

雖說在夷陵之戰後，孫權立刻和曹魏大舉開戰，又曾向劉備求和，似乎有改善關係的味道，但那是劉備在世的時候，老爺子虎倒威風在，孫權也得掂量掂量。

現在劉備死了，劉禪繼位，誰知道孫權這個滑頭又會打什麼主意？所以蜀漢方面對江東絲毫不敢鬆懈，專門由實權僅次於諸葛亮的軍政二把手李嚴鎮守白帝城，防範江東可能的入侵。

南邊的情況就更亂了。所謂「南中地區」，就是指益州南部的牂柯、越巂、建寧、永昌等幾個郡，大致在現在的雲南、貴州、川西南一帶。論面積，差不多占了蜀漢國土的一半。那裡自然環境複雜，天高皇帝遠，又有羌人、夷人等少數民族聚居。早在劉璋時代，成都對這邊的控制力就不強；劉備入川後，也只是勉強保持名義上的統治而已。劉備爭奪漢中期間，越嶲的夷王（少數民族首領）高定就曾起兵造反，被李嚴殺敗。

等到劉備和東吳翻臉之後，孫權通過交州（今兩廣地區）對南中各郡煽風點火，南中一帶更加地波瀾迭起。建寧郡的豪強大戶雍闓殺死了太守正昂，並且派人聯絡孫權。劉備派張裔去接替太守。這位張裔當初在劉璋手下，曾經和張飛、諸葛亮在德陽大戰一場，雖然大敗虧輸，好歹也是見過世面的。誰知一到益州，他就被雍闓抓住，捆起來經交州送到江東去了。

等到劉備去世後，雍闓更加猖狂，認為這下蜀漢沒人能治他了。他公然接受了孫權的任命，自稱永昌太守。李嚴寫了長達六頁的一封信給他，給他說明利害，勸他不要造反。雍闓相當傲慢，只回了一頁紙信說：「俗話說天無二日，士無二王。但現在你們都自稱自己是正統，讓我們這些偏遠地區的人很困惑，不知道該服從哪一個啊！」言下之意，你們自己既然扯不清楚，我樂得當土皇帝。

雍闓造反，不但給整個南中地區帶來很大震動，而且他四處一擴張，就把成都和南中地區之間的連絡給切斷了。接著，雍闓又請出一位在南方大名鼎鼎的領袖人物，四處聯絡同道，共同反抗蜀漢。

這位老大哥的名字大家都知道，叫孟獲。

《三國演義》說孟獲是南方少數民族的「南蠻王」，還給他配了個美貌潑辣的老婆「祝融夫人」。歷史上，孟獲確實在南中的漢人和夷人中有巨大威望，屬於一呼百應的人物，孟獲振臂一呼，各夷人寨子都紛紛響應雍闓。越巂的夷王高定本來就一直和蜀漢不對盤，當然是興高采烈地加入雍闓的陣營。牂柯的地方官朱褒也起兵造反，整個南中完全失控。

小知識

雍闓的詭計

雍闓在建寧郡起兵造反後，生怕當地的夷人不聽他的，就叫孟獲去向夷人各部落說：「官府要向你們徵收三百條黑狗，而且連胸前的毛都必須是黑的；還要三千根堅硬的大木材，每根必須長三丈以上，你們自己想，能不能辦到？」當地所有的黑狗，胸前毛都是淺色的；而堅硬的大木材一般只能長到兩丈左右。夷人首領們發現自己完全無法滿足「官府的勒索」，雍闓就趁機煽動他們一起造反。

建寧郡原先叫「益州郡」（是地市級行政單位，和省級行政單位「益州」不要混淆），諸葛亮平定南中後才改名建寧郡。本書為便於區分，統稱建寧郡，請讀者注意不要被誤導。

只有永昌郡的功曹呂凱、府丞王伉帶著軍民堅守城池，擋住了雍闓擴張的步伐，這永昌郡算是為蜀漢政權在南中保留了一塊根據地。但永昌郡位於建寧郡的西邊，雖然沒有屈服雍闓，卻被雍闓隔斷了連通成都的路，蜀漢這批忠臣也只是困守一塊「飛地」[15]罷了。

北部是強大的死敵，東方是背叛的盟友，南方是蜂起的叛軍，對於初掌國政的諸葛亮而言，這實在不能算一個好的開端。

他就是從這種情形下，開始了自己在蜀漢的苦心經營之路。

聯吳破冰

面對南中各郡一片叫反，成都朝廷百官惶惶不安。有人給諸葛亮建議：趕緊趁著南方剛剛叛亂，出兵去平定他們！不然咱這一半國土就要丟了！

然而，諸葛亮沒有同意。

因為他對這件事看得更透徹：南中問題，歸根結柢是一個政治問題。

劉備死了，新上任的劉禪和諸葛亮班子威望不夠，所以南中的人心不穩，一些野心家趁機煽動造反，這是內因；孫權和蜀漢敵對，對南中豪強加以誘降，南中本地也有人認為孫吳比蜀漢強，所以一勾引就上船，藉江東為外援，謀求脫蜀自立，這是外因。

這內外兩方面的根子不拔除，單純派兵去打，就算能把叛亂一時鎮壓下來，後患還是無窮。

---

15 飛地：行政上隸屬於甲地，但所在地卻在乙地，稱為「飛地」。

更何況，現在蜀漢剛剛死了主心骨劉備，又在過去四年中連遭丟失荊州、火燒夷陵兩場大敗，國力損耗巨大。這時候再強行南下打仗，不僅會給國家帶來沉重負擔，從軍事上也沒有必勝把握。

若是勉強上馬出征，一旦戰場上遭遇點意外，被南中絆住手腳，曹魏、孫吳再有什麼打算，那就回天無力了。

看清這一點後，諸葛亮對南中採取了溫和的手段，只是不斷地派遣使者去安撫那些叛亂的郡縣，盡可能讓他們別鬧得太囂張，就算公然和蜀漢作對，也請聲音稍微小一點。

軍事上，諸葛亮僅僅加強了叛亂地區和未叛亂地區邊境的防備，不讓叛亂繼續波及蜀漢領土的北部，甚至朝廷任命的南中各郡太守，都不敢到當地上任，而是停留在鄰近的縣城裡面，每天也就到交界處走一圈，望望風水，這稱為「遙領官職」。

同時，諸葛亮在內部組織發展生產，開墾土地，讓老百姓生活好起來，再多囤積糧食。這些才是真正該做的，就算派兵打仗，也得讓士兵都吃飽肚子不是？

另一方面，諸葛亮把戰略重心放在了南中問題的幕後策源地——江東。

這會兒，孫權的身分很尷尬。他自己在西元二二〇年向曹魏投降，接受了曹丕的「吳王」冊封，名義上算是放棄了漢朝諸侯的身分，而變成「大魏藩屬」。但是在西元二二二年夷陵之戰剛打完，曹丕立刻派三路大軍南下攻打，被孫權打回去，兩家就此決裂。到西元二二三年，孫權更是派出大將賀齊主動進攻魏國的蘄春，俘虜了太守晉宗。

敵人的敵人就是朋友。從戰略來說，蜀漢和孫吳兩支弱旅，存在聯合起來抗擊強大曹魏的需要。最大的問題是兩家因為之前的戰爭產生了壁壘，這個障礙必須想辦法消除。

諸葛亮沉思著。

恰逢尚書鄧芝對諸葛亮說：「丞相，先帝被燒之後，孫權派人求和，先帝也派了費禕等人前去出使。現在先帝死了，新皇年齡尚小，為了穩固外交環境，應該再派遣使者前去，重新確立友好關係，免得孫權生異心。」

諸葛亮眼前一亮，點頭道：「是啊，我一直在思考這個問題，就是沒有合適的人選，現在有了。」

鄧芝問：「誰呀？」

諸葛亮道：「裝什麼傻，就是你啊。」

於是，他就派了鄧芝為使者，在西元二二三年冬天到達江東。

不出諸葛亮和鄧芝所料，孫權首鼠兩端的毛病從赤壁之戰起一直沒改過來。現在他雖然在跟曹魏開打，可是畢竟還有名分上的藩屬關係，而且對蜀漢實力也沒數，生怕找上一個軟弱的盟友會吃虧，於是就這麼兩頭猶豫狐疑著。

他甚至不肯接見鄧芝，生怕見了面之後，就被鄧芝的花言巧語說服吃虧。

鄧芝等了幾天沒動靜，就發了一封信給孫權，說我這次來不光是為了蜀國，也為了你的好處。你不見我，那就吃虧了！

這種幼稚到家的說辭，孫權也信了，他害怕吃虧，趕緊接見鄧芝，賓主展開了友好而親切的交

小知識

張裔奔命

諸葛亮派鄧芝出使東吳，叮囑他順便把張裔帶回來。兩國結盟後，鄧芝就向孫權請求放回張裔。張裔到江東這幾年一直很低調，孫權也不覺得他有多能耐，就同意了。等到張裔臨走前，孫權召見他，和他開玩笑說：「四川的寡婦卓文君，居然和司馬相如私奔，你們四川的風俗怎麼如此啊？」張裔應聲回答：「吳越地區朱買臣的老婆，因為嫌棄丈夫窮苦，五十歲離婚再嫁，後來丈夫發達後，她又羞憤而死。兩個相比起來，我看還是卓文君要賢慧一些。」孫權又問：「你這次回去一定可以在蜀漢當官，準備怎麼報答我？」張裔回答：「我做為太守被叛軍綁架到貴國，有負皇帝的希望，屬於戴罪回國，將要接受朝廷審判。萬一有幸不被朝廷殺頭，那麼五十八歲以前的生命算父母給我的，五十八歲以後的算大王賜給我的。」孫權聽得哈哈大笑，非常開心，也挺佩服張裔。張裔出宮之後，想起剛才的情形，非常懊悔，覺得自己裝瘋賣傻不徹底，還是暴露了，於是趕緊上船，晝夜兼程往西邊趕。果然孫權很快回過味來，覺得張裔這麼有能耐的人才不能放回蜀漢，就派人緊追不捨。一個追一個逃，等追兵趕到兩國邊境時，張裔已經跑過去幾十里了，就差這半天工夫沒有趕上。

談。孫權倒很耿直，開門見山道：「我是願意和你們蜀國聯合對抗魏國的，但就怕你們君主年幼，國家弱小，周邊形勢又惡劣，被魏國一打連自保都難，我和你們聯盟不是反而被你們拖累了嗎？」

鄧芝說：「咱們加起來有四個州的地盤。您是當世的英雄，而我們的皇帝雖然年幼，比您大一歲的諸葛亮丞相可是豪傑。我們有蜀道險阻，你們有長江天險，把兩家的地利人和聯合起來，進可以併吞天下，退也可以鼎足而立，這道理很明顯。大王您要是繼續給魏國當乖小弟，曹丕這廝一會兒要您入朝見他，一會兒要您的兒子去當人質，您不聽他話就說您藩屬造反，起兵來討伐。真到這一步，我們也只好過來落井下石，順流而下地搶地盤了，那您就完了。」

孫權一聽，這話有些耳熟，好像很久以前，周瑜和魯肅也對他說過。這位英雄又自個兒琢磨了很久，終於下定決心，斷絕了和魏國的外交關係，轉而與蜀漢聯合。為了表示誠意，還把前幾年被雍闓綁了送江東的張裔同志給放回去了。

「吳蜀和平」盃辯論賽

第二年（西元二二四年），孫權派張溫出使蜀漢，達成互訪。

在成都的宴會上，蜀漢官員都到了，就大學問家秦宓沒到。前面說過，他當初因為反對伐吳，被劉備罷官下獄，後來是諸葛亮重新敦請來當官的。雖然當了官，他大大咧咧的作風一直沒變，國家宴會居然遲到了。諸葛亮對他分外敬重，屢次讓人去催請。這讓張溫看著很是奇怪，問：「這人誰啊？」諸葛亮回答：「是我們益州的學士。」張溫冷笑一聲，不以為然。

等秦宓終於姍姍到來時，張溫問他：「你真的有學問嗎？」秦宓道：「我們益州，五尺童子都有學問，何況我呢？」

張溫還不服氣，他自以為讀書多，學問大，準備好好教訓下這個四川大學問家。

秦宓微微一笑，水來土掩，兵來將擋，莫非還怕你不成？

於是，一場辯論賽展開了。

張溫先問：「天有頭嗎？」

秦宓回答：「有。」

張溫問：「天的頭在什麼方向？」

秦宓說：「在西方。《詩經．大雅．皇矣》有句子『乃眷西顧』，按這個推理，天的頭在西方。」

張溫又問：「天有耳朵嗎？」

秦宓說：「有耳朵。俗話說，天高聽卑（上天雖然位置高遠，卻能洞悉最低微的事情），《詩經．小雅．鶴鳴》又說『鶴鳴於九皋，聲聞於天』，沒有耳朵怎麼聽啊？」

張溫又問：「天有腳嗎？」

秦宓說：「有啊。《詩經．小雅．白華》說『天步艱難，之子不猶』。沒有腳怎麼邁步？」

張溫又問：「天有姓嗎？」

秦宓說：「有啊，天姓劉。」

張溫問：「你怎麼知道姓劉呢？」

秦宓說：「天子姓劉，所以天也姓劉！」

張溫又問：「太陽是從我們東邊出來的，對吧？」

秦宓回答：「對呀，太陽從你們東邊出來，到了我們西邊就落下來了。」

秦宓把胸中學問施展開來，引經據典，唇槍舌劍，對答如流。張溫見識了秦宓的厲害，先前的不屑之心一掃而光，轉而佩服得五體投地，從此對蜀中人物不敢小看。秦宓也算是為蜀漢大大長了一回臉，對得起諸葛亮的重用了。

這場激烈的辯論賽，稱得上是學術交流，無傷感情。從此，兩國關係趨於正常化，吳蜀雙贏。孫權很開心，等到鄧芝再次出使江東時，孫權滿臉友好地對鄧芝說：「現在吳蜀一條心，共同對抗魏國。等我們滅掉曹魏，平分天下，到時候我們各自統治一半土地，豈不是很快樂嗎？」

這種不著邊際的幻想當然是很光明的，但好歹符合眼前吳蜀聯合的氣氛。然而，鄧芝一點都不準備給孫權這個面子，他聳聳肩膀說：「天無二日，士無二王啊。真要等咱們兩家滅了曹魏之後，大王您最好能順應天命，歸降我們大漢，達成天下一統。若是您不肯歸降的話，那麼兩家君主各自發揚仁德，兩家臣子各自恪盡忠誠，戰爭才剛剛開始呢！」

孫權聽了大笑：「你說話居然實誠到了這個地步！」

鄧芝出使江東，促使兩國確立盟約，使天下形勢產生了決定性的變化。雙方結束了數年戰爭敵對，重新回到赤壁之戰時兩家聯合的局面。

這使得他們面對強大的曹魏，不但具有招架之功，而且有了還手之力。孫權專門寫信給諸葛亮，稱讚鄧芝立下的大功。

對諸葛亮而言，派遣鄧芝與江東重新確立為盟友，是他執政後的第一個戰略勝利。儘管「跨有荊益」和「兩路出兵」的計畫無法實現，但至少荊州是在一個盟友而非敵對勢力的掌握中，防禦時可以指望其增援，進攻時可以獲得策應，這無論如何都好過單打獨鬥。

更直接的結果是，與孫權同盟，蜀漢在國防方面的壓力減輕許多，諸葛亮的注意力可以從東邊更多地轉移到南邊來了。

瘴氣三月下益州

蜀漢與孫權結盟之後，在接下來的兩年裡，曹丕和孫權大打出手，鮮卑族軍隊也入侵曹魏的北方，蜀漢則獲得了相對安寧的環境。諸葛亮還是讓魏延守住北邊漢中，李嚴守住東邊永安，他自己在國內大力發展生產，積蓄糧食，生產蜀錦出口創外匯，一邊訓練軍隊，同時派人搜集南中地區的各項情報。

小知識

曹丕伐吳

吳蜀結盟後，曹丕對孫權大為不滿，不顧辛毗等人的勸諫，再次大舉出兵攻打。西元二二四年秋曹丕親自帶兵到長江邊，被大將徐盛擋住。西元二二五年秋天曹丕又帶著十多萬大軍兵臨長江，被江東敢死隊偷襲，連車子和冠蓋都給人搶去了，只好灰溜溜地退兵。

轉眼到了西元二二五年。經過兩年的休養生息，諸葛亮認為軍力和物力儲備已經足夠，同時隨著吳蜀結盟，孫權不再煽動聲援叛軍，南中地區叛亂的政治外援已經被斬斷。各方面條件齊備，諸葛亮決定對南中叛亂分子動手了。

長史王連反對諸葛亮親自帶兵。他倒不是怕諸葛亮打不贏，而是覺得南中地區屬於「不毛之地」，疫病流行，諸葛亮身為一國執政要員，不應該親自去那種地方，萬一有個閃失，對國家損害太大。他認為派一員大將去就行了。

諸葛亮也知道王連的好心，但他認為南中地區關係重大，這一趟過去不僅要行軍打仗，還必須輔以政治手段，其他人很難像他這樣全盤考慮周全，也不一定能像他一樣盡心盡力。王連苦苦地勸告了很久，諸葛亮甚至因此而把行程推後了很多日子。

最終，諸葛亮還是決定，自己親自帶兵南下。這是西元二二五年農曆三月的事。

諸葛亮頗為欣賞的參軍馬謖這次沒有跟著。他送諸葛亮出城時，一直送了幾十里路。諸葛亮對他說：「南征這事，咱倆已經共同謀劃一年多了，你還有什麼建議嗎？」

馬謖回答：「南中地區主要距離遠，地勢險要，所以一貫對朝廷不服從。就算今天打敗了他們，明天又會造反。而且您的大戰略是要舉全國兵力北伐曹魏，那就必然造成國內空虛，一旦被南中的人知道，他們更要造反。那麼能不能把造反的人全部殺光以絕後患呢？也不行，一來這樣太殘忍了，不是仁義之人的作為；二來，短時間內也不可能做到。」

接著，馬謖給出了他的結論：

「兵法上說，攻心為上，攻城為下；心戰為上，兵戰為下。希望您收復南中那些人的心。」

諸葛亮點了點頭。馬謖的這個分析建議，在他看來是太貼切了。

隨後，諸葛亮帶著蜀漢軍隊，開始了平定南中的軍事行動。

在《三國演義》中，這幾個月占據了全書整整三十分之一的篇幅，參戰的雙方兵力龐大，蜀漢方面是「川將數十員，川軍五十萬」，趙雲和魏延為首的將星傾巢出動；南中叛軍一方也是動輒蠻兵數萬、數十萬，還有各種稀奇古怪的兵種，比如木鹿大王的猛獸軍團、兀突骨的藤甲兵等。

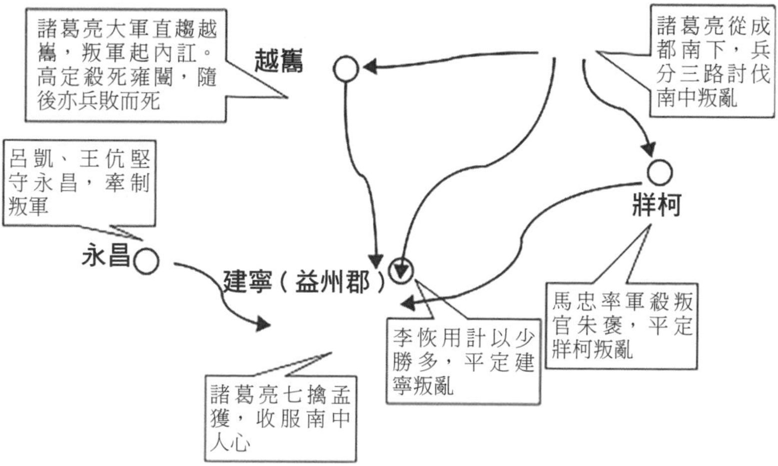
諸葛亮大軍直趨越嶲，叛軍起內訌。高定殺死雍闓，隨後亦兵敗而死
越嶲
諸葛亮從成都南下，兵分三路討伐南中叛亂
呂凱、王伉堅守永昌，牽制叛軍
牂柯
永昌
建寧（益州郡）
馬忠率軍殺叛官朱褒，平定牂柯叛亂
李恢用計以少勝多，平定建寧叛亂
諸葛亮七擒孟獲，收服南中人心

諸葛亮平定南中示意圖

實際上，這場戰爭從軍事規模來說要小得多。蜀漢一方的兵力不過三五萬，叛亂方人數可能多一點，而且多數是軍民不分的烏合之眾，其戰鬥力無法與蜀漢精兵相抗衡。南中平亂，對諸葛亮而言，主要難在地理位置複雜，以及需要盡快收服人心。

諸葛亮在南征時，採用了四路兵馬齊頭並進的做法。他自己帶領主力部隊往西進攻越嶲郡，對付夷王高定；大將馬忠帶兵從東路進攻牂柯郡，對付叛將朱褒；大將李恢往南進攻建寧，牽制叛亂的禍根雍闓。而永昌郡的呂凱、王伉等則堅守最西邊的本郡，作為朝廷官軍的聲援。

雍闓、高定和朱褒這些人，過去是仗著天高皇帝遠胡作非為，真要和朝廷的精兵對抗，根本不夠打。諸葛亮大軍直逼越嶲，三下五除二，打得高定潰不成軍，雍闓趕緊帶兵跑到越嶲去幫忙，結果諸葛亮又是用兵又是用計，令兩家起了內訌。可憐雍闓好心沒好報，被高定的手下殺了。高定集合了兩家兵馬再跟諸葛亮打，又被打敗，大本營和老婆孩子都被蜀軍搶去。他不甘心失敗，又糾集幾千殘部，殺人如芥，還想跟諸葛亮決一死戰，最後再次一敗塗地，自個兒的腦袋也給蜀軍砍去了。越嶲郡基本平定。

與此同時，馬忠也帶兵一路進擊，一口氣打下好幾個縣城，把朱褒殺了。牂柯郡平定。

李恢這一路卻遇到點麻煩。他帶領少數精兵，向建寧郡進發，誰知建寧郡是叛軍的大本營，雍闓雖然不在，留下的黨羽卻不少，再加上當地其他對蜀漢不滿的部落，以及想趁亂撈一把的人聚集在一起，人多勢眾，反而把李恢的隊伍給包圍在昆明。當時諸葛亮的主力還在越嶲和叛軍作戰，彼此之間沒有互通消息，李恢看著城外黑壓壓的叛軍，也禁不住有些緊張。

關鍵時刻，李恢靈機一動，對這些叛軍耍起了計謀。他本來就是建寧郡俞元人，和當地這些叛軍都是老鄉，就派人去給叛軍頭目說：「老鄉啊，別打了。告訴你們一個祕密，諸葛亮的官兵糧食快吃完了，他們要撤退了。我本是建寧人，心中其實一直牽掛著故鄉和鄉親啊！現在諸葛亮滾蛋了，咱們鄉里鄉親正好攜手合作，共同為家鄉建設出力！我把這麼機密的事情都跟你們說了，夠坦誠了吧。」

叛軍一看這老鄉這麼知趣，大喜過望，馬上舉辦盛大酒宴，慶祝打跑了諸葛亮。大家圍著篝火大吃大喝，載歌載舞，沉浸在勝利的喜悅中，誰還想著打仗、戒備？

誰知道李恢就趁這個當口兒，帶領軍隊猛衝出來。他的那些老鄉們原本就是烏合之眾，仗著人多打打順風仗還行，一遇到突然襲擊頓時就作鳥獸散。李恢一路追亡逐北，殺得建寧郡的叛軍四散奔逃，很快把全郡叛軍肅清。

三路官兵都取得了勝利，諸葛亮、馬忠和李恢會師，永昌的呂凱和王伉也終於迎來了盼望已久的救星。

七擒孟獲

然而，南中的事情到這裡並沒有結束。雍闓、高定和朱褒雖然都死了，南方的群眾領袖孟獲可還活著。他糾集了雍闓的餘部，再加上高定、朱褒等人的殘兵敗將，繼續和諸葛亮作戰，頗有點「野火燒不盡，春風吹又生」的架式。

眼前叛軍的實力比起當初，已經有所削弱。但諸葛亮不想像對付雍闓等人一樣對付孟獲。因為孟獲在南中地區的漢人和夷人中，有著很高的威望。單純殺掉他，對蜀漢後方穩定沒什麼好處。相反的，在我方優勢下，應該對現有資源展開盡量多的利用……

於是，諸葛亮決定實踐馬謖的「攻心為上」。

首先，諸葛亮對剛剛收復的南中各郡，一手軍事，一手政治，雙管齊下。他除了部署必要的部隊追擊叛軍殘部，將更多精力用於恢復當地生產，安定民心。同時，他懸出重賞，在整個南中地區活捉孟獲。

孟獲雖然得民心，但得民心未必能打勝仗，他很快地被諸葛亮打敗活捉。比照通常的待遇，叛軍頭腦都應該被砍頭，孟獲也做好了血灑故土的準備。可是，出乎他的意料，諸葛亮沒有殺他，反而擺出酒肉招待他，並且帶著他參觀自己的營寨和陣地。

孟獲酒足飯飽，又大大咧咧地蹓躂了一圈，諸葛亮問他：「老孟，你看我的隊伍如何？」

孟獲直人不說彎話：「以前我不知道官兵的虛實，所以打了敗仗。如果您的部隊就是這個樣子，那我一定可以戰勝你！」

諸葛亮微微一笑：「那好，我放你回去，你整頓人馬再來作戰吧。」

孟獲被釋放之後，果然重整旗鼓，前來交鋒。這次雖然他對蜀軍多了些瞭解，然而畢竟本身的戰力劣勢在那裡，他淳樸的腦子又如何比得上諸葛亮？沒多久，孟獲又一次兵敗被擒，這下可再沒話說了。

然而，諸葛亮並未逼迫孟獲投降，反而再次放了他。

雙方就這樣上演類似的一幕幕喜劇。孟獲每次被擒，都鼓足餘勇，整兵來戰，但同時他每次被擒，自己的兵力也會受到損失，而且士氣更加低落。就這樣，孟獲越打越沒信心，越打輸得越乾脆，而諸葛亮每次都和顏悅色地優待俘虜，並且釋放他。

小知識

七擒孟獲真偽

有史學家認為「七擒孟獲」是虛構的，理由是諸葛亮在南中打仗一共只有幾個月，在如此短的時間內應該來不及七擒七縱。尤其諸葛亮深入南中，應該速戰速決，哪有工夫慢慢玩這種把戲？不過要考慮到，歷史上的七擒孟獲並非如《三國演義》中那樣百萬大軍跨越萬水千山的征戰殺伐，很可能就是在小半個雲南省範圍內進行的山頭河邊追擊。而諸葛亮在之前已經擊潰了南中叛軍主力，斬殺了一批首腦，對孟獲的七擒更類似於蜀軍已經確立優勢下的「追剿殘匪」軍事行動，這種擒縱只是費點事，不會有太大的傷亡代價。諸葛亮的兩個戰略目的：第一個是直接消滅眼前的叛亂，這個已經達到了；第二個是盡可能地安撫南中人心，而七擒孟獲正是達成這個目的的重要手段。那麼以諸葛亮的謹慎和耐心，在這件事情上多花些時間實在太正常了。因此，「七擒孟獲」是否確有其事，需要有更多史料證實或證偽。此外，在雲南地區還存在不同的民間傳說。有說「孟獲七擒諸葛亮」的，還有說「諸葛亮七擒孟獲，孟獲五擒諸葛亮」的，大抵都是在七擒孟獲基礎上衍生出來的。

每個人都是有臉皮的，有良心的，南中地區的孟獲更是直腸子。等到第七次被擒後，諸葛亮依然要釋放他，孟獲終於感動了。他不肯再走，流著淚對諸葛亮說：「丞相天威，我們南中人再也不造反了！」

巴掌與棗兒

孟獲既然降服，諸葛亮平定南中的任務就算圓滿完成。作為收尾工作，諸葛亮對南中的行政區劃進行了一些調整，把益州郡改名為建寧郡，又另外分設了興古和雲南兩個郡，使得每個郡行政面積減小，便於管理。把李恢、呂凱和王伉這些雲南功臣，以及馬忠這樣的智勇雙全之士任命為各郡太守，管理地方。除此之外的中下級官吏，很多直接選擇南中地區的漢人和夷人頭目們擔任。

有的部下對此有疑慮，認為南中人不可靠，應該多留一些成都帶來的官吏在當地，加強控制力。

諸葛亮自有他的主張。他說，這種情況下留太多官吏是很麻煩的。如果把各級官職都留給中央來的人，你要不要再留些軍隊來保護他們呢？這些南中人，尤其是夷人在戰亂中也死了不少人，難保不對外地人產生仇恨。要是沒有軍隊保護，說不定官吏會被殺害；可留下軍隊呢，要供養這些軍隊就需要糧食，糧食不可能千里迢迢從成都運來，那就只有從本地徵集，這又是一個麻煩；此外，這些南中的漢人和夷人先前叛亂，本來心裡就惴惴不安，你留下太多官吏，他們感到自己不被信任，反而會加強激變的風險，而且他們內部出了任何糾紛衝突，屎盆子都會第一個往咱們的人頭上扣，徒增猜忌。所以，我既不在南中留軍隊，也不從南中徵集糧食，官吏也少派，盡可能讓漢人和夷人順其自然地生活，大致保持穩定就可以了。

部下們聽諸葛亮這樣說，自然也就不好再反駁。但完全順其自然，真的就能保證平安無事嗎？放心，諸葛亮還有更狠的一招呢！

「攻心為上」、「仁義為本」確實是諸葛亮此次平定南中的指導思想，但這同樣只是手段。諸葛亮的根本目的，是要保證南中地區盡可能地納入蜀漢有效的統治體系，讓這一大片領土成為蜀漢的資源而不是負擔。

顯示足夠的信任，收復南中人心是一方面；另一方面，對於存在的叛亂隱患，也必須大力剷除。諸葛亮對此的具體措施是移民和編戶口。

在平定南中之亂的過程中，諸葛亮對南中人，尤其是少數民族的驍勇剽悍，留下了深刻的印象。這些勇士們留在南中，說不定會再叛亂十次八次，但如果加以有效地統治利用，豈不是可以作為戰場上的一支勁旅嗎？於是諸葛亮從南中選擇了勇猛剽悍的一萬多家民眾，把他們全部搬遷到蜀郡（成都一帶）居住，並從中選拔精銳的士兵，編組成一支「特種軍團」，號稱「無當飛軍」，讓王平擔任指揮官。

而剩下的那些民眾呢？諸葛亮把他們分配給順從朝廷的南中土豪們作為部屬。這樣，既加強了對民眾的管理，也讓那部分和蜀漢朝廷接近的土豪得到了好處。此外，諸葛亮又鼓勵土豪們拿出錢財布匹，招募夷人勇士作為部下，招募得多的，還可以當大官。這樣，原本不服管束的少數民族，因為貪圖錢財布匹，紛紛接受漢族豪強們的改編。孟獲等當地的頭臉人物都被封了官職，其中孟獲官至御史中丞，相當於紀律監察官員。當然，讓孟獲這直腸子真的去監察蜀漢那幫官僚，也就是個笑話罷了。

自古以來，引誘人去幹某些事，比起強迫人去幹某些事，總是更容易實現的，只要你能找到最合適的誘餌。諸葛亮抓住土豪重權位、夷人貪錢財的弱點，輕易實現了自己的目的。

依靠土豪的支持和編戶政策，諸葛亮對南中的人力實現了有效控制。南中出產的黃金、白銀、朱砂、黑漆和牲畜等也源源不斷地運入成都，供應蜀漢朝廷和軍隊使用。原本蜀漢政權的「盲腸炎」，現在被打造成為一台「造血機」，為諸葛亮的宏大戰略提供著有力的支援。

西元二二五年十二月，諸葛亮功德圓滿，帶領南征大軍返回了成都。

按照《資治通鑑》的記載，說是通過此次「七擒孟獲」，從此直到諸葛亮去世，南中的夷人都沒有造反，這是錯誤的。實際上，就在諸葛亮班師之後不久，南中就又發生了叛亂，夷人殺害當地守將，被李恢迅速剿滅。西元二三三年，南中夷人首領劉冑又起兵造反，後來被馬忠帶領張嶷、張翼等將領平定。南中地區形勢複雜，指望靠一次幾個月的軍事行動再加上孟獲個人的效忠，就徹底根除叛亂，這是不可能的。但諸葛亮的雷霆一擊加上釜底抽薪的政治手段，確實讓南中地區相對安定，以後發生的叛亂都是小打小鬧，像之前那種數郡一起叛亂、動搖國家根基的事情再也不會發生了。

磨刀霍霍

諸葛亮用了將近三年的時間，完成聯盟東吳、剿撫南蠻兩大戰略任務。這麼一來，在劉禪繼位初年對蜀漢最直接的兩大威脅，已經變害為利，轉化為兩大助力。諸葛亮的思路開始指向終極目標——北伐曹魏。

回到成都之後，西元二二六年全年，諸葛亮都在忙於進行北伐的籌備工作。

在之前三年裡面，蜀漢的軍事格局是：李嚴駐守東部的永安，防備江東；諸葛亮自己坐鎮成都，管理四川大部；北面的漢中由魏延駐守。

接下來諸葛亮要北伐的話，他的重心就要移到漢中去，那麼四川的軍事交給誰統管？萬一南中再發生叛亂，誰來主持平定？

當然，只能是二把手李嚴了。

於是，在西元二二六年春天，李嚴從駐紮了幾年的永安調動到巴郡（重慶），修築江州城，作為蜀漢國土腹心部的一個軍事基地。

東部邊境的防守，留給李嚴手下的都督陳到負責。至於諸葛亮自己，他調度益州的人力物力，準備把大本營搬到漢中，以漢中為基地北伐。當時諸葛亮的哥哥諸葛瑾，還寫信給弟弟，擔心李嚴調走後東部的防禦力量太弱。諸葛亮回信說，陳到是劉備手下的老將，帶的兵也是當年劉備的精兵，沒問題的。

諸葛亮本人並非軍事天才，但他曾飽讀兵書，在投奔劉備後的十多年間，也曾旁觀和親自參加過多場大戰。他自知，要靠「神機妙算」來打仗，是存在風險的。曹操和劉備都是天下一等一的軍事人才，可就連他們，也曾在五六十歲的年紀，被三四十歲的周瑜和陸遜用計打敗。可見勝敗乃兵家常事，誰也不能保證腦袋不抽風。

諸葛八陣圖遺址

小知識

「小趙雲」陳到

陳到是汝南人，跟隨劉備較早，與趙雲並稱，稱得上是第一代將領中的「忠勇打手」。他雖然資歷老，但為人低調，官職不算太高，流傳下來的事蹟也很少，《三國演義》中甚至連名字都沒出現。

然而，諸葛亮受劉備重託，他不能夠承擔這種損失，不願意進行冒險。因此，他換了一種思路，試圖盡可能地打造一支戰鬥力很強的軍隊，依靠軍隊本身的實力，而不是巧妙的奇謀戰術來取得勝利。

蜀漢軍事方面的弱點，首先是國狹人少，兵源不足，全國軍隊加起來也沒多少。其次，西南地區馬匹少，難以組建大規模的騎兵。而要用步兵為主力，與魏國鐵騎在關中平原上相互衝殺，這個滋味可不好受。

為了解決這個難題，諸葛亮從兩方面入手：首先，改良軍隊的裝備，打造鋒利的刀劍、堅韌的戰甲。有了好的裝備，士兵肉搏戰鬥力自然得到提高，部隊的損耗也會小。蜀漢鐵礦豐富，正好加強這方面的能力。當時蜀漢有位叫蒲元的鐵匠，最擅長打造鋒利的短刀，他打造的刀不但從選材、火候等方面都嚴格要求，而且連淬火用的水都必須在固定的河流中取得。據說蒲元為諸葛亮打造的幾千把鋼刀削鐵如泥，能夠一刀將裝滿鐵珠的竹筒劈為兩半，鐵珠也都一分為二。此外，今天流傳下來的很多史料裡面，諸葛亮曾親自過問匕首、斧頭、頭盔等軍事裝備的生產和配備工作。

除了強化常規的兵器和鎧甲，諸葛亮還設計了些新式武器，比如著名的諸葛連弩，能發射八寸長的短箭，一發十箭，相當於古代的衝鋒槍，用於中程距離的伏擊和阻敵，效果很好。

其次，諸葛亮在提高單位部隊戰鬥力上下功夫。面對蜀漢為數不多的軍隊，他狠抓基礎訓練，平時多流汗，戰時少流血。他訓練軍隊，不但制定了詳盡的軍令、軍法和軍規，而且注重細節。不但講了安營紮寨應該怎麼布置，行軍應敵應該注意什麼，甚至當敵軍騎兵衝過來時，第一時間怎麼躲，弓箭手怎麼發射，長矛手怎樣配合，一絲一毫都設計得細緻入微。蜀漢士兵只要按照他的條例努力訓練，熟能生巧，自然就成為強大精準的戰爭機器。

在士兵嚴格訓練的基礎上，諸葛亮又研究出各種陣法，最著名的叫「八陣圖」。

中國傳統的評書和古典小說，已經把「陣法」變成了神鬼莫測的玩意兒。比如在《三國演義》中，諸葛亮不用一兵一卒，僅僅用一堆堆石頭擺成的八陣圖，竟然能引起陰風大作，神鬼怒號，大將陸遜進陣後就再也出不來，這實在太誇張了。其實，陣法一點都不神祕，就是古代軍隊冷兵器作戰的隊形，按照某種隊形，打起來可以少吃虧多占便宜，大家記錄下來下次照搬，就成了陣法。

比如春秋使用戰車，一輛戰車後面跟幾十個步兵。敵方是步兵圍著戰車走，我方變個花樣，戰車在前，步兵在後，雙方打起來，我軍的戰車可以先碾壓敵軍前排的步兵，等雙方戰車交鋒後，我軍步兵再一起上來痛打已經被沖散的敵軍步兵，這就是一種陣法，美其名曰「魚鱗陣」。

再比如後來的步兵交鋒中，敵人衝來時，我方第一排弓箭手，第二排盾牌手，第三排長槍手。弓箭手先在陣前發射一排箭，然後退到第三線射敵人的後援，原本第二線的盾牌手變成第一線擋住敵人，原本第三線的長矛手躲在盾牌後面攢刺敵人，這也是一種陣法，而且是最基本的陣法。

諸葛亮的「八陣圖」，是在古代《太公兵法》、《司馬法》和《孫子兵法》等兵書戰陣基礎上發展而來的。大致來說，這個陣法，把全軍分為天、地、風、雲、龍、虎、鳥、蛇八個分陣，每個分陣又有若干個小陣，分別按照一定隊形和位置排列開來。在兩軍野戰時，根據不同的戰場形勢，各個分陣、小陣變換陣形，或分進合擊，或首尾救應，確保己方各部隊構成一個有機整體，避免落單，同時對敵軍分割包圍，各個擊破，從而取得戰場優勢。

「八陣圖」當然無法像小說中的「法寶」一樣每戰必勝，但它確實能在野戰時殺傷更多敵人，減少己方損失。諸葛亮自己記載，在「八陣圖」編練完成之後，部隊在戰場上即使失利，也基本可以保證主力退下來，不至於發生全軍潰敗乃至覆滅的慘景。

此外，諸葛亮打仗非常重視情報工作，在他的軍事條令中，將軍怎樣探測地理條件，怎樣招募當地人當嚮導，怎樣派人偵察敵情，怎樣用信號旗傳遞資訊，都有詳細的規定。

依靠裝備和訓練上的苦心積累，諸葛亮在數年中編練出一支能征善戰的隊伍。征討南中時，諸葛亮給這支隊伍提供了實戰演練的機會。而返回成都後，他又用了一年時間，完成了修整任務，同時把南中地區選出來的精悍壯丁也編入隊伍，進一步強化戰鬥力。

在今後數年中，諸葛亮就依靠這支兵力，頻繁北伐，在中國戰爭歷史上書寫了不濃不淡的一筆。

形勢一片大好

回顧歷史可以發現，從西元二一九年末關羽走麥城開始，幾年來蜀漢接連走霉運，法正死、張飛死、夷陵敗、劉備死、南中叛……真是喝口涼水都塞牙。

然而，等到西元二二三年劉禪繼位，諸葛亮掌權，接下來的幾年，則是形勢越來越好，好事情一件接一件。

就在諸葛亮平定南中回川，開始規畫北伐時，又一個大好消息傳來。

西元二二六年夏天，魏文帝曹丕病逝，年僅四十歲。

做為三國的第一位皇帝，曹丕雖然天資聰明，文采出眾，但從治理國家的綜合才幹來看，不如曹操，與劉備、孫權也有些差距。在他的統治下，曹魏政權始終彌漫著一股輕浮的色彩。他人品也不好，因為私怨，對功臣舊勛毫不留情地加以誅殺，讓曹魏政權人心惶惶。曹丕在位的短短七年中，本來有歷史上最好的機會——夷陵之戰，但曹丕沒有抓住機會，先是坐山觀虎鬥，眼巴巴地等蜀軍潰敗後，轉而又去向勝利者，同時是自己名義上的藩屬江東進攻，結果灰頭土臉地被打了回來。在其後幾年，曹魏在東南方向和孫權糾纏不休，北邊又遭到鮮卑人接連入侵，反而陷入被動。

而曹丕直到臨死之前，才勉強把自己的長子曹叡立為繼承人，新舊交替之際又進一步帶來人心和政治格局的波動。蜀漢的這個死對頭，目前處在最虛弱的狀態。

曹丕新死，無疑是進攻魏國的大好機會，但諸葛亮並沒有立刻出兵。

原因很簡單，他還沒做好準備。蜀漢國小人少，而從漢中出發進攻魏國，需要翻越秦嶺，無論糧食還是軍械的損耗，都不是小數字。諸葛亮的性格又是一貫謹慎，他不可能在準備不充分的情況下發動一次倉促的進攻。關羽和劉備在荊州的失敗，已經給了他太深刻的教訓。所以他要積蓄，積

小知識

曹丕的狂性

曹丕為人刻薄寡恩，心胸狹窄。大臣鮑勳的父親鮑信，當初曾與曹操一起並肩抵抗董卓，剿滅黃巾軍，最後力戰身死，算得上曹家的恩人。可就因為曹丕寵妃郭氏的兄弟犯罪，鮑勳秉公執法，拒絕了曹丕的求情，從而遭到嫉恨。曹丕稱帝之後，某次有個官員在經過尚未完工的兵營時，沒有走規定的道路，被起訴「擾亂兵營秩序」。鮑勳認為兵營還沒完工，不算犯罪，曹丕抓住這個機會，說鮑勳顛倒黑白，把他抓起來審判。法官們判決結果是監禁和罰金，曹丕大怒：「鮑勳早該死了，你們居然想留他的命！」就把法官也抓起來，逼迫他判處鮑勳死刑。鍾繇、華歆、陳群、辛毗等元老大臣紛紛向曹丕訴說鮑家的功勞，曹丕一概不聽，還把專門負責司法的高柔叫到宮中，另外派人去處死了鮑勳，這才放高柔回辦公地點。

曹丕的堂叔父曹洪，曾在戰場救過曹操的命，但因為吝嗇，不肯借錢給曹丕，從而兩人結下梁子。曹丕稱帝後就抓住曹洪一個門客犯法的機會，要把曹洪處死，百官紛紛求情也沒用。最後，還是卞太后出來，逼著郭皇后吹枕頭風，才救了曹洪的命。

曹叡的親生母親甄宓，因為年老色衰，被曹丕賜死，另立寵妃郭氏為皇后。曹叡因此一直得不到曹丕的喜愛，所以繼承人的位置直到曹丕死前才確認。曹叡繼位後，追封自己的生母為文昭皇后，又向郭太后報復。

蓄，等待，等待，直到萬事齊備，這才開動。哪怕眼前機會非常誘人，他也不為所動。

好消息接踵而來，孫權得知曹丕死的消息，也覺得這是個大好機會。他可不像諸葛亮那麼謹慎，而且這幾年江東和魏國邊境線上的戰爭一直沒停息過。所以，孫權立刻大舉增兵，向魏國發動了猛烈進攻。

當年秋天，孫權親自帶兵進攻江夏，被魏國大將文聘擊退。隨後，孫權又派諸葛亮的哥哥諸葛瑾進攻襄陽，也被擊退。這一次的襄陽保衛戰，在戰史上微不足道，但魏國一方的指揮官卻非常重要。

他叫司馬懿，時任魏國驃騎大將軍。

這位名門子弟，比諸葛亮大兩歲。二十年前，他一再推脫無效後，被曹操強行徵召為官；十年前，他成為曹丕的心腹；二十年後，他將發動政變，奪取曹魏帝國的實權；四十年後，他的孫子司馬炎將完全篡奪曹魏政權，建立晉朝，並實現三分歸一統。

當然，眼下的司馬懿還只是魏國的大將之一。在擊退諸葛瑾後，他還將給諸葛亮帶來大麻煩。

孫權的這種進攻，雖然不足以動搖魏國根本，至少吸引了魏國的主要注意力，對蜀漢即將進行的北伐頗有好處。諸葛亮看在眼裡，心中自然是美滋滋的。

彷彿上天還要再給諸葛亮加上一點驚喜，又掉下來一塊蛋糕：過去的叛將孟達也來投誠，表示願意再次反魏投蜀。

西元二二〇年孟達背叛蜀漢，本是迫不得已。後來諸葛亮執政，李嚴是二把手，孟達和李嚴私人關係不錯，對諸葛亮的才能和人品也頗為敬佩。諸葛亮要想北伐，需要盡量削弱敵人，強化己方，對這樣一個人當然要加以籠絡。

於是，諸葛亮平定南蠻之後，就寫信給孟達說：「以你的才能和志向，怎麼能空掛一個虛名，而終老林泉呢？當初你離開蜀漢，完全是因為劉封欺人太甚，辜負了先帝劉備對待士人的誠意，錯不在你。且聽說你後來在魏國，也說過我的好話，現在寫這封信，表達一下我們彼此的交情。」

孟達接到這封信，頗為感動，當即寫信答謝。從此諸葛亮和孟達之間書信往來不斷。蜀漢二把手李嚴也來湊熱鬧，寫信給孟達說，我和諸葛亮一起受劉備的臨終託付，肩上的擔子好重，多麼希望有一個得力的同伴來幫我們分擔。你來不來呢？

要說孟達到魏國之後，雖然蒙曹丕看重，官爵不小，但一直沒掌握什麼實權，想想總覺得虛度光陰，對不起自己的滿腹才華和平生志向。看到這種誘惑，也不禁心動，但畢竟曹丕對自己也不錯，要背叛人家挺不好意思的。

等到西元二二六年曹丕去世，而且孟達在魏國朝廷的其他親密朋友和靠山，比如桓階、夏侯尚等人，也先後去世。曹叡上臺，對曹丕有哀傷之情，恐怕更多的還是憤恨。那麼孟達做為曹丕的好友，又是降將，日子就相當難過了。

到了這分上，孟達開始真心和諸葛亮聯絡，準備舉起叛旗，再度投回到蜀漢陣營來。

一句話，天時，地利，人和又具備。北伐曹魏，興復漢室的一切內外部條件，都如此充分，諸葛亮終於要邁出實際行動的步伐了。

小知識

孟達反魏的地理意義

孟達擔任魏國的新城太守，鎮守上庸、西城、房陵一帶，漢水中游的這片地區西接漢中，南連永安，東下則是襄陽一帶。如果孟達真的帶著這片土地歸蜀漢，那麼蜀漢就有可能開闢進攻魏國的第二條路線，即先從上庸東下進攻襄陽，然後從襄陽北上宛城，戰略拓展的空間將大大增加。甚至之前因為荊州完全丟失而破產的兩路出兵計畫也可能恢復。

第十章

隴上街亭戈甲傷

七拼八湊出師表

經過西元二二六年一年的準備，諸葛亮認為時機成熟，可以正式北伐了。於是，在西元二二七年暮春，諸葛亮向皇帝劉禪上了一道表章，這就是千古聞名的《出師表》。這篇八百多字的表文，被歷代文人奉為經典，被歷代愛國志士當作熱血檄文，被選入中學課本。

然而，它到底好在哪裡？

諸葛亮的另一篇雄文《隆中對》，主題鮮明，重點突出，就是在為劉備分析天下形勢，制定戰略計畫。全文邏輯嚴明，一氣呵成，結論清晰，說服力強。

而這篇說是叫「出師表」的文章，其實該叫「出師前上的表」。它裡面也講了「出師北伐」的事情，但除此之外，東拉西扯，說的事情特別多，特別雜。難怪最後兩句是「臨表涕零，不知所言」，沒準兒劉禪讀了也是這反應呢。

細細重讀一遍，我們可以從這篇大臣給皇帝上的表文中，讀出豐富的意味。

從裡面能讀出「強橫」。做為一個大臣，對皇帝指手畫腳，你應該這樣，你不應該那樣，而且公然揚言「宮中府中，俱為一體」，意思是你宮中的事兒，也要按我丞相府的規定來辦。劉禪這皇帝當得可真夠窩囊的！

從裡面能讀出「驚悚」。開篇就是「天下三分，益州疲敝，此誠危急存亡之秋也」，嚇唬皇帝。

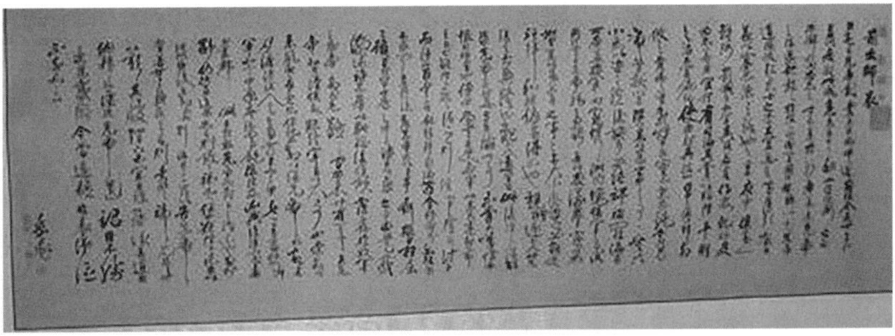

岳飛手書《出師表》

從裡面能讀出「自戀」，讀出「倚老賣老」。回顧當初先帝如何三顧茅廬把他請出來，「受任於敗軍之際，奉命於危難之間」，後來又「臨崩寄臣以大事」，真是眉飛色舞，大力擺譜。

從裡面能讀出「哀怨」，什麼「未嘗不歎息痛恨於桓、靈也」，什麼「受命以來，夙夜憂歎，恐託付不效」，指桑罵槐，好像在諷刺皇帝昏庸。

從裡面更能讀出「絮叨」，咱們朝廷上，哪些人是忠臣，應該聽他們的話，不聽的話會有什麼壞處，如果他們不肯進忠言也應該如何懲罰……可以想像劉禪同學跟小學生上政治課一樣坐在御案前，捂著耳朵苦著臉，忍受「相父」的碎碎念。

然後，把這些糅合在一起，我們更能讀出「忠誠」，讀出「關愛」。好像一個父親將要為家庭謀生計而出門打工，臨行前對他兒子的諄諄囑託。

可能有些瑣碎，可能有些顛三倒四，可能會先入為主，老生常談……然而飽含的，確確實實是一片舐犢深情。諸葛亮對小皇帝劉禪，兼具了君臣、師生乃至父子的情感。正因為諸葛亮愛他，關心他，所以才會對離開後的事情如此提心吊膽，才會放心不下，一遍一遍地回頭叮囑，才會不顧他的逆反和厭煩，絮絮叨叨地反覆說著千遍的陳詞濫調，還生怕他聽不進去。

諸葛亮寫表文的時候，或許更能感受到劉備病榻前託孤的心情吧。

《出師表》遞上去之後，劉禪也跟著下了一道詔書，向天下宣揚討伐曹魏賊子。當然，這詔書從文筆來看，估計就算不是諸葛亮寫好讓劉禪簽字，也是手下那幫文人寫的，他大概也懶得動那腦筋。

之後，諸葛亮留下長史張裔、參軍蔣琬等人管理丞相府的事務，讓侍中郭攸之、費禕和侍郎董允管理劉禪宮廷的事務，讓向寵等帶領御林軍守衛首都，整個後方的防務交給駐紮江州的李嚴負責。

諸葛亮自己，則帶著吳懿、趙雲、鄧芝、楊儀、馬謖、王平等一大群將領謀士，以及蜀漢的主力部隊，浩浩蕩蕩地前往漢中，與魏延會合，準備北伐。

磨磨蹭蹭害死人

諸葛亮的最大優點就是謹慎、一絲不苟、計慮充分。他自己的《出師表》中都說「先帝知臣謹慎，故臨崩寄臣以大事也」。

但他最大的缺點也是謹慎。逐鹿天下，有時候不可能計出萬全；軍事戰爭，其本質就有冒險。你什麼都要講萬無一失，固然可以避免一些風險，但也會錯失很多機會。如果原本有優勢，保險一點沒錯；但本身敵強我弱，再一味謹慎，則可能變成被動挨打。

從他第一次北伐出師便可見一斑。諸葛亮平定南中，是在西元二二五年底。次年夏天曹丕死，魏國朝野混亂，正是攻擊的好時機，所以孫權過了三個月就分兵進攻江夏和襄陽。

而諸葛亮呢？他依舊保持著「準備萬全，方能動兵」的準則，繼續在成都安心搞軍備建設。直到過了將近一年，在二二七年暮春，才上《出師表》，帶著大隊人馬到漢中。

這個過程，搆得上「十月懷胎」了。諸葛亮自己固然用這大半年進行了更充分的準備，但魏國方面有這大半年的調整緩衝，從中央到地方的準備更是完全不一樣的，曹叡的屁股坐穩了，朝廷的人事結構變動基本也搞完了，這必然給諸葛亮未來的北伐帶來更大阻力。

還有一樁逸事。諸葛亮的親兒子諸葛瞻，是在西元二二七年出生的。

前面說了，諸葛亮與黃夫人結婚二十餘年，沒有孩子，所以還專門把大哥諸葛瑾的次子諸葛喬收養作為後嗣。這次漢中戰備，諸葛喬也和其他的貴官子弟一起，很辛苦地帶著幾百人民工搬運糧食，忙得汗流浹背。

不過，沒有親兒子總歸有點不爽，所以諸葛亮又娶了小老婆，生下諸葛瞻來。這年諸葛亮已經四十八歲了，比劉備得劉禪時年齡還大，對這個乖兒子自然當寶貝寵。為政務軍務操碎了心的諸葛亮，就算閉上眼睛，聽著兒子亮開嗓門的啼哭，聞著嬰兒身上散發出來的奶香，也能驅散繁重工作的疲勞，他真想就這樣沉浸在其中。然而，軍國大事在肩上，他顧不得多享受天倫之樂，更沒時間對兒子做啟蒙教育，就又一頭扎進北伐的漫長準備之中。

而那位給諸葛亮立下大功的小老婆，也挺苦的。諸葛亮清正廉潔，兩袖清風，小老婆連件多餘的漂亮外衣都沒有（妾無副服）。

西元二二七年春天蜀軍到了漢中，該開打了吧？還不。諸葛亮繼續在漢中進行整備工作，修道路，備戰具，屯糧草……西元二二七年眼看著一晃就要過去了。

那會兒雖然資訊傳遞不如今天發達，但你幾萬大軍這麼大的動靜，在漢中又一待就是一年，哪裡瞞得過人家？更何況劉禪還往天下發了一道討魏詔書呢！魏明帝曹叡很快得知了消息，這傢伙年少氣盛，甚至想主動調集大軍，搶先進攻漢中。

真要是這麼打過來，那才正中諸葛亮下懷，反客為主，正好殺你個稀里嘩啦！可是曹叡左右有明白人。大臣孫資說：「秦嶺道路太險了。當年太祖打漢中張魯的時候，就相當危險，回來還一個勁兒說漢中簡直就是地獄。以他老人家的英明神武，也沒有對孫權和劉備窮追猛打，這就叫知難而退。現在咱們鎮守南方，防備孫權，已經占用了十五六萬大軍，要是再去打漢中，必然要添兵。而且漢中地勢險要，糧食轉運困難，打過去對國力損耗太大了。從來打仗都是易守難攻，如今這種形勢，我們只要派遣精兵良將守住險要位置，使孫劉不能打過來，然後休養生息。咱們地盤大人口多啊，要不了幾年，經濟發展起來，收拾他們就不費吹灰之力了。」

孫資這麼一說，曹叡也不是傻瓜，他打消主動進攻的念頭，派大將曹真在關中地區加強戒備。這樣一來，諸葛亮北伐的困難就更大了。

在諸葛亮漫長的準備過程中，又遭遇了另一個損失：孟達死了。

曹丕死後，孟達在魏國日子很不好過，所以在諸葛亮和李嚴的攛掇下準備再次叛魏歸蜀。結果，他的計畫被當初一起叛蜀歸魏的夥伴申儀給報告了。孟達也發覺自己被懷疑了。這時候，司馬懿又寫來書信，安撫孟達，叫他老老實實地給曹魏幹活，別起異心。這讓孟達相當頭疼：司馬懿這奸賊，他到底是知道我還是不知道我啊？

頭疼之下，孟達寫信給諸葛亮討主意。諸葛亮還沒有和司馬懿打過交道，但他早從哥哥諸葛瑾那裡聽說過司馬懿的手段，因此回信催孟達趕緊起兵，司馬懿厲害得很！

孟達這會兒反而坦然了，他寫信給諸葛亮說：「您別著急。司馬懿在宛城，距離洛陽八百里，離我一千二百里。他就算準備攻打我，光上奏朝廷討論，反覆就要一個月，到時候我早就準備好了，怕什麼？」

孟達一廂情願地作美夢，殊不知這會兒司馬懿已經在宛城準備收拾他了。司馬懿手下的將領都說：「孟達的問題，咱們要慎重處理，一面充分調查情況，一面彙報請示朝廷，再出動兵馬。」

司馬懿大怒：「孟達為人一向沒有信義，現在他正疑惑無措，是我們最好的動手機會！還要報告朝廷，黃花菜都涼了！」他一邊繼續寫信敷衍孟達，一面帶領大軍，兼程殺到新城。

猛然看見城下張牙舞爪的魏兵，孟達終於慌了。他給諸葛亮寫了最後一封信，信上說：「天啊，才八天司馬懿就到城下了，太快了……」

然後，就沒有然後了。

孟達反魏時，諸葛亮和孫權都派出小部隊向新城方向接應。然而，蜀漢這邊，原本很多人就對勾結孟達一事持反對意見。著名的不同政見者費詩就曾對諸葛亮說，孟達這傢伙，當初在劉璋手下就不忠不義，引狼（先帝）入室；後來又背叛先帝。這種反覆無信的傢伙，您還給他寫什麼信！諸葛亮本人呢，也並不太信任孟達，派出的接應部隊只是聊以應付。至於孫權，歷來是投機分子，當然更不會盡全力救援孟達了。

兩家都是這個態度，司馬懿又早有算計，分派了部隊阻擊孫劉兩個方向的援軍，這兩家也不會為了孟達玩命增援。

這樣一來，孟達當然只有死路一條。司馬懿猛攻十六天後，城中開門投降，孟達被斬。

這是發生在西元二二八年春的事。儘管孟達在諸葛亮的北伐大戰略中並不是必需的一環，但他被閃電般地平息，畢竟讓蜀漢失去了一顆棋子。

幾年後，司馬懿與諸葛亮在戰場對峙時，曾經批評諸葛亮，說他「多謀少決」。至少在孟達叛魏的事件中，這個評價是有道理的。

小知識

諸葛亮存心害孟達？

近來有一種觀點，認為諸葛亮是存心害孟達，並且歸納出兩條動機：其一是諸葛亮和李嚴爭權，擔心孟達歸蜀後李嚴系實力大增，動搖自己的地位；其二是孟達當年攻克房陵時，殺了房陵太守蒯祺，而蒯祺是諸葛亮的姊夫。實際上，這兩個觀點說得都有些牽強。諸葛亮在蜀漢的權勢地位遠勝於李嚴，而孟達即使投蜀，也只是一個叛而復回的「失足自新者」。諸葛亮若要和李嚴搞政治鬥爭，有沒有孟達在都不會產生決定性影響。再者，以諸葛亮的權勢，真要整死孟達，等孟達反魏投蜀之後再報復，顯然也是更容易更保險的。

此外，根據《晉書》的說法，諸葛亮當初為了促使孟達盡早反叛，曾故意把和孟達往來的書信洩露給申儀截獲；而元朝《全相平話三國志》中，諸葛亮先讓孟達造反，之後孟達屢次催促援軍，諸葛亮都故意不來，孟達知道中計，自縊身亡。

子午谷之爭

西元二二八年初，幾乎就在孟達被司馬懿幹掉的同時，蜀漢打造已久的戰爭機器終於開動，諸葛亮正式出兵北伐。當時，從蜀漢占據的漢中地區（今陝西省南部），到曹魏占據的關中雍州地區（今陝西省中部和甘肅省東南部），橫亙著中國地理的南北分界線——秦嶺。無論蜀漢北伐，還是曹魏南征，這道千里險峻的秦嶺都是攻擊方必須克服的困難。

從漢中到關中，主要有五條道路，從東到西如下：

第一條路是子午谷，從漢中東部直插長安城下，最快捷。但這條路也最險峻，地形崎嶇，不利於大軍行動。

第二條道是駱谷，從漢中東部通往雍州中部的扶風郡一帶，距離長安百餘里。這條路同樣險峻。

第三條路是褒斜道，從漢中首府南鄭城外，經過褒谷、斜谷、箕谷，一路到達雍州中部的郿縣、五丈原一帶，距離長安將近二百里。

第四條路是從南鄭西邊的沔陽北上，經過故道、散關，通往陳倉，距離長安約三百里。

最西邊的第五條路，就是從漢中先往西北，穿過羌人和氐人聚居的武都、陰平地區，到達戰略要地祁山。祁山交會雍州西部的隴西、南安、天水等郡。這一條路基本上是繞著秦嶺在走，路線迂迴，但道路平坦寬闊，便於大軍行進。

由於諸葛亮在前一年就大舉經營漢中，劉禪也發了詔書，因此魏國方面對蜀漢可能的進攻，也有了一定準備。

負責雍州西部防禦的，是雍州刺史郭淮。此公當年曾跟隨曹操打漢中，後輔佐夏侯淵守漢中。

再後來，劉備進攻漢中，夏侯淵被黃忠砍了。千鈞一髮之際，郭淮積極配合張郃，整編殘部，擋住了劉備的猛攻。曹操撤離漢中後，郭淮奉命鎮守關中地區多年，對地理、民俗和少數民族情況都相當瞭解，堪稱是智勇雙全的將領。

在雍州東部鎮守長安的，則是曹操的女婿夏侯楙。這位大少爺就完全沒法和郭淮比了。他老爹夏侯惇當初就是有名的肉腳將軍，夏侯楙更是徹頭徹尾的花花公子，靠著曹丕的寵幸當上安西將軍，奉命鎮守長安，卻對軍事一竅不通，在長安城裡只顧著假公濟私做生意賺錢，一邊趁老婆不在找了一堆妓女尋歡作樂，可謂烏煙瘴氣。

這種情況下，久鎮漢中的魏延，提出了一條策略。他說：「夏侯楙這傢伙又膽小又愚蠢。丞相請給我五千精兵為先鋒，五千人在後面運輸糧食，我帶著他們從子午谷直撲長安，不到十天就能到長安城下。夏侯楙這蠢豬聽說我魏大將軍來了，肯定嚇得棄城逃跑，長安城中就只剩一批文官，我自然馬到成功。打下長安之後，我就可以依靠城內和附近的糧草支援。丞相你的主力部隊則走褒斜道過來，大概二十來天可以和我會合。這樣一來，整個關中地區就是咱們的了！」

看著信心十足的魏延，諸葛亮沒有同意。理由很簡單，魏延的這個計畫太冒險了。成功的希望，寄託在夏侯楙不戰而逃上，萬一魏延的奇兵被堵在子午谷中，或者雖然到了長安城下，夏侯楙沒有逃跑，又或者諸葛亮的主力沒有及時趕到，都會造成魏延的一萬人馬變成強敵包圍下的孤軍。弄不好這支精兵覆滅，對蜀漢的打擊太大了。手下這幾萬兵來得不容易啊，因此，諸葛亮駁回魏延的提案。

魏延很崩潰，打仗哪有不冒險的啊，你居然信不過我能幹掉夏侯楙嗎？我出的主意，我自己衝鋒陷陣，我都不怕，你怕什麼？

諸葛亮也很崩潰，你不能指望長安除了夏侯楙連一個明白人也沒有啊，你死了對蜀漢也是損失，一萬精兵咱也損失不起。再說這仗真要打輸了，可不單是你的一萬人要完蛋，我的主力也跑不了。真要玩砸了，我怎麼對得起先帝的信任。

哥兒倆爭了一陣，最後當然是誰官大聽誰的。魏延氣鼓鼓的，私下發牢騷：「諸葛亮這傢伙太膽小了，唉，我真是懷才不遇啊！」以後，幾乎每次北伐，魏延都要向諸葛亮嘮叨，希望給他一萬人馬實行分路進兵，而諸葛亮每次都很堅決地否定了。這幾乎成了他倆的保留節目。

這就是千古懸案「子午谷」，也一直為後來人津津樂道，爭論不休。

其實，魏延和諸葛亮兩人的想法都有其道理。魏延的方案風險大，一旦成功收益也大，同時不確定因素更多；諸葛亮則是一如既往的謹慎，即使是伐魏這種本已冒險的事，他也試圖把風險掌控在自己能把握的範圍內。

這兩種思路談不上絕對的非黑即白，諸葛亮固然可以被評價為過於保守，但魏延的一錘子買賣也有風險。說到底，蜀漢的整體實力太弱，北伐魏國本來就是勉力而為，兵力捉襟見肘，在保險係數和勝利期望上不可能都占，人長被子短，不是露頭就是露腳。

只不過，在真實歷史中，最後按諸葛亮的戰略走了；又因為種種原因，尤其是馬謖的亂來，造成諸葛亮的戰略失敗了，損失很大，這就給後世無盡的遐想，禁不住感嘆如果按魏延的策略，最多也不過是失敗吧，不會更壞了……這種事後的反推，作為架空娛樂挺有趣，但要據此就定性諸葛亮和魏延當初方略的優劣，其實也是不必要的。

捨近求遠

諸葛亮駁回了魏延從子午谷抄近路直驅長安的計策，倒不僅僅是擔心魏延的奇兵被滅掉。在他看來，東邊穿秦嶺的幾條路都比較險要，一旦遇上雨季，道路還有可能被沖毀。不但部

小知識

子午谷雜事

數年之後，魏軍從子午谷南征漢中，遇上大雨，棧道被沖毀，吃盡了苦頭。明朝末年的農民軍高迎祥（李自成的岳父和前任闖王）帶著數萬人馬從子午谷北上，陝西巡撫孫傳庭設下伏兵，堵在子午谷北口。因為地勢狹窄，高迎祥軍前後不能救應，逃也沒處逃，最後被俘虜，凌遲處死。

此外，魏延的奇兵戰略有兩個版本，一個版本是從子午谷直接攻克長安，與諸葛亮主力會師；另一個版本則是魏延的奇兵越過長安，攻克潼關，截斷曹魏關東主力對雍州的增援，然後由諸葛亮的主力將雍州地區加以占領消化。在前一個版本中，魏延預料關東的魏軍要二十多天才來得及聚集，但實際戰爭中，後來張郃的馳援速度大大超過了蜀漢的估計。

隊行進困難，糧食輜重轉運也辛苦，還可能被敵人堵住，進退不得。六年前劉備在夷陵地區遭遇的麻煩，太刻骨銘心了。

而且，如果一來就直撲雍州東部的重鎮長安，魏國可以很快地從中原調動主力部隊反擊，雍州、涼州的部隊再從西邊牽制，蜀軍遠道而來，在兩面夾擊下可能吃虧。

所以，諸葛亮在最初的幾次北伐中，更傾向於比較遠的一條道，就是從最西邊繞過秦嶺，出祁山，攻占雍州西部的幾個郡，在那裡站穩腳跟之後，順勢攻取更西邊的涼州（甘肅一帶）。這些地方是羌族、氐族等少數民族的聚居地，魏國統治比較薄弱，蜀漢如果能占領這一大片地方，就可以獲得人口和馬匹，然後再從南面和西面兩個方向夾擊長安。

換言之，諸葛亮採取的是蠶食戰略。先蠶食雍州西部，再蠶食涼州，然後蠶食雍州東部（長安）。把整個雍州吃光後，再考慮進攻並州或中原。

小知識

六出「祁山」

《三國演義》中說「六出祁山」，這裡是用「出祁山」指代「伐魏」。歷史上，諸葛亮時代蜀漢曾經六次北伐（諸葛亮自己參與了五次，第四次是魏延和吳懿帶領），其中第一次、第三次、第四次和第五次的主力都是從祁山這個方向出擊的，第二次則是從散關、陳倉一路出擊，最後一次從斜谷、箕谷出擊。

在西元二二八年春天，諸葛亮準備充分的第一次北伐中，就是採取這樣的戰略。

在《三國演義》中，諸葛亮一出祁山打得有聲有色，趙雲力斬五將，關興、張苞大敗魏軍，諸葛亮生擒夏侯楙，反間計收姜維，罵死王朗，踏雪破羌兵，智計敗曹真……連敗曹魏主力，真是戰果斐然。

其實，這些都是虛構的。一出祁山時，諸葛亮甚至沒有和曹魏主力決戰的決心。諸葛亮的兵法中，比較推崇「避實擊虛」、「田忌賽馬[16]」。他認為更合理的，是選擇魏軍薄弱的環節，集中相對優勢加以擊破和殲滅。

為了進一步達到「出其不意」的效果，諸葛亮還玩了個聲東擊西之計。他派老將軍趙雲和外交專家鄧芝帶著一支人馬，大張旗鼓，從褒谷、斜谷一線（第三條道）北上，偽裝成主力的模樣。諸葛亮希望這樣一來，能夠把魏軍注意力吸引到雍州中部郿縣一帶。至於吸引到之後，趙雲會不會有危險？沒太大關係，大不了往斜谷邊打邊退就是。而諸葛亮自己，則帶著數萬大軍，以及魏延、吳懿、吳班、馬謖、王平等一群文武官員，浩浩蕩蕩向祁山大路殺去。

16田忌賽馬：田忌經常與齊國公子以重金賭賽馬，當時做為門客的孫臏發現賽馬腳力可分為上、中、下三等，於是建議田忌加大賭注，並為他出策：首先以下馬和齊王的上馬比賽，首場敗；隨後又用上馬和中馬分別與齊王的中馬、下馬比賽。結果二勝一敗，田忌贏得千金賭注，孫臏並因此聲名大噪。

這個兩路出兵、分進合擊的戰略，大概是從當年劉備取益州的「左勾右直組合拳」上得到的啟發，也符合諸葛亮「田忌賽馬」的思路，拿趙雲當下馬去牽制曹魏的上馬（主力部隊），自己帶著上馬（主力部隊）試圖去吃曹魏的中馬（雍州西部）。

當趙雲和鄧芝虛張聲勢地從斜谷殺過來的時候，一時半會確實蒙住了魏軍。曹叡派自己的堂叔大將軍曹真帶領大隊人馬趕到郿縣布防，並且向斜谷、箕谷方向進軍，準備對蜀漢的「主力」迎頭痛擊。同時命令雍州刺史郭淮帶著西邊各郡的太守們，調集兵馬和糧食，準備策應主力部隊。總之，曹魏防禦的重心，被趙雲成功地調動到了偏東的位置。

就在魏國左翼布防而右邊露出空當之時，諸葛亮帶領的數萬蜀漢大軍，旗幟鮮明地出現在兩國邊境的西面。

多年來，在魏國廣大人民群眾的心目中，蜀漢能打仗的，就劉備、關羽、張飛幾個人，諸葛亮什麼的，就是個搞內政的，哪裡會打仗啊。

然而這一次，舉著「大漢」旗號的，卻是一支從未見過的部隊。他們裝備精良，陣法嫻熟，號令嚴明，軍紀肅然，簡直就是一臺戰爭機器。魏國最南邊武都、陰平等郡的邊防部隊，閃電般地被擊潰了。接著，諸葛亮大軍直插天水郡祁山寨。

魏國雍州刺史郭淮，此時正在天水郡視察支前工作，陪同的是天水郡太守馬遵。猛然聽到諸葛亮大軍出現在邊境上，身經百戰的郭淮也不禁嚇了一跳。他迅速拍馬往東，趕往雍州的後勤基地上

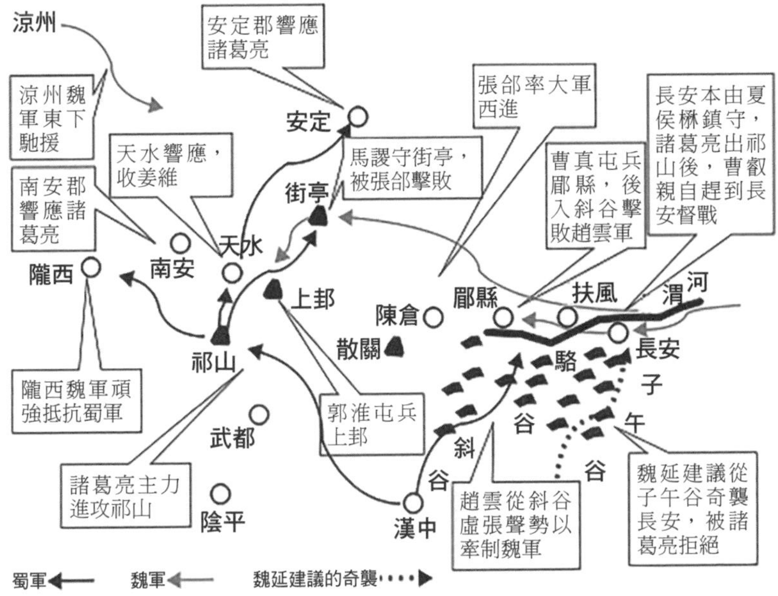
涼州
安定郡響應
諸葛亮
涼州魏
軍東下
馳援
張郃率大軍
西進
長安本由夏
侯楙鎮守，
諸葛亮出祁
山後，曹叡
親自趕到長
安督戰
安定
天水響應，
收姜維
馬謖守街亭，
被張郃擊敗
曹真屯兵
郿縣，後
入斜谷擊
敗趙雲軍
南安郡
響應諸
葛亮
街亭
天水
南安
隴西
上邽
郿縣
扶風
渭
河
陳倉
長安
散關
駱
祁山
子
隴西魏軍頑
強抵抗蜀軍
郭淮屯兵
上邽
谷
午
武都
斜
谷
谷
魏延建議從
子午谷奇襲
長安，被諸
葛亮拒絕
諸葛亮主力
進攻祁山
趙雲從斜谷
虛張聲勢以
牽制魏軍
陰平
漢中
蜀軍
魏軍
魏延建議的奇襲

第一次北伐示意圖

邽去固守。

馬遵看刺史大人跑了，心想還是跟著刺史大人安全點，他也想跑上邽去。這時身邊有個小夥子出來說：「老大，我覺得您還是該回冀縣（天水郡首府）去，帶領大家保衛家園。」

馬遵大怒：「要我回冀縣去當諸葛亮的俘虜嗎？我看你是叛賊！對，你們都是叛賊！」他進一步懷疑身邊這些人都和諸葛亮有了勾結，就丟下自己的隨從，連夜逃去上邽了。到了上邽，他吩咐把城門關起來，不讓後面的人進城。

先前勸馬遵的那個小夥子，是天水冀縣本地人，名叫姜維，出生在一個軍官世家，父親死於沙場，自己現在是郡中的一個帶兵將領。姜維看馬遵這麼無能，嘆了口氣，帶著幾個同事還想跟去上邽，可是到那裡發現城門已經關了。

姜維等人沒辦法，還是回冀縣吧。誰知回到冀縣時，發現老家已經投降了諸葛亮。當地的官吏和百姓興高采烈地簇擁著姜維前去見諸葛亮，姜維只得硬著頭皮去了。

諸葛亮看到姜維，和他聊了聊軍國大事，不禁眼前一亮。這個小夥子見地不凡，而且透出一股子狠勁，是個可造之才！

諸葛亮困居蜀中，最頭疼的問題之一，就是人才缺乏。現在得了姜維，就像得到寶貝一樣。而姜維對於眼前這位身材高大，面目俊朗，作風沉穩，談吐不俗的大漢丞相，也不禁油然而生敬意。當時曹丕篡漢也才七八年，西邊這些居民，對魏國沒什麼忠誠度。姜維當即決定，從此跟著諸葛丞相打天下了。這或許是諸葛亮第一次北伐最大的收穫。

曹真的主力被趙雲騙到斜谷，雍州西部就空虛得很，隨著諸葛亮的大軍進逼祁山，一陣人仰馬翻。不但天水郡的地方官吏和老百姓起來回應蜀漢，天水西邊的南安郡和東邊的安定郡，也都紛紛派人找諸葛亮投誠。忠於曹魏的太守抱頭鼠竄，逃之夭夭。短時間內，蜀漢大軍連收三郡，諸葛亮的戰略似乎就要大功告成了。

然而，勝利的曙光中隱藏著陰霾，魏軍並沒有受到致命打擊。

郭淮的雍州地方軍，已經在上邽一帶完成了集結，對回應諸葛亮的各郡構成威脅。

魏國隴西郡太守游楚，帶領全郡居民，堅決抵抗蜀漢大軍。

魏國涼州刺史徐邈，聞訊也派出部隊向東策應。

總之，整個戰區局勢犬牙交錯，雙方的兵力相互牽制，誰都不能說自己取得了先機。

另一方面，當諸葛亮出兵祁山，三郡反叛的消息傳來，年少氣盛的魏明帝曹叡迅速做出了反應。曹真的軍隊上當了，深入斜谷，一時退不回來，這不算什麼，魏國還有的是機動部隊，就是路遠了點。他命令左將軍張郃立刻帶領精銳步兵和騎兵五萬，從洛陽地區急行向西截擊諸葛亮，而曹叡自己也火速趕到長安坐鎮，並且源源不斷地從中原調動軍隊入關，作為曹真、張郃他們的後援。

曹魏的戰略重心迅速往西線傾斜。自從西元二一九年劉備和曹操爭奪漢中之後，曹劉兩家已經有差不多十年沒有展開大規模的會戰。

小知識

曹真中計

曹真被趙雲引誘進斜谷之事，在《三國志》有關諸葛亮、趙雲的傳記中有敘，在曹叡、曹真的傳記中則沒有提，文字間隱隱指曹真、張郃分別對付趙雲和諸葛亮是魏軍的預定計畫而非中計。但在張郃的傳記中，只說了曹叡令張郃馳援街亭，壓根沒提曹真。加上曹真之前已經受命都督西線，若真是洞察敵情下的預定分工，他不可能自己追著趙雲的偏師，而讓副將張郃去和諸葛亮的主力拚命。因此，曹叡、曹真傳記避諱的可能性更大，司馬光在《資治通鑑》也認為曹真確有中計。

這種局面現在被打破了。諸葛亮過去統兵作戰雖然也有不少次，但對手僅限於入川時全無鬥志的劉璋手下，或者平定南中時的反叛軍。這些人無論是兵力還是戰鬥力，當然不能同張郃率領的五萬曹魏正規軍（而且還有大量騎兵）相提並論。

諸葛亮面臨著獨立帶兵打仗以來的第一次重大考驗。

失街亭

面對曹魏的五萬主力西進，仗應該怎麼打？一千七百多年後的毛澤東給出了建議：諸葛亮親自率領主力，在街亭和張郃決戰。只要能擊潰張郃，西部這些郡就如在囊中了。

歸根結柢就是四個字：集中兵力。

這也是《孫子兵法》和克勞塞維茲《戰爭論》中反覆強調的第一原則。遺憾的是，由於具體環境的多樣，古往今來的統帥們很容易違背這一點，必要或不必要地分兵。

諸葛亮最終的部署是：派出一部分兵力，前往街亭（在安定郡南部）阻擊張郃，其餘部隊繼續圍攻祁山的營寨，以及雍州西部尚未投降的郡縣。

從「事後諸葛亮」的角度，我們可以揣摩下「事前諸葛亮」的心態。首先，他對自己去和張郃主力會戰，能否獲勝沒有太大把握。其次，他覺得，只要街亭能擋住魏軍一段時間，他就可以很快把雍州西部平定。但他忽略了，或者回避了第三點：萬一街亭擋不住張郃的話，那整個雍州西部的形勢，將徹底崩盤。

接下來，就是人選問題了。

當時軍中一致認為，守街亭這種重要的任務，應該交給勇猛的魏延，或者劉備的大舅子吳懿，這兩位都是經驗豐富的名將。

然而，諸葛亮做出了讓他悔恨終生，並且在死後落下千古嘲罵的決定：派參軍馬謖為主將。這讓眾將都一片譁然。

諸葛亮的理由是，馬謖人聰明，精通謀略，腦子靈活。但劉備在臨死前就曾說過，馬謖是「言過其實」，不可大用。

或許諸葛亮自以為經過多年相處，他對馬謖的瞭解比劉備更深入；又或者諸葛亮對馬謖伴隨自己出謀劃策，尤其平定南中時的種種「優質方案」體驗頗好。可是他忘了，出謀劃策和獨當一面是不同的概念。

獨當一面不僅需要謀略，也需要決斷力，甚至還需要耐煩心，需要勇氣，需要一點看不見摸不著的「直覺」。馬謖的這些方面，並沒有受過考驗。

總之，馬謖在同僚們質疑的目光中，帶著兩萬左右的兵力，以及副將王平、張休、李盛、黃襲等人，往街亭去了。諸葛亮給他的要求是：在街亭當道紮營，一定要把張郃擋住！

在《三國演義》中，馬謖到了街亭，看見地勢險要，哈哈大笑，志得意滿，認為「兵法云，居高臨下，勢如破竹」，放言要把魏軍全部殲滅，於是爬上山蓄勢去了。

歷史上的馬謖，到了街亭，很可能心情完全相反。因為街亭地勢並不算特別險要，馬謖現在需要考慮的不是消滅魏軍，而是怎麼讓自己的兩萬人不被張郃的五萬人吃掉。

不曾獨當一面的弱點暴露無遺，馬謖沒有當道與魏軍決戰的勇氣，反而起了逃避之心。最終，馬謖決定上山紮營，居高臨下，就算不能「勢如破竹」，至少可以據險自保。

這就嚴重違背了諸葛亮的要求，也等於把自己一軍的安危放在了戰略全域之上。

經驗豐富、為人實在的王平一再勸諫馬謖，還是聽諸葛丞相的，當道紮營才好。馬謖充耳不聞，念念有詞：「將在外，君命有所不受。」其他幾個副將也對文盲王平冷嘲熱諷。末了，兩萬蜀軍還是如一窩螞蟻一樣地爬到山上去了。

很快，張郃率領的五萬人馬殺奔街亭而來。

相比三十九歲的馬謖，老將張郃光是從軍打仗的經驗就有四十多年，兩人根本不在一個檔次。他一眼就看出了蜀軍布陣的弱點：在山上，沒水。

馬謖是襄陽人，長江流域的孩子大概沒嘗過缺水的滋味；張郃是河間人，他可見過乾旱。

於是，張郃分派精兵把山包圍起來，截斷了蜀軍取水的道路。

人沒飯吃還能扛一兩天，沒水喝半天都頂不住。行軍打仗有自帶糧食的，沒有說自帶水的。這下子，蜀軍立刻就慌了。

然後，張郃趁夜色親率五萬魏軍，發動了雷霆般的襲擊。五萬對兩萬，經驗豐富的名將對紙上談兵的參謀，士氣旺盛的大軍對人心惶惶的渴兵。極短時間內，街亭蜀軍潰敗，幾個將軍都找不到部隊，混在敗兵中一起逃跑。

張郃揚聲大笑：小兔崽子，和老夫鬥還差一截呢！他下令勇猛追擊，一定要把蜀軍全部消滅！正在這時，連串的戰鼓響起。張郃定睛看時，路邊還有一隊蜀軍列隊，陣法嚴謹，刀槍林立，絲毫不曾混亂。

張郃經驗豐富，老將自有老將的持重。現在已經大獲全勝，沒必要再冒險，碰上伏兵就虧了。他把分出去追擊的隊伍都收回來，稍加整頓後，再沿大路殺奔祁山。

小知識

街亭位置之謎

古戰場街亭的位置，目前通常認為是在甘肅省秦安縣隴城鎮，即在祁山的東北方向，馬謖在這裡的目的是阻援。但也有觀點認為是在陝西省鳳縣雙石鋪，位於祁山東南。如果是後者，那麼街亭一失，北伐大軍的退路都遭到了嚴重威脅，倒是較為符合《三國演義》裡面的描寫。

路邊的這支蜀軍，正是裨將軍王平的直屬隊伍。他們只有一千餘人，但卻依靠指揮官的鎮定和勇氣在強敵面前保全。隨後，王平把軍隊排成警戒作戰的隊形，不慌不忙地後撤。沿途，他還收羅了不少馬謖等部的潰兵。

空城計？假的！

街亭潰敗的消息傳來，整個雍州西部，形勢頓時大變。上邽一帶的郭淮，見來了靠山，立刻大膽出擊，在列柳城擊敗高翔的部隊。

蜀漢「分路圍攻」的策略，隨著馬謖阻擊部隊的潰敗和張郃大軍的逼近，瞬間破產。蜀漢剩餘兵力從數量上與敵人相當，但處於分散狀態，而且新近敗北，銳氣已挫。涼州和中原的魏軍，又源源不斷地往這裡聚集。

在這種情況下，第一次北伐敗局已定。諸葛亮至少明白不應再做無益的戀戰。他迅速集合分散的部隊，向原路撤退。先前攻克的南安、天水和安定三個郡當然帶不走，只帶走了西縣的一千多戶老百姓。那時候蜀漢人口只有一百萬上下，一千多戶的老百姓也算是補充了。

按照《三國演義》，這其間發生了諸葛亮「空城計」嚇退司馬懿的故事。這個故事的不合理處很明顯，司馬懿真帶著大軍到西縣，就算懷疑諸葛亮在城中有伏兵，也正好停下來尋求會戰，怎麼會就嚇走了？況且歷史上司馬懿要直到三年後蜀漢第五次北伐時，才接替曹真和諸葛亮交手的。

在蜀漢撤退過程中，張郃軍團大舉追擊，原本被壓制的郭淮等部也趁機反攻。故而諸葛亮各路人馬都遭到了輕重不一的損失。先前投降諸葛亮的三個郡再次淪陷，遭到魏軍嚴厲的報復性懲罰。

幾乎同一時間，在雍州中部的箕谷，曹真也向趙雲和鄧芝發動了猛攻。趙雲和鄧芝本來就是誘敵部隊，戰鬥力不強，遭到曹真的精銳突襲，馬上就吃了虧，士兵們散在箕谷裡一片慌亂。接著曹真揮軍大進，要把這支孤軍消滅在箕谷。

危急關頭，老將趙子龍「渾身是膽」的性格再度發揮作用。他帶領一隊人馬，擺出玩命的架

小知識

「空城計」由來

「空城計」最初的出處見於晉代郭沖整理的諸葛亮逸事，說諸葛亮讓魏延帶著大軍在前面北伐，自己帶一萬人馬在陽平城留守，結果魏延和魏國的大軍走岔道了，於是司馬懿二十萬大軍直接衝到陽平城下。諸葛亮直面司馬懿的主力，危急關頭，就令軍隊全部隱蔽起來，大開城門，派人出去掃地。司馬懿知道諸葛亮為人謹慎，認為他這麼大膽，一定有伏兵，就撤退了。這段記載與史料相悖，又有諸多不合理處，故而史家不予採信。但文學家未曾放過，於是羅貫中在《三國演義》中，先將奪取街亭的戲分轉移到司馬懿頭上，然後順勢而下，寫諸葛亮用空城計嚇退司馬懿，並成為《三國演義》中經典的一幕。

式，斷後死戰。箕谷本來就地勢狹窄，大軍發揮不開，拚的就是狹路相逢勇者勝。趙雲一玩命，魏軍的氣焰就下去了，蜀軍將士們看見主將如此勇猛，也不再慌亂。這樣，鄧芝趁機把原本分散的兵士都整合起來，然後沿著箕谷、斜谷緩緩後撤。趙雲依然親自斷後，擋住曹真，一邊退，一邊把沿途棧道燒毀。曹真看趙雲防備很嚴，自己犯不著和這老頭子在這種地方拚命，也就停止追趕，轉往西邊參加對叛亂各郡的圍攻去了。

原本敵我實力最懸殊的趙雲和鄧芝這一路，損失反而是最小的。雖然也傷亡了一些士兵，但活著的官兵始終在一起保持建制，一個沒落下，連軍用物資也基本都帶回來了。

等到諸葛亮和趙雲兩路人馬先後退回漢中，蜀漢的第一次北伐也就完全結束。

本次北伐，機遇是很難得的。魏軍對雍州方向的防備並不十分嚴密，尤其對諸葛亮不走斜谷而繞祁山的路子心理準備不足，所以蜀軍一出，關西震動，蜀軍一口氣就得了三個郡。

然而，蜀漢先勝後敗，三郡得而復失，精心訓練的部隊損失頗重，鎩羽而歸。

不管這板子該打在諸葛亮的用人上，還是打在諸葛亮的最初戰略上，總之，他迎來了統軍歷程中的第一次嚴重挫折。

當然，這次大規模北伐，對於曹魏的震撼還是相當強烈的。不但魏明帝曹叡親自趕到長安坐鎮，而且在戰爭尚未分出勝敗的時候，中原地區竟然傳出謠言，說皇帝曹叡已經死在長安，隨行的文武大臣們準備回來擁立曹叡的叔叔曹植為皇帝。這個消息讓留在首都洛陽的大臣們，以及曹叡的奶奶太皇太后卞氏非常恐慌。後來終於傳來勝利消息，他們這才放下心來。曹叡班師回朝，卞太后悲喜交集，抱著孫子熱淚長流，還憤憤地說：「一定要把造謠的傢伙抓出來從重嚴懲！」曹叡倒很淡定，他說：「全天下都在說這謠言，怎麼抓啊。算了，我回來就好了。」

從此以後，曹魏的戰略防禦，也從「重東輕西」轉而向西線傾斜。敵人的重視，也意味著今後的北伐，不會再有像這一次那麼好的「乘虛而入」的機會了。

痛定思痛

第一次北伐失敗，最直接的原因，就是街亭兵敗。而直接責任人，當然就是馬謖。勝敗乃兵家常事，打敗仗不一定要殺頭，況且帶著兩萬人去對付張郃的五萬大軍，輸了也正常。馬謖的問題在於，他不但打了敗仗，而且違背諸葛亮要求的「當道紮營」，擅自上山，導致未戰先敗，大軍迅速崩潰。不然，就算輸，也不會輸這麼快。

聽主帥的部署，打了敗仗，主帥也有責任；不聽主帥的，打贏了也是違令，何況打輸了，更何況輸得這樣快，這樣慘！

更過分的是，馬謖在兵敗之後，害怕遭到處罰，一時鬼迷心竅，竟然離開隊伍潛逃。這能逃到哪兒去啊？馬謖的前輩老鄉向朗包庇他，知情不報，還給他打掩護，但天網恢恢，最終還是被朝廷抓了起來，下了監獄。

這下子，全體將士都恨得咬牙切齒：都是這個廢物，大好的北伐前景，被他一個人葬送了！不管馬謖真實責任到底有多大，他現在已經成為朝野集中的出氣筒、罪魁禍首。

看著馬謖這麼不成器，諸葛亮氣得捶胸頓足。原本對馬謖寄予厚望，甚至頂著大家的壓力，讓他代替魏延或吳懿把守街亭，結果鬧出這種事來！

他做出了決定：按照軍法，處死馬謖。這當然很讓人心痛，然而他別無選擇。甚至，正因為馬謖是他的心腹愛將，他更必須嚴格執行軍法，不得包庇。

當然，也有人提出異議。畢竟馬謖智謀出色，在蜀漢也算是難得的人才。蔣琬對諸葛亮說：「春秋時楚國大將成得臣打了敗仗，被楚王殺掉，敵對的晉文公因而慶幸。現在天下還沒定，就處死這樣的智謀之士，也有些可惜。」

諸葛亮流著淚說：「當年孫武之所以能天下無敵，是靠軍法嚴明。正因為現在天下還沒定，要是我自己就徇情違法，那還怎麼討伐曹魏，興復漢室！」

還有廣漢憤青李邈也過來，振振有詞地對諸葛亮說：「秦國赦免了孟明視，用他稱霸西方；楚國殺了成得臣，結果多年被壓制。您自己想清楚啊！」

諸葛亮心中正在難受，被他這麼一攪和，實在受不了，就把他轟回成都去了。

諸葛亮的痛苦，監獄中的馬謖比誰都清楚。他非常悔恨，悔恨自己眼高手低，悔恨自己自以為是，不聽諸葛亮的話，葬送了北伐大業，又連累諸葛亮處於這種矛盾中。如果有一種方法能夠挽回，他什麼都願意做。

可惜沒有。於是馬謖做了他唯一能做的：在獄中自殺，向諸葛亮和所有同僚謝罪，死時年僅三十九歲。

臨死之前，他寫了一封遺書給諸葛亮說：「您對我就像對兒子，我對您也像對父親。希望您像當初舜帝殺鯀用禹一樣，照顧我的兒子，使我們平生的交情不因此破壞，那麼我在九泉之下也無怨無恨。」

馬謖犯了軍令，該死，但諸葛亮並不掩蓋自己的悲痛。他親自祭祀馬謖，又像對待自己的孩子一樣，撫養馬謖的兒子。在祭祀時，諸葛亮揮淚不止，蜀漢的文武大臣和士兵，看到諸葛丞相這樣難過，也都為之流淚。

殺了馬謖，朝野的不滿可以平了，但諸葛亮還要進一步地追究責任。

第一個責任人，就是自己。他上表給劉禪說：「我用人不明，執法不嚴，才造成了馬謖在街亭違令，趙雲在箕谷疏於戒備。按照一貫原則，應該處罰主帥，請求把我貶官三級，以儆效尤。」劉後主就把諸葛亮貶為右將軍，但依然管丞相的事，職權完全不變。

朝廷對街亭之敗的其他責任人也嚴加懲處。馬謖的幾個副將，張休和李盛鼓動馬謖違令，一併處斬；黃襲等被剝奪軍權；向朗在馬謖逃亡時包庇隱瞞，罷官為平民。此外，箕谷方向兵敗，趙雲難辭其咎，從鎮東將軍貶為鎮軍將軍。

打了敗仗要處罰，但同時對於表現好的也有獎勵。表現最好的當然是王平，他不但曾多次忠言勸告馬謖，而且在馬謖全軍潰敗時，還能擊退張郃，全軍撤回，甚至整合了不少馬謖的潰兵。這成就讓諸葛亮大為驚喜，就提拔王平為參軍（頂上馬謖以前的職務）、討寇將軍，並且加封為亭侯，又大大擴充其實權。從此，王平一躍成為蜀漢的重要將領，在此後多年中立下赫赫戰功。

此外，趙雲雖然在箕谷打敗仗被貶官，但他敗而不亂，親自斷後，使得軍隊和輜重都保全下來，這一點也是要賞罰分明的。諸葛亮準備把帶回來的軍用物資給趙雲，讓他賞賜士兵。這時趙雲說：「打了敗仗，還賞賜什麼？請把這些財物先放進庫房，等冬天再按慣例賞賜吧！」看著忠心耿耿的老將軍，諸葛亮不禁感嘆，要是馬謖能有趙雲的一半穩重就好了。可惜，趙老將軍也很快就去世了。

從人事上說，第一次北伐也有一點收穫，那就是姜維。這一年，姜維年僅二十七歲，恰好和諸葛亮出山的年齡相同。姜維年齡雖輕，卻極有進取精神，思維縝密，尤其在軍事方面很有天賦，而且膽子特大，行事果決。這讓諸葛亮非常欣賞，稱讚他為「涼州上士」。回到漢中之後，諸葛亮就任命姜維負責軍糧倉庫的管理，並且加封為奉義將軍，封當陽亭侯。後來，諸葛亮又選取了全軍最精銳的五千多名步兵，讓姜維負責訓練。

從那時起，姜維成為諸葛亮的心腹愛將，勤勤懇懇於蜀漢的事業，並在蔣琬、費禕之後繼任為蜀漢的軍事最高統率，進行了多次北伐，直到為蜀漢流盡最後一滴血。

該罰的罰，該賞的賞，但第一次北伐失利的結果終究是無法挽回。有的蜀漢官員很不服氣，對諸葛亮說，上次咱們兵力不夠，這次再多派些兵馬去，一定能打贏！諸葛亮說：「上次咱們的兵馬在祁山、箕谷都不少了，之所以被敵人打敗，主要是我做為主將犯了錯誤。今後我準備精兵簡政，進一步嚴明賞罰，檢討錯誤，才能更好地應對各種局面。不然的話，兵再多有什麼用呢？希望你們諸位凡是對國家大事有什麼看法，儘管指出我的錯誤，這樣我們才能興復漢室。」

諸葛亮這麼說了，他也這麼做了。他一方面向全國引咎自責，檢討自己的錯誤，另一方面選拔獎勵勤勉的官員和作戰英勇的將士，同時訓練軍隊，打造兵器，以準備下一次北伐。

小知識

姜維不是孝子

按《三國演義》，姜維是個孝子，對老母非常孝敬。諸葛亮先打下姜維老母所在的冀縣，然後才得以收服姜維。但歷史上，姜維跟隨諸葛亮一起南撤後，他的母親和妻兒都留在了天水，從此母子、夫妻分離。據說老母曾寫信要姜維回來，但姜維為了追隨諸葛亮，最終還是選擇留在蜀漢。所幸魏國也沒有為難姜維的家人。

第十一章

志復中原心不死

鞠躬盡瘁？假的？

諸葛亮精心籌備的第一次北伐，以全面失敗而告終，但在稍後的時間，盟友孫權卻打了一個漂亮仗。鄱陽太守周魴寫了封假投降的書信，引誘魏國大司馬曹休帶領大軍南下。等曹休到了石亭一帶，陸遜率領的主力圍上來一陣痛打，殺得曹休大敗，狼狽北逃。曹休又氣又急，沒幾天就病死了。這是發生在西元二二八年秋天的事。為了石亭這邊的大戰，魏國方面兵力大受牽制，魏明帝曹叡把機動兵力紛紛往東線調動，還任命司馬懿為總司令，張郃為前線總指揮，準備從荊州東下，狠狠地報復孫權。

江東方面趕緊給蜀漢打招呼，說我們這邊已經打起來了，你們不能乾看著啊，也來幫忙戳一刀吧。

於是，諸葛亮準備進行第二次北伐。

這時距離第一次北伐敗回已經過了半年，創傷平息得差不多了。但從人心上，大家還有顧慮。畢竟，第一次準備那麼充分，結果大敗而歸，誰能擔保這一次會是什麼結果啊？

諸葛亮也明白這個道理，然而他別無選擇。據說，諸葛亮這會兒又寫了另一個表章給劉禪，稱為《後出師表》。如果說，《出師表》主要是對北伐出師後的一應瑣事向劉禪做交代，那麼《後出師表》裡面，則是旗幟鮮明地回答了一個問題：

為什麼要北伐？

文章一開始，諸葛亮就闡明了主題：先帝因為漢賊不兩立，王業不偏安，所以託付我討伐曹魏。我的才能有限，而且敵強我弱，伐魏勝算很小。但是不北伐的話，就更是坐以待斃。與其如此，還不如奮力一搏。

接下來，諸葛亮從六個方面論證了冒險伐魏的必要性。

第一、當初漢高祖劉邦如此英明，手下蕭何、韓信、張良如此厲害，都還是幾經生死，才打下江山。現在以劉禪、諸葛亮的水準，怎麼可能指望不冒險呢？第二、三十年前劉繇和王朗等人按兵不動，結果孫策坐大，吞併江東，這是近世的教訓。第三、曹操智謀過人，用兵如神，依然征戰多次遇險，現在我諸葛亮遠不如曹操，又怎可能安安穩穩地定天下？第四、曹操曾多次打敗仗，吃大虧，所以我諸葛亮也不可能有什麼「必勝之策」。第五、最近一年多以來，已經有七十多個將領病死了，精銳士兵病故一千多人，這些都是先帝幾十年中帶出來的四方精銳，靠益州一個州是沒法彌補的，再等幾年，還會死得更多，那時候力量更弱，只能趁早北伐。第六、敵強我弱，就算不北伐，也依然要維持龐大的軍備，而要用一個州去和大半個天下持久對峙，恐怕就更不可能了。

最後，諸葛亮感嘆：「天下的大事，是變化多端、很難預計的。當初先帝在當陽兵敗時，曹操都覺得天下已經快統一了，結果赤壁一戰後，先帝東連孫權，西取益州，又占領漢中，斬殺夏侯淵，這就換成曹操痛苦了。可是轉眼間孫權背盟，關羽喪命，夷陵兵敗，曹丕篡漢，又被命運狠狠地折騰了一把。所以，誰也說不準事情最終的成敗。我自己，只能做到鞠躬盡瘁，死而後已。」

這一篇文章，留下了好些千古名典，比如「漢賊不兩立」。而其中最著名的一句，則是「鞠躬盡瘁，死而後已」。這是一句讓人讀起來就感動的話，也廣泛被後世用來形容那些為一個目標努力到最後的人。

遺憾的是，這一篇《後出師表》出自張儼的《默記》，很可能不是諸葛亮寫的。從筆法上，《後出師表》跟諸葛亮的其他文章也有些差異，而且存在一些硬傷，比如裡面提到的趙雲去世時間和其他史料有衝突。

不過，全文的論調，確實切合諸葛亮的身分和當時的局勢，也基本清楚地解釋了，為什麼在明知敵強我弱的情況下，諸葛亮還要進行在某些人看來簡直是找死的北伐戰略。

諸葛亮當然也希望能夠平滅曹魏，但這個終極目標，傻瓜都知道很難實現；退而求其次，能夠開疆拓土，稍微改變雙方力量對比，也是可以的。然而在整體實力相差懸殊的前提下，前兩個目標的達到，既需要自己的努力，也需要敵方的「配合」。或者一句話說，希望或許是存在的，道路必然是艱苦卓絕的。

那麼再退而求其次，至少可以把戰略調整為「以攻代守」，或者說「進取而敗，勝過坐以待斃」。

頂著壓力上，很難；而明知希望渺茫，還要頂著前方壓力和後方疑慮堅持下去，那就更是難上加難。西元二二八年夏天之後的諸葛亮，就處在這樣的一種狀況下。以他的明睿，不可能沒看到這種渺茫，但他還是要做下去，為了自己年輕時的理想，也為了答應劉備的承諾。成敗是非的事，誰又能說得準呢？從個人來說，只要能對得起自己的理想和良知，盡了最大努力，那也就足以無愧於心。

李敖曾寫過一首《孔明歌》，用詞頗為通俗，但有嚼頭：「……孔明只要出山清，不要清君側。心知最後一場空，但他不說破。孔明鞠躬又盡瘁，只有做做做。但問耕耘好不好，不再問收穫……」

莫名其妙的武裝旅行團

西元二二八年底，諸葛亮藉著陸遜大破曹休的當口，又發動了第二次北伐。這一次北伐，諸葛亮走的是從東到西的第四條路。幾萬蜀軍浩浩蕩蕩，途徑散關進攻陳倉（今陝西省寶雞市）。

魏延照例要求自己帶一萬精兵作為奇兵，截擊曹魏的援軍，諸葛亮還是沒有同意，魏延只好跟隨諸葛亮的主力一起打仗。

魏國的大將軍曹真英明神武，早在半年前，就料到諸葛亮必然會再次北伐。他更英明地預料到諸葛亮很可能會從陳倉這一條路走，因此特意派老將郝昭在陳倉守衛。郝昭打了幾十年仗，經驗豐富，用幾個月時間把陳倉修築得固若金湯、銅牆鐵壁一般。

諸葛亮的大軍一到陳倉城下，就迎頭撞上個堅壁。諸葛亮先派郝昭的老鄉靳詳去勸降，被郝昭回絕，於是諸葛亮開始攻城。

蜀軍有數萬之眾，而郝昭的兵只有一千多，雙方眾寡懸殊。但古代戰爭進攻堅城是最困難的，《孫子兵法》都說攻城為下。諸葛亮的兵力雖然比郝昭占優勢，但這些兵是他蜀漢的老本，不可能為了一個陳倉城就消耗乾淨，因此諸葛亮充分發揮他「軍事工程」的特長，攻城也頗有技術特點。郝昭本人恰好又是守城的高人，兩家隔著城牆鬥法，十分精彩。

諸葛亮用雲梯攻城，郝昭就用火箭射雲梯；諸葛亮用衝車撞城，郝昭就用大石磨拴了繩子飛打；諸葛亮在城外豎起用高達百尺的井闌[17]，射擊城中，用泥球填平城壕，郝昭就在城內再修築一層堡壘抵擋；諸葛亮挖地道通向城中，郝昭就在城內預先挖壕溝截斷地道……

這一邊諸葛亮的主力被郝昭擋在陳倉城下，那一邊魏國自然不能看戲。大將軍曹真聽說諸葛亮又來了，立刻派大將費曜、王雙等帶領關中的主力部隊前往救援陳倉。皇帝曹叡還生怕不保險，趕緊衝到河南，把正準備配合司馬懿攻打東吳的老將張郃調過來，命令他帶著三萬中央軍和皇帝直屬的武衛軍、虎賁軍等精銳部隊，編成一支龐大的軍團，也趕到西邊去抵抗諸葛亮。

臨行之前，曹叡專門設酒宴給張郃餞行，一邊有些擔心地問：「會不會等你趕到那邊時，陳倉已經被諸葛亮打下來了呢？」

張郃扳著指頭算了算說：「陛下別擔心，估計等我趕到陳倉時，諸葛亮已經撤軍走了！」

曹叡心想，這是在諷刺我嗎？他不再言語，催著張郃趕緊往西邊趕。

這時在陳倉，諸葛亮攻打了二十多天，沒有取得絲毫的進展，而費曜、王雙帶領的關西援軍已到達陳倉附近，張郃帶領的魏國中央軍也正在朝這邊趕來。諸葛亮如果要繼續在這裡待下去，就得和源源不斷趕到的魏軍進行主力會戰了。

魏延嚷嚷道：「怕什麼，跟他們打啊。丞相你帶主力在陳倉城下布陣，我帶一萬精兵迂迴到他們側翼……」

諸葛亮搖搖扇子道：「別說了。」

諸葛亮果斷地採取了新的措施：他撤軍了，只在陳倉城外丟下殘破的營寨和各種軍營垃圾。

這下魏軍高興壞了。諸葛亮這傻帽，這麼膽小，還敢侵犯我大魏疆土，這次定要乘勝追擊，殺他個片甲不留！

帶著這種美好願望，魏國大將王雙率領精銳部隊，踏過蜀軍丟棄的營寨和破爛，展開了勇猛追擊。追擊了一段，王雙忽然覺得有些不對勁，定睛看時，蜀兵出現在道路兩邊的高地上，耳畔響起如雷的戰鼓聲和喊殺聲。

17井闌：又稱為雲梯，一種登高用攻城器具，底部有輪可移動，梯上可安裝各種兵器以遠射。

接下來，王雙光榮地成為死在諸葛亮手上的第一位留下名字的魏將，他的部下也被殺得屍橫遍野，丟盔棄甲。

幹掉王雙的追擊部隊後，諸葛亮不動聲色，繼續撤退，很快退回了漢中。

而這會兒，魏國的張郃帶著三萬多魏軍，還在往陳倉方向趕呢！真讓他說中了，等他趕到陳倉城下時，只能以遲到者的身分，參加「慶祝再次擊退蜀寇諸葛亮」的盛會了。

諸葛亮時代的第二次北伐到此結束。

這次會戰前後持續一個月左右，蜀漢方面進攻陳倉未果，但在退兵時伏擊殺了魏將王雙。綜合來評價，可以稱為「戰略上沒有成果，戰術上得利」。相比第一次北伐的全線兵敗，當然是有了進步。不過對於蜀漢而言，這一戰最大的意義或許在於通過斬殺王雙，讓軍心得到振奮。

這場會戰，魏國最大的功臣當然是郝昭，他憑藉一千多人馬，就在陳倉擋住了諸葛亮主力。因為這功勞，他被曹叡封為關內侯。

提前預知諸葛亮動向，用人得當的大將軍曹真，也得到更實際的獎勵：曹叡增加了他的封邑。甚至急匆匆從前線趕回，連諸葛亮的影子都沒看到的左將軍張郃，也被晉升為征西車騎將軍。

但另一個問題困擾著史學家們：諸葛亮這一仗的戰略目的到底是什麼？

據說，張郃之所以算準他趕到陳倉時，諸葛亮必然退軍，是因為他知道諸葛亮沒有帶足夠的糧食。而按照《三國志》的記載，諸葛亮確實是「糧盡，引去」。

問題是，誰家打仗只帶一個月的糧食？

諸葛亮只帶一個月的糧食出來，就算郝昭猝死，讓他一口氣打下了陳倉，他接下來想幹什麼？把主力撤回漢中去，然後換曹魏軍隊來圍攻陳倉，雙方交換角色玩？

費曜已經來了，張郃在路上了，諸葛亮就撤退了，可見他根本沒有和曹魏主力會戰的準備。但要在關中開拓領土，怎麼可能不進行主力會戰呢？

因此，我們可以得出一個結論，或者說猜測：第二次北伐，諸葛亮並沒有很具體的「開疆拓土」的戰略目標。

他帶著幾萬人馬翻山越嶺，要做的，僅僅是趁著陸遜擊敗曹休，曹魏注意力東移的這個機會，發動一次攻勢。通過這個攻勢，如果能攻克陳倉，那固然好；否則的話，進行一兩場戰術有利的戰鬥，取得一點殲敵的戰果，然後果斷撤退。這樣，一方面策應盟友，一方面鼓舞一下因為初次北伐兵敗而遭到重挫的國內人心，為以後更加積極的計畫打下基礎。

結果呢，這兩方面目的都達到了，張郃以及三萬多魏軍被從東線吸引到了西線，盟友陸遜的壓力減輕了，同時成功斬殺王雙，驅散了年初兵敗的陰霾。

從這個角度說，諸葛亮第二次北伐的結果，對於魏蜀雙方來說，是雙贏的。還有人認為諸葛亮這次走陳倉道的進攻，是聲東擊西，調動魏軍在這一線的防禦，從而為下次奪取武都、陰平二郡創造條件，這也有可能。《三國演義》中自然是不甘心諸葛亮的北伐這麼平淡收場的，又虛構出姜維

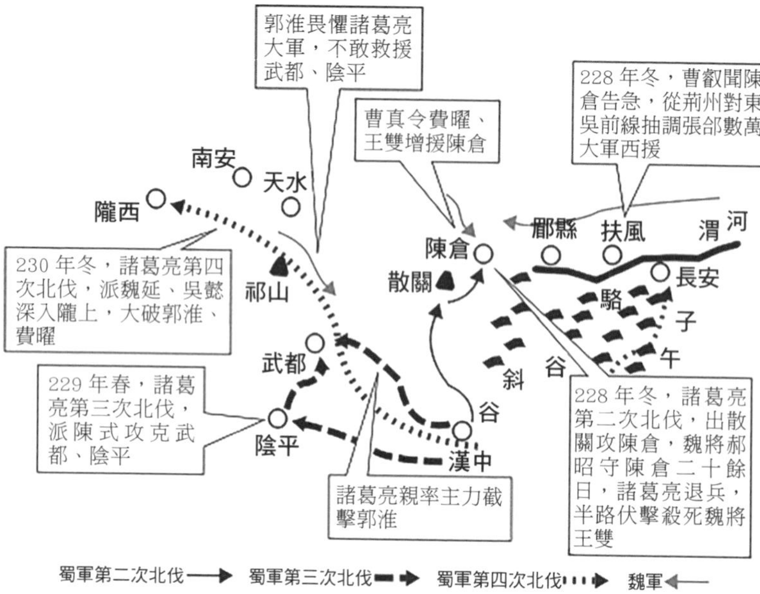
郭淮畏懼諸葛亮大軍，不敢救援武都、陰平
曹真令費曜、王雙增援陳倉
228 年冬，曹叡聞陳倉告急，從荊州對東吳前線抽調張郃數萬大軍西援
南安
天水
隴西
祁山
陳倉
散關
郿縣
扶風
渭
河
長安
駱
子
午
斜
谷
谷
武都
陰平
漢中
230 年冬，諸葛亮第四次北伐，派魏延、吳懿深入隴上，大破郭淮、費曜
229 年春，諸葛亮第三次北伐，派陳式攻克武都、陰平
諸葛亮親率主力截擊郭淮
228 年冬，諸葛亮第二次北伐，出散關攻陳倉，魏將郝昭守陳倉二十餘日，諸葛亮退兵，半路伏擊殺死魏將王雙
蜀軍第二次北伐
蜀軍第三次北伐
蜀軍第四次北伐
魏軍

第二、三、四次蜀軍北伐示意圖

獻書以詐降計誘殺費曜，以及諸葛亮殺敗曹真再撤兵的劇情。其實，費曜第四次北伐還曾出來被吳懿打敗。

奪取二郡

諸葛亮第二次北伐，不但從戰場上稍微撈到了一點便宜，而且更試探出了魏軍的行動慣例，這大大激發了諸葛亮的積極性。

於是，在短短個把月後，就在西元二二九年春天，第三次北伐又隆隆開始了。這一次，諸葛亮走的方向和第一次北伐類似，但沒那麼遠。他派出大將陳式，帶兵進攻雍州西南角的武都、陰平兩個郡。

小知識

大將陳式

歷史上的陳式是蜀漢重要的第二代將領，在劉備攻打漢中時就曾獨當一面，在夷陵之戰中又曾做為吳班的副將統率水軍，但史料對其生平的記載較少。在《三國演義》中，陳式被醜化塑造為一個能力低下、頭腦簡單、自以為是的小人，說他在定軍山曾被夏侯淵生擒，又寫他和魏延一起違抗諸葛亮的軍令，最後被諸葛亮處斬。還有傳說陳式是《三國志》作者陳壽的父親，所以陳壽要貶損諸葛亮。這當然更是無稽之談。

武都、陰平位於魏蜀交界處的拉鋸區，眼看蜀軍一路殺過來，兩郡的守將慌忙告急。雍州刺史郭淮聞訊，立刻帶領直屬部隊南下救援。

郭淮和陳式當年在漢中就曾經打過交道，這次再度交戰，誰怕誰！郭淮信心滿滿，要叫這傢伙有來無回。

行到半路，郭淮得到另一條情報，他的冷汗下來了。這條情報是：諸葛亮率領大軍，正在向我方側翼行動。

郭淮當機立斷，全軍前隊改後隊，後隊改前隊，撤！

郭淮一走，失去外援的武都和陰平，再也抵擋不住陳式的圍攻，先後投降。諸葛亮見好就收，打著勝鼓返回漢中。

至此，第三次北伐結束。蜀漢成功奪取武都和陰平兩郡，取得了首場戰略勝利。武都和陰平兩個郡是魏蜀交界的要地，占領了這裡，蜀漢下一次從西線進攻時，就有了有力的據點。

諸葛亮原本的戰略目的或許不只於此，他也許還想利用武都和陰平圍點打援，重創郭淮率領的雍州魏軍主力。不過，郭淮狡猾不肯上當，那麼就這樣也不錯了。至於諸葛亮的進一步願望，交給羅貫中來幫他實現。《三國演義》中描寫第三次北伐，不但郭淮被諸葛亮圍點打援成功，而且把諸葛亮這次的對手從郭淮擴展為司馬懿、郭淮、孫禮、張郃、戴凌等一堆曹魏大將，讓他們集體被諸葛亮痛扁。

一年時間內，諸葛亮連續發動了三次北伐，出兵動靜一次比一次小，戰果倒是一次比一次大。這麼下去，又讓人看到了一線希望。

皇帝劉禪也很高興。他對軍國大事沒有太多的概念，但打勝仗的消息總比打敗仗好。當初首次北伐失敗，諸葛丞相自貶三級，從丞相降為右將軍，現在打了勝仗，占領兩個郡，應該升官了。於是，他下詔書，恢復諸葛亮為丞相。

這時候，東邊又一個煩心的事傳來：孫權稱帝了，還派使者把消息送到成都。

這讓蜀漢的大臣們非常頭疼。自古以來，中國講求正統，天無二日。劉備稱帝，打的是「繼承漢朝正統」的旗號，那麼篡奪漢朝的曹魏就是亂臣賊子，蜀漢和曹魏從政治上不共戴天。但是孫權呢？過去他是「吳王」，吳王和漢帝是可以並存的。現在他也自稱皇帝了，那麼蜀漢這個皇帝的正統性如何保證？

因為有這樣的顧慮，蜀漢很多大臣都認為，孫權稱帝是妄自尊大，咱們做為正統，不能任由他胡作非為！應該昭告天下，嚴厲批判孫權的這種行為，並且和他斷絕聯盟關係！

諸葛亮面對這幫人的群情激昂，眼睛一瞪：孫權早就想當皇帝了，可咱們為什麼容忍他？因為咱們單挑打不過魏國，所以才要借助他的力量一起打啊！這幾年合作得還不錯，現在要是因為這事和孫權翻臉絕盟，那他就變成了敵人，咱們就得派兵往東去討伐他，滅了他才好打中原。可是你們覺得憑你們能滅了孫權嗎？咱們都去打孫權，準備讓曹魏得利嗎？

諸葛亮又耐心地做思想工作：當年漢文帝也曾拉下面子跟匈奴和親，咱先帝也曾和孫權結盟，這是深謀遠慮的表現。現在有人覺得孫權不願意出兵打曹魏，這是錯誤的。他不是不想打曹魏，是打不過而已！只要我們大舉進攻曹魏，孫權一定會出兵一起搶地盤的！再說，就算他不出兵打曹魏，只要他不來打我們，我們的北伐至少沒有後顧之憂，而曹魏中原的軍隊還得留下一部分防著孫權，我們西線的壓力也會減少嘛！這樣一比較，你們還急著追究孫權稱帝的罪過嗎？

大夥兒沒話說了。統一思想後，諸葛亮就派大臣陳震去東吳，向孫權表示熱烈祝賀。孫權看蜀漢承認了自己的帝位，樂壞了，就和蜀漢加強了盟約，並且提前瓜分了天下，約定滅了魏國後，豫州、青州、徐州和幽州歸東吳，兗州、冀州、並州和涼州歸蜀漢，司州則以函谷關為界。

兩家分完了魏國，就高高興興地各自繼續準備北伐了。當年冬天，諸葛亮在漢中首府南鄭的附近，修築了漢城和樂城兩座城堡，作為南鄭的衛星城——可見，他並沒有一味地想著進攻。相反，諸葛亮深知，擁有強大兵力的魏國，絕不會容忍蜀漢這樣接二連三地北伐，而毫不反擊。他已經提前在為即將到來的暴風驟雨做準備了。

魏延大展宏圖

諸葛亮三次北伐，加上孫權稱帝，吳蜀瓜分天下，讓年輕的魏明帝曹叡非常不爽。同樣不爽的是已經從大將軍升為大司馬的曹真。諸葛亮前兩次北伐，都可以說敗在他手上，但第二次卻折了大將王雙，而第三次更是丟失了武都和陰平，這讓這位曹魏西線總指揮如鯁在喉，總想找個機會，狠狠出一口惡氣。

於是在西元二三〇年初秋，曹真向曹叡上表，請求討伐蜀漢。他說：蜀漢已經幾次侵略我國，再也不能忍受了！出動大軍，分幾路討伐，一定可以勝利！

曹叡年少氣盛，當然同意。在曹真的主持下，魏國制定了規模宏大的伐蜀計畫。

前面諸葛亮伐魏，兵力有限，主力部隊只能走一條線，最多加上一路虛兵。魏延想自己單獨帶一路奇兵走子午谷諸葛亮都不同意。但魏國不同，其國力和軍力比蜀漢強大得多，所以這次兵分四路，每一路都是實實在在的：

大司馬曹真的中央軍主力部隊，從長安出發，經郿縣走斜谷、褒谷南下（走的第三條道）。征西車騎將軍張郃的別動隊，也從長安出發，走子午谷（魏延的最愛）南下（走的第一條道）。

雍州刺史郭淮、後將軍費曜等率領的雍州、涼州部隊，從西邊的武威、祁山一線東進（走的第五條道）。

除了這三路大軍從北方翻秦嶺或者繞秦嶺，還有大將軍司馬懿的荊州部隊，從東邊逆漢水而上西進。

各路大軍一起平推到漢中，尋求和蜀漢主力決戰。

這次出兵，魏國朝廷裡的陳群、鍾繇等一群文官也是意見很大，但曹真仗著自己的權勢，獨斷專行。八月，二十萬魏軍如同數條巨龍，在幾百里的戰線上，浩浩蕩蕩地穿山越嶺，矛頭直指漢中。

諸葛亮直愣愣地盯著潮水般湧過來的魏軍，羨慕不已：這些兵力，要是給我用來北伐該多好啊……

回過神來，諸葛亮開始和手下人一起商量防禦事宜：相對咱們千里迢迢地翻山越嶺去北伐，魏國打過來當然是更好的。水來土掩，兵來將擋，魏軍要來漢中，咱們就在漢中和魏軍決一死戰！

但諸葛亮估摸了一下自己在漢中的兵力，覺得還差了點。怎麼辦呢？他往南瞅瞅巴郡，李嚴這

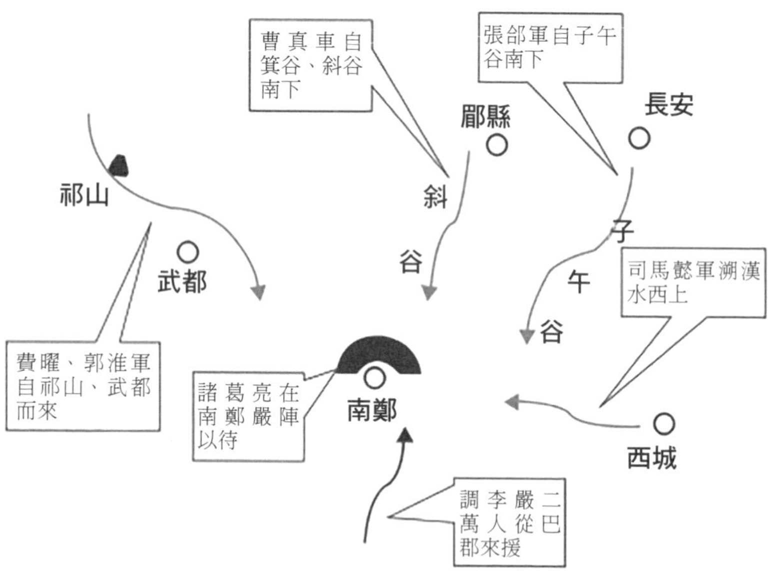
曹真車自箕谷、斜谷南下
張郃軍自子午谷南下
郿縣
長安
祁山
斜
谷
子
午
谷
武都
司馬懿軍溯漢水西上
費曜、郭淮軍自祁山、武都而來
諸葛亮在南鄭嚴陣以待
南鄭
西城
調李嚴二萬人從巴郡來援

魏軍四路伐蜀示意圖

幾年在那裡還攢了一支隊伍，可以弄過來一起幹。不過，李嚴私心重，挺關心個人的權益，早在去年他就和諸葛亮商量過，希望把益州東部的五個郡單獨成立一個州叫「巴州」，自己擔任州刺史，諸葛亮沒批准。這會兒諸葛亮為了抽調東南軍團參戰，給李嚴說：「你帶著兵來漢中，回頭我北伐了，漢中的事就你說了算！」

李嚴還有點戀戀不捨，畢竟他在東邊經營了那麼久：「那，江州怎麼辦呢？」

諸葛亮知道李嚴的想法，他任命李嚴的兒子李豐為江州都督，接替李嚴在當地的職務；同時，又任命李嚴為中都護，署丞相府事，這樣諸葛亮外出北伐，李嚴就能統領全域。

這下子李嚴滿意了，高高興興地帶著兩萬大軍北上。諸葛亮又把平定南方叛亂立下大功的馬忠調來當參軍，強化參謀班子。

魏國四路大軍一起指向漢中，諸葛亮也在漢中的成固、赤阪一帶集結了主力，嚴陣以待。眼看雙方大規模交戰就要展開。這一仗，如果魏國得勝，那麼蜀漢既要丟失漢中，又要損失主力部隊，估計國家也就支撐不了多久了；反之，如果蜀漢得勝，那麼它就能給予魏國軍隊沉重打擊，孫權看到這情形也樂得趁機下手，諸葛亮的北伐大計就能得到更強勢的推進。

全天下的人都盯著這一戰。

結果，天公不作美，正值秋天，下起瓢潑大雨來了。這雨一下就是三十多天，山溪匯成了山洪，大小河流水位暴漲。

蜀軍在漢中地區的城池和堡壘駐紮，吃的苦頭倒還小；魏軍可慘了，翻越幾百里山路過來，沿途棧道全被沖垮了，土路成了沼澤地，又遇到了塌方、泥石流。士兵在大雨下瑟瑟發抖，將軍們看著天氣罵娘。道路全毀了，進退兩難，後面糧食運不上來，就這麼連餓帶凍，死了不少人。魏國大臣們本來就反對出兵，正好一個個上書主張收兵。曹叡看這樣下去不行，就發詔書，讓曹真回來了。

魏國這一次聲勢浩大的南征，就這麼無疾而終了。曹真當然是鬱悶得很，諸葛亮為首的蜀漢將帥們，精心準備的漢中保衛戰沒打，也有些遺憾。

這時候，魏延又跳了出來：「丞相，給我一萬精兵吧？」

這一次，諸葛亮沒有反駁。他問：「打哪裡？」

魏延舔舔嘴唇：「西邊。」

諸葛亮也微笑道：「好。我讓吳懿和你一起去。」

於是，蜀漢丞相司馬、涼州刺史魏延，以及劉備的妻舅討逆將軍吳懿，帶領一支精兵，趁著曹魏退兵的當口，發動了反攻。他們走第五條道，穿過第三次北伐時收復的武都和陰平地區，繞過秦嶺，直驅魏國的雍州和涼州交界處。

魏國的後將軍費曜和雍州刺史郭淮，剛剛從四路伐蜀的苦旅中退回來，前腳到家，後腳蜀軍就殺上門來。這還有什麼可說的？趕緊帶兵打吧！兩軍在南安郡的陽溪一帶發生激戰。

郭淮和費曜都是久經沙場的老將，戰鬥經驗豐富，然而這一次他們卻覺得有些不對了。魏延好不容易得到一次獨立帶兵的機會，發了瘋一樣猛衝猛打，他要把自己憋了幾年的委屈，都向魏國賊將發洩出來！郭淮被魏延一頓猛攻，淒慘得很。費曜趕緊前去增援，又被吳懿迎頭痛擊。

史書上的記載很言簡意賅：魏延「大破淮等」，吳懿「破魏將費曜」。在這短短幾個字後面，是魏軍將士遍地的屍體、丟棄的鎧甲，是郭淮和費曜失魂落魄的潰逃，以及魏延和吳懿意氣風發的狂吼。

這是諸葛亮時代的第四次北伐（雖然諸葛亮自己沒有直接參與），雖然諸葛亮還是沒能奪下地盤，至少在戰場上取得了不小的勝利。因為這個功績，魏延被升為征西大將軍、前軍師，同時還被封為南鄭縣侯。老魏幾年來的壓抑算是一掃而光了，吳懿也升為左將軍，封高陽鄉侯。

小知識

《三國演義》中的第四次北伐

羅貫中對魏延有偏見，所以在《三國演義》中完全不提這痛快淋漓的一仗，反而虛構諸葛亮趁曹真和司馬懿退兵，親自北伐。魏延違令吃了敗仗，諸葛亮大破曹真，還寫封信把曹真活活氣死，又擺八卦陣大敗司馬懿。但這就弄得沒法收場了，於是老羅又編排出「劉阿斗聽信謠言，召回諸葛亮」的段子，把劉禪和諸葛亮都侮辱了一番。

打了這麼大的勝仗，朝野自然都很高興。李嚴又給諸葛亮說：「丞相您看，曹魏的大軍南征，不戰而退；咱們的西路軍又大獲全勝，魏延和吳懿都升官晉爵了，但您的功勞不是最大嗎？」

諸葛亮道：「那您的意思是？」

李嚴說：「我看，您可以稱王，進九錫了。」

諸葛亮愣了一下，嚴肅地說：「我本是一個庸才，先帝提拔我，讓我位極人臣，賞賜無數。現在我還沒能剿滅曹魏賊子，報答先帝的恩情，怎麼能自己光想著封官晉爵呢？要是咱們最後滅了魏國，殺了曹叡，統一天下，那咱們一起升官，別說九錫，十錫也可以受！」

李嚴本來是想趁勝利拍拍諸葛亮的馬屁，順便自己也再升個官，結果被諸葛亮反諷了一把，只得作罷。

小知識

九錫

「九錫」是古代皇帝賞給大臣的九種禮儀物品，如車馬、衣服、樂器、兵器、衛隊等。賞賜九錫是極大的殊榮，歷史上通常只見於權臣或重要的藩國。諸葛亮說的「十錫可受」，意思是真能滅曹興漢，那麼再大的榮譽也受得起，而不是說真有一種檔次更高的「十錫」。

第十二章

星沉渭畔意蒼茫

司馬懿初體驗

過去三年之中，蜀漢四次北伐。

第一次是主力部隊全面戰敗。

第二次諸葛亮主力出動，沒有打下陳倉，但退兵時伏擊追兵，殺敵軍大將王雙。

第三次陳式偏師攻克了武都和陰平二郡，諸葛亮主力嚇退了魏國雍州部隊。

第四次僅僅出動魏延一支偏師，就殺得魏國雍州地方部隊大敗。

整體趨勢來看，蜀漢軍的磨合越來越好，戰場形勢越來越有利，因此諸葛亮很快又開始策劃第五次北伐。

這一次，諸葛亮決心在關中地區和魏國展開主力會戰。要主力會戰，就得有持久的糧草供應，為此諸葛亮採取了兩個措施：一方面，他讓蜀漢的二號實權人物李嚴管理漢中地區，徵集糧草，供應前方；另一方面，他研發了一種叫做「木牛」的運輸工具，專門用於山地運糧，比以前效率大有提高。

西元二三一年春天，諸葛亮帶著魏延、王平、吳懿、吳班、高翔、姜維和楊儀等文武官員，率領數萬大軍，再度出師北伐。

小知識

木牛流馬

諸葛亮製造的「木牛流馬」，是專門用於山地運糧的機械，史書上有記載一些技術參數，卻沒有具體的製作方法和圖紙。一種觀點認為木牛流馬就是兩種木輪車，可以很方便地翻山越嶺；也有人認為是更加複雜的人力步行機械，近來還有人研究出各種「複製品」。

這一次，諸葛亮依然走的是最西邊的大路，目標直指祁山。他不指望這一次就吞下整個關中，但如果能擊潰魏軍主力，在雍州西部站穩腳跟，那麼就可以一邊向東繼續壓迫魏國，一邊向西蠶食涼州地區，獲得少數民族的人力資源和戰馬，逐漸改變魏蜀之間的實力對比。

不甘寂寞的魏延，再次提出自己帶一支軍隊單獨行動。當然，諸葛亮還是覺得，魏延這樣的猛將，放在自己身邊用著比較順手。

這時候，過去一直負責西線總指揮的魏國大司馬曹真，恰好生了重病，並且很快病死了。在《三國演義》中曹真被寫成一個有勇無謀的將領，主要表現就是不斷中諸葛亮的詭計，以及反襯出司馬懿的老奸巨猾。實際上，他在過去三年中是諸葛亮強勁的對手，算上魏軍南征，共計和諸葛亮交鋒（包括未遂）五次，也給諸葛亮添了不少麻煩。

現在魏國失去曹真，誰來抵擋諸葛亮呢？那必然是司馬懿了。

在這之前，司馬懿曾經擒殺孟達，以及參加曹真組織的四路伐蜀。但具體到所謂的「六出祁山」，司馬懿其實只在最後兩次才和諸葛亮對上。

諸葛亮大軍兵臨祁山時，魏國方面的防禦兵力是這樣的：

大將賈栩和魏平守衛祁山營寨。

雍州刺史郭淮的軍隊，位於祁山北的冀縣一帶。

後將軍費曜和征蜀護軍戴凌，帶著一支軍隊守在祁山東北的上邽，與祁山呈掎角之勢。

此外，大將軍司馬懿、征西車騎將軍張郃正帶著主力部隊，從東邊的長安一路狂奔過來增援。

弄清了魏軍的部署，諸葛亮不慌不忙，先把祁山圍起來，按部就班地攻打。三年前，他也是這樣圍攻祁山的。那時候，形勢看上去還要好得多，附近的天水、南安、安定郡都投降了，魏軍的主力也離得很遠，結果他最後卻失敗了。

現在形勢更加嚴峻，敵人更加強大。但諸葛亮率領的蜀漢軍，也已經有更多的作戰經驗了。上次他把軍隊分散得太厲害，又用馬謖去迎戰張郃。這一次，諸葛亮不準備犯同樣的錯誤。

面對諸葛亮「老虎橫山口」的架式，冀縣的郭淮和上邽的費曜都不敢輕舉妄動，被圍在祁山裡面的賈栩和魏平卻慌了神，他們一天三遍地向上峰告急，請求支援。

正往西邊飛奔的司馬懿得知後，命令上邽的費曜和戴凌：「你們別光看戲了，留下幾千精兵守上邽，其餘的趕緊全部出動去救祁山！」

軍令如山，費曜和戴凌只得服從。同時，郭淮的軍隊也南下協同行動，準備在祁山會師。

這時候，諸葛亮留下部分軍隊繼續圍攻祁山，自己帶著主力，向上邽急行而去。

郭淮和費曜一看，這還了得，祁山沒救下來，上邽先要丟了！他們趕緊掉頭，半道來攔諸葛亮的人馬。誰知這正中了諸葛亮的計策，眼看著魏軍上氣不接下氣地跑過來，諸葛亮順勢就地展開人馬，迎頭痛擊。一仗下來，打得郭淮和費曜潰不成軍。

至此，諸葛亮「圍點打援」調動對手，取得了第一階段的勝利，給雍州本地的魏軍沉重打擊。然後，諸葛亮趁勝東進，一路殺到上邽。上邽的魏軍嚇得膽顫心驚，龜縮城中哪裡敢出來？諸葛亮也不攻城，命令手下士兵把上邽周圍的麥子全部割了個乾淨。搶光了糧食之後，諸葛亮帶著主力繼續向東，迎戰司馬懿。

這會兒，司馬懿和張郃帶領的魏軍主力也到了，兩軍在上邽東邊遭遇。時隔三年，終於再次主力面對面了。諸葛亮趁著士氣旺盛，派魏延前去挑戰，魏延欣然而出。他是信心十足，什麼司馬懿，什麼張郃，來一個打一個，來兩個打一雙！

且看這次主力會戰，勝敗如何？

結果是，不如何。

因為司馬懿根本不出來打。他帶著大隊人馬，從長安跑了幾百里來到上邽以東，然後就選了個險要的地方駐紮下來，安營紮寨，閉門不出。任魏延在外面罵得嗓子都啞了，司馬懿在營中悠然自得。

多次挑戰沒結果，諸葛亮也不能老跟司馬懿耗著。他把軍隊退到祁山，繼續圍攻這個據點。

這時候，張郃對司馬懿說：「蜀軍遠道而來，就是想和我們主力會戰，而我們只要堅守不跟他打，他就一點辦法也沒有。依我看，咱們大軍就屯在這裡，祁山的軍隊得知我們在這裡，他們守下去也沒問題。諸葛亮孤軍深入，糧食並不多，就算搶了上邽的麥子也堅持不了多久，等糧食吃完了自然就退了。」

司馬懿雖然在戲曲舞臺上是個白鬍子，其實他比張郃年輕得多，膽子也比張郃大。他覺得張郃的話雖然不錯，但自己手握重兵，再走近點總是可以的，於是帶著軍隊往祁山方向趕。

諸葛亮見司馬懿主力來了，再圍著祁山也沒意思，便撤了祁山的圍向南轉移。司馬懿高興極了，趕緊帶著人馬緊緊追趕。結果諸葛亮走到祁山南面幾十里的鹵城（今甘肅省禮縣附近）就停了下來。司馬懿也趕緊搶占了一個山頭，挖掘壕溝，修築土牆，堅守不出。

科學就是力量

兩軍就這麼陷入了漫長的對峙。諸葛亮心裡很急，魏軍不出來交戰，就只能乾耗著，糧食供應不上啊。

但司馬懿的日子也不好過。他是打定主意要堅守不出，耗光諸葛亮的糧草，可是手下的將領們卻不這麼看，覺得咱們兵不比諸葛亮少，都到這裡了，幹麼不衝出去和他打？尤其賈栩、魏平幾個，先前被諸葛亮圍在祁山，這會兒解了圍，一心要出口惡氣，直接戳著司馬懿的鼻子說：「您畏蜀如虎，不怕天下人笑話啊？」

張郃在一邊看笑話：「你瞧，我就讓你在上邽待著吧，你偏要逞能。走到祁山這兒來，手下這幫人的口水都能淹死你！」

厚黑大師司馬懿那會兒的臉皮功夫還未臻化境，被部將這麼一頓嘲諷，終於按捺不住，決定發動一次進攻。他看蜀軍南面有一個營寨比較孤立，就命張郃帶著一隊人馬去圍攻那個營寨，司馬懿自己帶著大軍在中路列陣。在司馬懿看來，憑張郃的能耐，打蜀軍那個營寨是手到擒來，諸葛亮非得去救援不可，等諸葛亮的主力出營了，他再攔截援軍，讓蜀軍首尾不能救應。

對於擁有兵力優勢和大量騎兵的魏軍而言，這確實是個中規中矩的正統戰法。

張郃也不反對這個計策。他帶兵衝到了蜀軍南邊的營寨，開始圍攻。三年前，他曾經在街亭擊破馬謖的部隊，從而徹底埋葬了諸葛亮的第一次北伐。然而這一次，張郃沒有這麼好的運氣了。

這次對面的敵手，就是當年與他在街亭交過手的王平。

不同的是，那時候王平被書呆子馬謖壓制，而現在的王平，則是一路大軍的獨立指揮官。而他手下，正是諸葛亮從南中民眾中徵集的特種部隊——無當飛軍。

依靠剽悍的戰鬥力、嫻熟的訓練、精良的兵器和鎧甲，王平打退了張郃的數次猛攻，魏軍屍體躺了一地。昔日曾經跟隨袁紹、曹操，威震天下的河北名將，如今被一個名不見經傳的後輩挫敗。

這時，司馬懿帶領的魏軍主力，也向蜀漢方面機動，以策應張郃的圍攻。

諸葛亮就等著這個機會。司馬懿，你以為我會救王平嗎？錯了，我要的是你。

營門大開，征西大將軍魏延、左將軍吳班、右將軍高翔等大將，帶領蜀軍吶喊著衝殺出去。

幾年來，魏蜀兩軍第一次展開主力會戰，刀光劍影，血肉橫飛。魏軍在蜀軍進退有序的陣法面前，人仰馬翻。之前一直叫嚷著要決戰的魏軍眾將，個個目瞪口呆。

還是司馬懿沉得住氣。目睹不利態勢，他立刻收兵回營，又把張郃也調了回來。

這一戰，魏軍死傷甚多，光是戴著頭盔的精銳士兵，便被砍下了三千多顆人頭；蜀軍繳獲的戰利品，還包括五千副深色鎧甲，以及三千多張弓弩。這是真正意義上的大獲全勝。

但對諸葛亮而言，這一戰有個副作用：之後，司馬懿堅守營寨，再也不肯出戰了。

冷兵器時代，敵軍堅守營寨，你是一點辦法都沒有的。諸葛亮一直等到夏末，漢中那邊來人了。來的是參軍馬忠和督軍成藩，他們帶來了後方的不好消息：軍糧快要供應不上了。

人是鐵飯是鋼，沒糧食了，再能打也不行。諸葛亮很鬱悶，也沒辦法，他收拾收拾破爛，往東邊退兵。

小知識

不同的記載

關於第五次北伐的戰局，西晉陳壽的《三國志》僅僅敘說諸葛亮糧盡退兵，射殺張郃。東晉習鑿齒《漢晉春秋》記載諸葛亮大破郭淮、費曜、司馬懿等。唐朝房玄齡《晉書》的記載則完全相反，說的是司馬懿派前軍進逼上邽，嚇得諸葛亮不戰自退；緊跟著司馬懿攻破諸葛亮的鹵城營寨，殺得諸葛亮大敗，死傷數萬；至於張郃被射死一事則完全沒提。到底哪本史書說的是真相，就看讀者願意信哪本了。不過從常理推斷，如果《晉書》所載的戰果為真，這對魏國來說是比第一次北伐的街亭之戰更輝煌的勝利，《三國志》作者陳壽沒有道理對此一字不提（尤其那會兒恰好是司馬懿的孫子司馬炎當皇帝）。而如果司馬懿是如《漢晉春秋》吃了大敗仗，那陳壽倒完全可能為皇帝的爺爺避諱。相對來說，《三國演義》中對這次北伐的戰例倒沒誇張太多，除了諸葛亮搶割麥子時用了一次「奇門遁甲」裝神弄鬼。

司馬懿聞訊，暗中鬆了一口氣。但他這一次抵禦蜀漢，在戰場上吃了好幾次虧，比起曹真前兩年的戰績，可有點臉上無光。他就派張郃帶兵追擊蜀軍，能撈一把是一把。

張郃不樂意。他說：「兵法上講，圍城要給人一條路，急著回去的敵軍不要窮追，你把人逼急了，人是要跟你玩命的。我看別追了，不差這一點好處的。」

司馬懿道：「軍令如山，叫你去就得去，你敢不去？」

司馬懿是大將軍，張郃是征西車騎將軍，官大一級壓死人，張郃沒法不聽這個老奸巨猾的後輩吩咐，只好不情不願地帶著軍隊踏上了追擊之路。

勉勉強強追了幾十里，沒看見什麼不對勁，一路就到了木門這個地方。張郃一看地勢，道路狹窄，兩邊都是山坡，心想不妙，趕緊全軍停下來！

就在這一瞬間，山谷中鼓號大作，高處布滿了蜀軍的軍旗。接著，成千上百把諸葛連弩，發出蜂群一樣的嘈雜聲，短箭從兩邊雨點一樣地朝魏軍將士攢射過來。

山路上，哭喊聲大作。張郃中的第一箭是在大腿上，大腿並非致命的地方，問題在於，射向他的不止這一箭。

於是，白髮蒼蒼的老將軍，曹操手下「五子良將」中碩果僅存的一位，就這樣稀里糊塗地死在司馬懿的瞎指揮和諸葛亮的高精尖武器下。

蜀漢第五次北伐結束。這一次持續四五個月的戰爭，蜀軍面對魏軍西線主力取得了優勢，並且狙殺了曹魏一流名將張郃，堪稱戰果輝煌。

然而，從戰略態勢上來說，依然什麼都沒有改變。魏軍戰場上的死傷，並不會對下次的行動帶來太大影響。蜀軍寸土未得，糧盡撤退，下一次，諸葛亮還得從頭再來。

小知識

張郃之死

張郃是當時魏國威名遠震的宿將，他的陣亡，讓整個魏國朝野震驚。魏明帝曹叡非常痛惜，在朝廷上當著百官的面嘆息說：「蜀國還沒滅，張郃就死了，這下該怎麼辦啊！」司空陳群也說：「皇上說得對，張郃確實是國家的棟梁啊。」辛毗聽他君臣倆的對話，眼看要把人心弄得更加沮喪，趕緊出來說：「當初大家也說天下不可一日無太祖，等太祖死了，咱文帝開創了大魏國；後來又說天下不可無文帝，等文帝駕崩了，咱當今皇上幹得也不錯。所以張郃死了就死了吧。」此外，《三國演義》中為了塑造人物形象，改寫成是司馬懿不讓追，張郃偏要追過去自己找死。

罷黜李嚴

諸葛亮第五次北伐，正打得順風順水，卻因為糧食原因而不得不撤退，這事可真夠鬱悶的。而留在漢中的蜀漢二號軍政大員李嚴，第一次負責經辦糧草，就出現這種局面，他心中的忐忑也可想而知。

其實，翻越秦嶺給幾萬大軍供糧食，本來就是很艱巨的任務，加上夏末大雨沖毀道路，出現運糧不濟根本不奇怪。糧盡退兵雖然遺憾，諸葛亮也好，劉禪也好，不會因為這事就把李嚴怎麼樣。

然而，李嚴或許是之前在江州當土皇帝當慣了，自由散漫成性；又或許是面子上拉不開，想在朝廷上進一步淡化自己的責任。明明是他自己派人通知諸葛亮沒糧了退軍，等諸葛亮正式退兵時，他又故作驚奇地說：「哎呀，我剛想盡辦法籌備了充足的軍糧，怎麼就退兵了呢？」

末了，大概發現這話說得太過了，李嚴又上表給劉禪說：「諸葛丞相神機妙算，他假裝退兵，其實是為了引誘魏軍來追，好消滅他們。」

用這種方法找補，只會越補越漏。諸葛亮本來就因為沒糧退兵而不爽，再看李嚴這麼顛三倒四地混淆黑白，終於不能再容忍，就把李嚴前後的表章拿出來對照，這下子李嚴的東拉西扯完全露餡。運糧不濟只是天災，可是在軍國大事上胡說八道、造謠生事卻是大罪。李嚴也沒辦法，只能磕頭服罪。

諸葛亮就勢進一步清算李嚴先前貪圖權勢，假公濟私，要脅領導，不配合中央工作等一系列毛病。這些罪狀全抖出來，李嚴當然不可能再坐這個二把手的位置。諸葛亮和群臣聯名上表，把李嚴的官爵給罷免了，又把他遷到梓潼郡去當個平民百姓。

不過，李嚴畢竟是劉備看重的大臣，也為國家做出過貢獻。諸葛亮雖然罷了李嚴的官，但保留了他兒子李豐的官爵，而且特別對李豐說：「當初我和你們父子一起為漢室出力，現在希望你能好好寬慰令尊，改正以前的過錯。雖然他罷官了，但你還是朝廷重臣，你們家依然是一等一的大戶，令尊也別灰心，說不定還能有重新出來做官的機會呢。」

李嚴被罷官後當然鬱悶，但諸葛亮列出來的這一堆罪名，他也是沒什麼好辯解的，只能怪自己先前得意忘形。聽了諸葛亮的話之後，他老老實實地回家閉門思過去，盼望著有一天被諸葛亮重新起用。

在過去，李嚴是居於諸葛亮之下的二把手，但他個性很強，權力欲很重，有時候還不肯好好配合諸葛亮。存在這麼一個二把手，諸葛亮的工作開展起來多少有點磕磕絆絆的。李嚴所督的江州和永安軍隊，過去諸葛亮也不完全方便調動。現在李嚴被免職了，諸葛亮的軍政命令得以暢行全國。漢中的糧草籌備，諸葛亮依然交給蔣琬負責。蔣琬既長於政務，又很聽諸葛亮的話，對諸葛亮而言，當然是比李嚴更實用的留守者。

三年準備

西元二三一年第五次北伐退回來，諸葛亮琢磨了一下，這次戰場上沒吃虧，最後功虧一簣，說到底還是糧食不夠。這事不光怪李嚴，四川雖然是天府之國，拿一個州的地盤支撐這樣大的軍事行動，還得翻越秦嶺運那麼遠，稍微有一環出點岔子就斷了供應，這也不奇怪。

諸葛亮又想到前幾次頻繁出征，戰果一次比一次好，但是每一次也總有兵力和錢糧的損耗。自己也五十多歲了，這樣的機會還有幾次？與其跟過去一樣，稍微積蓄點家當就衝出來，不如再多攢攢吧。

於是從二三一年秋天開始，諸葛亮不再出師北伐，而是閉關自守。他要用三年的準備，來保證下一次北伐的成功。

諸葛亮把臨時徵集的民夫全放回家去從事生產，軍隊卸甲歸田或者組織軍屯，還委派各級官吏，督促民眾，把各地的農田都耕種起來。另一方面，他督造了大量的軍事裝備，尤其是用於在山地運輸糧草的木牛流馬。農閒時候，諸葛亮就組織訓練軍隊，操練陣法。

休養生息的政策持續了三年。因為停戰，解放出更多的勞動力，蜀漢的糧食生產大為提升，又用蜀錦到魏國和吳國換了不少財物。

從西元二三三年開始，諸葛亮把糧食從各地運到漢中，再從漢中往斜谷口運送，並且沿著斜谷道修築了大量的軍用城堡，用來傳遞消息，運輸糧食，供部隊歇息。

這些工作事事都需要操心。諸葛亮一直慣於自己操勞，他一個人既要從全域考慮國家戰略，又要做這些細緻入微的瑣事。手下人勸他不止百十回了，可諸葛亮自己總是放心不下。他自己的行政能力很強，又謹慎細緻，於是便什麼都要自己抓，總擔心手下人的能力不夠，或者不肯像自己一樣盡心盡力。

當然，諸葛亮手下也練出了幾個能人。比如當初他在劉備面前保下來的蔣琬，如今負責調度糧食的重任，正如諸葛亮當初給劉備調度糧食一樣，蔣琬也做到「足食足兵」，這方面頗有諸葛亮的風範，也因此成為諸葛亮最看重的部下。諸葛亮甚至給劉禪上了一道密表，說自己一旦死了，就讓蔣琬繼承自己的位置。之所以是密表，當然是怕其他手下多心。

再比如費禕，他博聞強記，處理檔案一目十行，加上生性風趣幽默，為人隨和，心胸豁達，頗有當年龐統之風。諸葛亮給他的任務，除了參與軍事出謀劃策，主要就是負責外交工作和人事協調。

第一次北伐收的姜維，在帶兵上頗有所長，諸葛亮就讓他負責訓練部隊。

但總的來說，諸葛亮找不到一個完全可靠、完全能夠讓他放心的代替者。

至於手下兩頭冒尖的魏延和楊儀，能耐大脾氣更大，這三年沒打仗，又開始相互鬥得不亦樂乎，全虧費禕從中協調，但這兩人爭吵，始終是蜀漢軍營中一道獨特的風景線。

就這麼著，三年一晃過去了。

這三年中，蜀漢國內基本安寧，只有南中地區時不時亂一下，也被馬忠、張翼等人平息了。

這三年中，魏、吳兩國，也在各自亂折騰著。

魏明帝曹叡看見諸葛亮不打過來了，他不甘寂寞，就想自己再發兵打過去，但是內部意見始終不統一，又有更重要的事，最後伐蜀還是停留在朝廷的爭吵上。

魏、吳兩國還競相拉攏遼東地區的土皇帝公孫淵。孫權突發奇想，不顧群臣的勸阻，派人封公孫淵為燕王，賜九錫，又乘船從海路運過去很多財寶，想和公孫淵換馬。結果公孫淵轉過頭又和魏國勾結，把孫權的人殺了，財寶也搶光了。

除此之外，魏、吳兩國還接連在東邊開仗。雖然都是些小打小鬧，但對諸葛亮而言，盟軍和敵國的不斷交戰，既有利於吳蜀聯盟的鞏固，又對魏國是一種牽制，正好為自己創造休養生息的時間。

西元二三四年初，蜀漢老百姓休養生息得差不多了；軍隊訓練、裝備更加精銳，兵力也擴充了；斜谷口糧食堆積如山；大批木牛流馬也整裝待發。

從各個方面說，經過充分準備的這第六次北伐，與以前都是截然不同的。

首先，投入的兵力達到了十萬以上；其次，糧草儲備方面，第六次遠比前面幾次都要充足。

在此基礎上，諸葛亮的戰略也發生了變化。前幾次北伐，多數都是從祁山方向繞過秦嶺，攻擊點放在雍州西部，試圖蠶食那裡的土地，站穩腳跟，然後往西進取涼州。

而這一次，諸葛亮選擇了走褒谷－斜谷一線。

這一線出秦嶺便是郿縣、五丈原，距離長安百餘里，是曹魏雍州防禦體系的樞紐。六年前，趙雲和鄧芝也是從這一線北上，但那是虛張聲勢，分散魏軍注意力。而這一次，諸葛亮是準備把長安納入自己的攻擊範圍。這意味著，他將在關中地區，與曹魏展開硬碰硬的主力會戰。

此外，諸葛亮還派遣使者與東吳孫權取得聯繫，說「今大兵已會於祁山，狂寇將亡於渭水」，約定一起北伐。孫權正被之前的公孫淵事件弄得鬼火冒，急需找到一個發洩的出口，於是很痛快地答應了。

這樣，又創下了三國時代第一次東吳西蜀同時大規模北伐的紀錄。

天時，地利，人和；兵強，馬壯，糧多。

這一次，或許能夠成功了吧？

如果不成功，也沒有關係。

西元二三四年春天（農曆二月），諸葛亮默默地踏上了第六次北伐之路。一個月後，漢獻帝劉協去世，時年五十四歲。

同樣是五十四歲的諸葛亮，此時正在斜谷的山路上跋涉，身邊是他的十多萬大軍。漢獻帝死了就死了吧，反正，從曹丕篡漢的那一刻，這位大漢皇帝就已經從精神上死了，諸葛亮卻會繼續為漢室奮鬥到底。

只要一息尚存。

從漢中經過斜谷穿越秦嶺直到關中，路程並不算太長。直線距離不過五百里，步行半個來月差不多也到了。但諸葛亮足足走了兩個月，初夏才出斜谷口，因為隨軍攜帶了大批的木牛流馬轉運糧食，所以行動緩慢。

出了谷口，便是關中的渭河平原。諸葛亮帶著十萬蜀軍，在郿縣西邊的五丈原安營紮寨。這時候，司馬懿也帶著大軍，在渭河南岸布下了營寨，與蜀軍隔著渭河的支流武功水，東西對峙。

看著軍容嚴整的蜀軍，魏國將領們多少心中有點發毛，唯有司馬懿哈哈大笑：「諸葛亮如果搶先占領郿縣東邊的武功山，那麼長安就很危險了。可諸葛亮畢竟膽小，他在西邊的五丈原紮營，沒什麼可怕的！」

司馬懿這話是真心真意，還是鼓舞軍心，現在說不準。最終耗死了諸葛亮，當然就由得他事後來吹噓了。如果蜀軍真的往東幾十里到武功紮營，那前面是長安，背後就是郿縣的堅固堡壘，到斜谷口的道路也有被截斷的危險。諸葛亮終究是謹慎為先的，尤其在這種主力決戰的關頭，他依然寧可持重。

司馬懿正在得意，雍州刺史郭淮陰著臉站了出來：「且慢，還有一個破綻！」

「什麼破綻？」

「我們必須趕緊搶占渭水北岸的北原。」

魏軍眾將一陣哄笑。蜀軍從南邊打過來，魏、蜀兩軍連同長安城都在渭水南岸，你搶占北原想

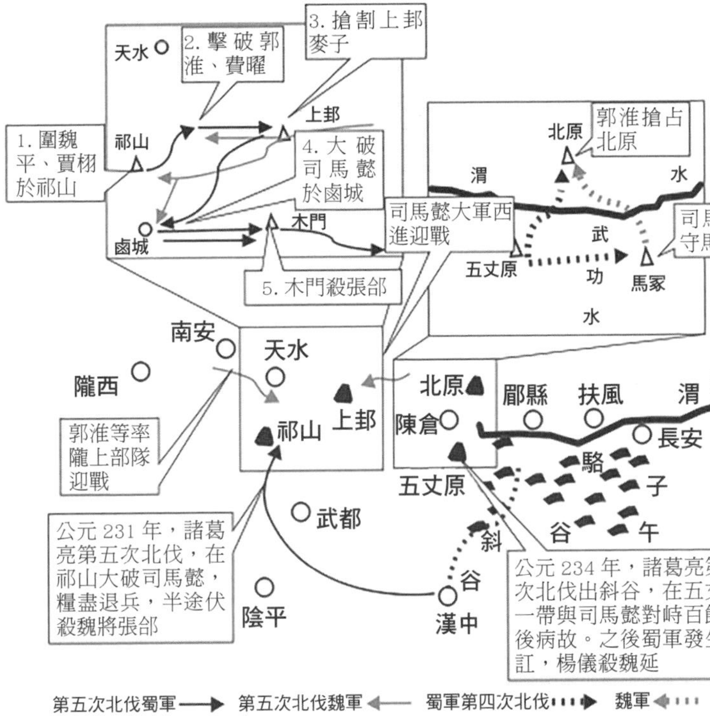
天水
祁山
鹵城
上邽
木門
1. 圍魏平、賈栩於祁山
2. 擊破郭淮、費曜
3. 搶割上邽麥子
4. 大破司馬懿於鹵城
5. 木門殺張郃
北原
郭淮搶占北原
渭
水
武
功
水
五丈原
馬冢
司馬懿大軍西進迎戰
司馬懿堅守馬冢
南安
隴西
天水
祁山
上邽
北原
陳倉
郿縣
扶風
渭
河
長安
五丈原
駱
子
谷
午
斜
谷
漢中
武都
陰平
郭淮等率隴上部隊迎戰
公元 231 年，諸葛亮第五次北伐，在祁山大破司馬懿，糧盡退兵，半途伏殺魏將張郃
公元 234 年，諸葛亮第六次北伐出斜谷，在五丈原一帶與司馬懿對峙百餘日後病故。之後蜀軍發生內訌，楊儀殺魏延
第五次北伐蜀軍
第五次北伐魏軍
蜀軍第四次北伐
魏軍

第五 — 六次北伐示意圖

幹什麼？

郭淮曾經在諸葛亮和魏延手下吃過幾次虧，可不如這幫傢伙一樣樂觀：「你們想得太簡單了！要是被諸葛亮搶先占領北原，渭河北岸就完全被蜀軍控制了！我們的主力就會被夾在渭河和秦嶺之間，整個雍州就會變成諸葛亮自由進出的天下！他甚至可以分兵堵住我們的主力，一邊去打長安，打潼關！」

司馬懿不是傻瓜，一點就通。他趕緊跳起來：「你趕緊渡河，去搶占北原！」

郭淮帶著本部人馬急匆匆地到北原，之後立刻逼著士兵們修築堡壘。正修得叫苦連天時，蜀軍已經殺過來了。郭淮趕緊派人繼續修堡壘，自己帶著一部分魏兵奮勇廝殺，好不容易打退了蜀軍，終於在北原把堡壘修築起來。

司馬懿得到報告，擦擦額頭上的冷汗，傳令各處兵營嚴守營寨，絕對不許和蜀軍交鋒！

至此，在渭水河畔的兩國幾十萬大軍，陷入了靜止戰爭。渭河和武功水形成「T」字形，郭淮占據上面，司馬懿占據右下角，把位於左下角的諸葛亮從兩個方向封死。

五十四歲的諸葛亮，承擔著更重的壓力，他費盡心力，屢次挑釁，試圖引誘對手出來交鋒，然後用自己訓練的精兵，在戰場上將其擊敗。

但五十六歲的司馬懿，在耐心和隱忍上卻更為出色。他不顧自己手握重兵，不顧出戰可能帶來的勝利，甚至不顧麾下將領們背後投來的嘲諷目光，堅定不移地把龜縮戰略貫徹到底。

這是很土的戰略，然而又是很厲害的戰略。司馬懿一日不動，魏國在關中的這支大軍就能一日保持著威懾，使得諸葛亮的下一步計畫無法順利執行。

對手的兵力比自己還多，又守著堅固的營寨和險阻的地形，強攻傷亡太大，野戰人家不理，怎麼辦？

如果不願意撤軍，那就只剩下陪著對方對峙下去的法子了。

幾個月很快過去了，雙方都沒怎麼開打，就這麼相互守著營盤對峙著。諸葛亮為了誘敵出戰，派大將孟琰（南中豪強，孟獲的族人）帶領一支人馬，向東渡過武功水，在司馬懿的大本營前面安營紮寨。恰逢河水暴漲，司馬懿也想撿個便宜，就派遣一萬多騎兵向孟琰的隊伍進攻。孟琰依託營寨，頑強抵抗。這時候諸葛亮帶著大軍也趕到武功水的西邊，一邊用強弩隔著河射對面的敵人，一面架設浮橋。司馬懿一看浮橋快架好了，立馬又收兵回營，打死也不出來。

這其間，孫權出動十多萬大軍三路北伐，已經被魏國打退了。魏明帝曹叡又派大將秦朗帶著兩萬軍隊來幫助司馬懿，讓他繼續守下去。

為了讓司馬懿出戰，諸葛亮甚至使出了人身攻擊的手段：他派人送去一套女人的衣服和裝飾品，告訴司馬懿，你要是個男人，就出來戰個痛快吧！

其實，這種手段固然是在汙辱司馬懿，卻也是貶損諸葛亮自己的風格。國士之風的大漢丞相，到這時是真有些急了！

司馬懿拿到這套衣服，暗自冷笑，隨後裝出勃然大怒的模樣，召集眾將：「你們看看，諸葛亮是怎麼汙辱我的！」

眾將一起高呼：「咱們去和諸葛亮拚了！」

司馬懿喊道：「就是！我現在就寫表章，向朝廷申請出去和諸葛亮拚命！」隨後，司馬懿當眾寫下了請戰的表章，讓人立刻送到朝廷去。

而曹叡得到請戰書，立刻派衛尉辛毗帶著詔書來渭水大營，再次重申禁止司馬懿出戰。

蜀漢營中，姜維得到這個消息，報告諸葛亮說：「看來，這下子司馬懿不會出戰了。」

諸葛亮苦笑道：「他本來就不會出戰。將在外，君命有所不受，打不打是由前線指揮官決定的。如果司馬懿真想和我交戰，他哪裡犯得著千里迢迢請示皇帝啊。所謂請示什麼的，那是演雙簧戲給他的部將看的。」

不管是不敢打也好，是不願意打也好，是打定主意耗死諸葛亮也好，總之，司馬懿在這幾個月中，讓諸葛亮深深體會到「有力無處使」的痛苦。

如果換成歷史上白起、韓信等超一流名將，在僵局時，自然會採用大膽穿插、多路迂迴、避實擊虛等方式，撕開敵軍的烏龜殼。遺憾的是，諸葛亮不是演義和民間傳說中塑造的神仙。他在將略奇謀上並不比對手司馬懿強多少，他的謹慎作風，更不容許自己進行高風險的戰略冒險。依靠訓練精熟的十萬精兵，他可以用堂堂之陣、正義之師在野戰中取得優勢，但面對敵人堅壁不出，卻是無從發揮。

用木牛流馬誘敵奪糧，或者在上方谷火燒司馬懿，這是羅貫中編排的傳奇。真實的歷史中，諸葛亮瀝盡心血的北伐，到此走入僵局。

星殞五丈原

魏軍不肯出來，諸葛亮心中焦急，但這也是沒辦法的事。好在，這一次北伐，原本就做好了持久的打算。三年中積蓄的糧食源源不斷地通過斜谷運出，蜀軍一時半會是不怕沒糧食的。

司馬懿願意耗，那就跟他耗下去吧。

諸葛亮開始種地。他把軍隊分成幾部分，一部分繼續和魏軍對峙挑戰，另一部分在渭水流域開墾土地，種植糧食。

防守方如果不敢和對方正面開打，就只能等待進攻方糧食吃光，自己撤退。現在諸葛亮竟然開始在本地種糧食，那麼「耗糧大法」就用不上了。

蜀漢軍隊的營寨和關中本地居民的房屋土地交錯間雜，諸葛亮又嚴格地執行軍規，不許軍人欺負老百姓。四川來的士兵和陝西本地的老鄉，各種各的田，在一起相安無事，上工回家還打個招呼，或者搞搞「軍民互助」什麼的，漸漸弄出幾分「其樂融融魚水情」的氣氛來。

魏軍看在眼裡，急在心上：「這麼下去，渭河平原豈不變成蜀漢的地盤了？」

司馬懿依然不動聲色：「你們急什麼。只要咱大軍還在，雍州就不算真正姓劉。諸葛亮愛在這裡種地，讓他種好了。他就算在這裡收十季莊稼，只要蜀漢軍隊一退，雍州老百姓照樣得喊大魏皇帝萬萬歲。」

「那他要不退呢？」

「不退……那到時候再說吧。」

正如司馬懿打定主意和諸葛亮耗死，諸葛亮也打定主意要咬在雍州不走。

然而，諸葛亮的身體，卻在一天一天地惡化。

這毫不奇怪。以他那種操勞的程度，又不肯輕易把事情委託給別人，事必躬親，就算鐵打的身體也吃不消。

司馬懿是不在乎的。「死守不出」本來就不需要太動腦筋，何況，再輸給諸葛亮幾仗，司馬懿也輸得起；就算輸光了也是曹叡的江山，司馬家有多大損失？

但諸葛亮卻不能這樣豁達。蜀漢是劉備親手交付到他手中的；劉禪也是劉備託付給他的；現在聚集在五丈原的這十萬將士，是他一天一天訓練的；而北伐的希望，也是他一點一點搭建出來的。

這不僅是他的心血，更是他畢生的理想，他註定要為此燃盡自己的生命。

諸葛亮的使者去魏營請戰的時候，司馬懿詢問諸葛亮的日常小事。使者傻乎乎地如實回答說：「諸葛丞相每天很早就起來，很晚才睡，像打二十軍棍這樣的處罰，都要親自過目，每天吃的飯食也就幾小碗。」

司馬懿露出了笑容。等使者走後，他對魏將說：「諸葛亮吃得這麼少，事務又如此繁雜，怎麼可能長久堅持下去呢。等著吧，咱們不需要守太久了。」

司馬懿的預料很準，雖然這本來也不難預料。

等到秋天（農曆八月），諸葛亮病倒了，而且病得不輕。

多年以來，他都是在透支健康，身高八尺的大個子，被山一樣的事務耗盡精力，瘦成了骨架子。他完全是依靠興復漢室的信念，在強撐著一口氣，繼續玩命地幹活。現在這一口氣終於撐不住了，他頹然地倒臥在病榻上。

明眼人都知道，這一次，丞相怕是起不來了。

蜀漢五丈原大營中的文武官員為了穩定軍心，嚴格控制著消息，不讓士兵們知道。可消息還是傳到了渭水南畔的魏軍寨中。司馬懿直接把消息扔一邊去了，誰知道是不是諸葛亮的詭計，想騙我出戰？我給他死守著準沒錯！

成都的皇帝劉禪也知道了。這位安享十多年太平的皇帝，終於有些慌了。雖然諸葛丞相在身邊管教著，會讓人有些不自在，但是他要是走了……

於是，劉禪趕緊派尚書僕射李福前往五丈原，探望丞相的病情。

十多年前，劉備在永安，也是這樣急匆匆地把諸葛亮召去。現在，輪到諸葛亮自己了。

李福被後主連哭帶鬧地催逼著，急匆匆地從成都趕到漢中，又從漢中穿越斜谷趕到五丈原，進了大營，已經慌得話都說不清楚了。

倒是諸葛亮，雖然臉色憔悴，但還是不緊不慢的，給他一一交代國家大事。

交代完後，李福趕緊轉身，要回成都去覆命。結果才走兩天，又滿頭大汗地跑回來了：「哎呀，忘了！糟了！」

諸葛亮微微一笑：「我正等著你呢。前兩天說得太慌了。你要問的人，蔣琬最合適。」

李福一邊擦汗，一邊上氣不接下氣地說：「沒，沒錯，我就是忘了問，萬一……萬一您不行了，誰能繼承您當丞相。那麼，蔣琬之後，誰來接替好呢？」

諸葛亮沉吟片刻，說：「費禕吧。」

李福很聰明地又追問了一句：「那……費禕之後呢？」

諸葛亮緩緩閉上眼睛，再也不說什麼了。

不久，諸葛亮病逝於軍中，享年五十四歲。

三國中最令人傷感的一幕，畫上了休止符。

身後雜事

諸葛亮臨終留下遺命，全軍從斜谷撤回漢中。自己既然死了，北伐中原的夢想恐怕難以實現，不能再讓十萬將士白白在雍州平原流血了。

考慮到在強敵面前撤退的巨大難度和複雜程度，諸葛亮任命事務能力最強的長史楊儀作為撤軍的統一負責人；斷後的任務交給勇猛善戰的征西大將軍魏延，斷後第二陣則由姜維率領。

然而，魏延不願意就此放棄這次希望巨大的北伐。他說：「軍中除了丞相，數我官最大。楊儀只不過是個文官，讓他帶著丞相的遺體回漢中好了，我帶著大軍留下來，非要砸開司馬懿的烏龜殼不可！怎麼能因為一個人死就把國家大事廢了呢？」他還逼著司馬費禕和自己一起聯名寫《告全軍將士書》，號召大家不聽楊儀的，跟著魏大將軍繼續北伐。

費禕的急智可比魏延強多了，找個藉口就溜回中軍大營，找到楊儀和姜維一合計，魏延既然不聽遺命，那就不理他，咱們自己走！魏延聽說中軍丟下自己跑了，氣得暴跳如雷，帶著自己的前軍搶先抄小路也往南邊趕。

這時候司馬懿也聽說了消息，覺得這次諸葛亮可能真死了，就在部將們的攛掇之下，起兵追趕。半路上被姜維和楊儀猛殺個回馬槍，做出要決一死戰的樣子。司馬懿一看不對，趕緊勒兵後退，又跑回自家大營。

後來，附近的老百姓就紛紛說，死諸葛把活司馬嚇走了！司馬懿聽了，也就是笑了笑：「我能算準活著的諸葛亮，可算不準死了的諸葛亮。」他想，就算我被諸葛亮嚇走了吧，最終誰贏了？誰死了？

不過，司馬懿對諸葛亮的軍事才能還是相當佩服的。等確認蜀漢撤軍後，他親自到五丈原一帶的蜀軍營地，查看營壘的布置。看完後，他嘆息道：「諸葛亮實在是天下奇才！」

蜀漢第六次北伐，至此完全收尾。

魏蜀之間的戰爭告一段落，魏延和楊儀的內鬥卻沒完。孫權當初斷言諸葛亮一死，這兩個傢伙必然出事，如今都應驗了。一方面，他們都向成都報告，說對方造反；另一方面，魏延帶著本部人馬，搶在楊儀大隊前面往南跑。他一路跑，一路竟然把沿途的棧道和諸葛亮先前建造的軍事設施都燒毀了，這簡直是要置主力部隊於死地。不管他和楊儀的矛盾誰對誰錯，魏延為了一己之念，違背諸葛亮遺命，又使主力陷入危險境地，實際上已經等同於造反了。

魏延和楊儀爭鬥的消息傳到成都，蔣琬和董允都認為是魏延不對，於是調集成都的衛戍部隊準備去堵截魏延。沒等他們趕到，魏延和楊儀已經打了一場內戰，魏延自己站不住腳，很快兵敗被殺。

小知識

魏延之死

魏延一路燒毀棧道，搶先趕到漢中，楊儀的大隊人馬也開闢山路，緊跟著趕到。兩軍在漢中北面的南谷口遭遇，中軍王平出來對陣魏延，在軍前怒喝：「諸葛丞相屍骨未寒，魏延你就這麼胡作非為，對得起丞相在天之靈嗎！」魏延的士兵們知道魏延理虧，紛紛倒戈。魏延只剩孤家寡人，帶著兒子奔逃，被楊儀派馬岱追上殺了。

楊儀殺了死對頭魏延，還滅他的三族，痛快得很，可這個心胸狹隘的傢伙也沒有好下場。他原本覺得自個兒身為諸葛亮的執行助理，諸葛亮死了，應該自己繼承地位，誰知劉禪按照諸葛亮的遺命，用了蔣琬。這下楊儀不平衡了，到處抱怨朝廷，甚至說：「當初丞相死時，我要是帶著軍隊投降魏國，現在不至於這麼委屈，真後悔死了！」這話犯了大忌諱，於是楊儀免官為民。可他還不老實，口出怨言，終於被逼著自殺。這時候距離諸葛亮和魏延的死，也僅僅一年。

諸葛亮之死，讓魏國大大鬆了一口氣，曹叡覺得最大的威脅沒了，開始放開膽子吃喝玩樂，大修宮殿，群臣再三勸諫，他也不聽。魏國君臣甚至覺得諸葛亮死了，軍備都可以放鬆了。

蜀漢國內呢？諸葛亮在世時，軍政大權一把抓，皇帝劉禪只有吃喝玩樂的自由；現在諸葛亮死了，劉禪自己得開始管事，他任命蔣琬為大將軍，後來又晉級大司馬，作為諸葛亮的繼承者；費禕為尚書令，後來又晉級大將軍，作為蔣琬的助手。這哥兒倆都是諸葛亮的股肱，配合得不錯。蔣琬當政十二年，基本沒有對魏國用兵，主要在積累國力，其間倒是發生過針對魏軍入侵的防禦戰。

西元二四六年冬，大司馬蔣琬去世，大將軍費禕成為軍政一把手。費禕繼承蔣琬的政策，以對內發展為主。這其間，衛將軍姜維數次北伐，但費禕並不很支援他，每次給姜維的兵力不過萬人左右。

費禕當政六年後，在西元二五三年初被刺身亡，軍權從此落到姜維手中。姜維年齡比諸葛亮、費禕和蔣琬都小，又是武將出身，他一心想用戰爭興復漢室，北伐的規模一次比一次大，十年之中，與魏國在雍州、涼州地區交鋒多次。

姜維的北伐和諸葛亮大不一樣。諸葛亮是準備充分再動手，盡可能求穩求全，甚至過於謹慎，每次不一定有太大戰果，但除了第一次外，通常也沒多少損失。姜維呢？他是軍事冒險家，敢衝敢打，打好了，一次可以殲滅好幾萬魏軍；打差了，自己也是死傷慘重。這麼一反一覆的折騰，看上去戰果不小，但蜀漢的國力，可也就消耗得更快了。

雪上加霜的是，蜀漢國內從董允死後，劉禪寵幸宦官黃皓，軍政大員彼此不和，朝政走向混亂，沒多久，就弄得「民有菜色」。

同一時期，魏、吳兩國也都開始內亂。魏國在西元二四九年發生高平陵之變，司馬懿殺死曹真的兒子曹爽，從此魏國的權位落到司馬氏手中。十餘年中，司馬父子廢曹芳，殺曹髦，並將曹魏忠臣一一剪除。吳國也接連發生諸葛恪、孫峻和孫綝的專權，皇帝孫亮被廢黜。

三國同步衰敗，預示著新時代的來臨。

西元二六三年，司馬懿之子司馬昭派大將鄧艾和鍾會率領二十萬大軍分道入蜀，劉禪投降，蜀漢滅亡。姜維煽動鍾會反魏，引發成都之亂，姜維、鍾會和鄧艾都死於動亂中。西元二六五年，司馬懿的孫子司馬炎廢黜魏國皇帝曹奐，建立晉朝，並在西元二八〇年滅掉東吳，一統天下。

諸葛丞相守護的國家，和他百計討伐的敵人，幾乎前腳緊接後腳地邁入了歷史的紀念堂。

第十三章

江流萬古東流去

痛殺蜀人心

諸葛亮去世後，根據他的遺命，在漢中定軍山下葬。沒有堆積很大的墳丘，只是靠著山坡挖了個剛好放得下棺材的墓穴。棺材裡面也就是普通的衣服，沒什麼陪葬的器皿。總之，對於一國丞相而言，這是相當簡樸的葬禮。

諸葛亮在臨終的遺表中，希望後主能夠「清心寡欲，約己愛民，達孝道於先君，布仁心於寰宇，提拔隱逸，以進賢良，屏黜奸讒，以厚風俗」，依然是諄諄叮嚀。遺表還說，自己除了家裡的十五頃薄田和八百株桑樹，不再治理私財，自己死的時候一定不會留下什麼額外的財產。

留給子孫和國人的，只有無形無質的懷念。

如同所有歷史人物，諸葛亮不是一個完美的人。他有自己的優點，也有自己的缺點。

從「成敗論英雄」的角度，諸葛亮做為一國丞相，實在算不得成功。他執政十餘年，半生都在為興復漢室努力。最終，他的六次北伐只開拓了微不足道的土地，他的信念只是夢幻，他的國家在他死後三十年即滅亡。

從軍事來說，諸葛亮在治軍方面頗為擅長，能夠訓練出精兵，但臨陣打仗的水準，弱於曹操、陸遜、鄧艾這樣的一流奇才。他慣於用穩紮穩打的方式作戰，基本按常規出牌，過於謹慎，不夠果決，雖然能避免巨大風險，卻也會坐失良機。《三國演義》和民間傳說中的種種奇謀戰術，簡直像是對歷史上諸葛亮用兵風格的反諷。

從內政來說，諸葛亮進行經濟建設的水準在三國首屈一指，但他識人、用人的能力，還有不如劉備的地方。他「事必躬親」的作風更是不利於人才的鍛鍊培養，長期為人詬病。

個人私德方面，諸葛亮幾乎無懈可擊，他為國家鞠躬盡瘁，不謀私利，到死兩袖清風。這並不影響他同時在政治鬥爭中冷面無情，甚至心狠手辣。他的性情也不夠豁達與瀟灑，不但比不上好友龐統，甚至有些地方還不如自己的繼任者蔣琬和費禕。

每一方面，他都不是完美無瑕的。但是當這一切的因素疊加到一個人身上，而這個人又在末世戰亂中，守著一片小小的國土，為自己心目中的大義進行了最後一番努力。因此在時人和後人的眼裡，他逐漸戴上了神聖的光環。

諸葛亮死後，劉禪下詔書，表彰了諸葛亮的功勞，將他比擬為伊尹、周公，最後，給諸葛亮上了謚號——忠武侯。

得到丞相去世的消息，整個蜀漢境內，官吏、民眾、士兵，哭聲驚天動地。

儘管這個去世的人，曾經懲治他們的過失，給他們加班派活，用嚴格的刑法來約束他們，逼著他們擴大生產，積累糧食，把他們訓練成為戰爭機器，帶著他們去和強大的敵軍交戰。

但是終究，這個去世的人，對這個國家，對這片土地，對這些不知姓名的人們，是有著深厚感情的。他立身以正，處事以公，奉國以忠。底層的軍民，即使未必能理解諸葛亮頻繁北伐的動機，卻也能被他潤物無聲的魅力感染。

傳說一百餘年以後，東晉大將桓溫進入四川，遇上一個一百多歲的老頭子，曾經是諸葛亮手下的小吏。桓溫是最喜歡攀附古人的，他問：「諸葛亮和當代的誰可以相提並論啊？」言下之意清楚得很。

老頭子回答：「諸葛亮在世的時候，大家都不覺得有多了不起。但等他去世後，這麼多年裡，真的就再也找不到可以和他相比的人了。」

這則記載未必屬實，但蜀中的民眾，想必就是這樣看待他們的丞相吧！不但一般的官民，就連曾被諸葛亮嚴懲的人，也因他的去世而悲痛。

廖立當初因為嫌官小，胡言亂語攻擊朝廷，而被諸葛亮罷官放逐到汶山。他聽到諸葛亮去世的消息，淚如雨下道：「諸葛丞相去世了，看來我只能一輩子在這荒涼的地方待著了。」

同樣被諸葛亮罷官回家的李嚴，竟然因此發病而死。他原本曾希望，諸葛亮可以恢復他的官職，讓他將功補過，重新回到以前共赴國難的狀態。如今這希望也破滅了。

對此，史學家習鑿齒評論說：諸葛亮能夠讓廖立、李嚴都為他的死而悲痛，實在是秦漢以來少有的正人君子。他秉承公正，遵循正道，獎賞人並非出於私欲；處罰人，被罰者也受之無怨。用這樣的準則，天下也會服從的。

不過，任何群體中總會有另類。當全蜀漢人民在沉痛悼念諸葛丞相時，有一個「獨立思考」的人跳出來發表了不同的論調。

這位就是著名的李邈。當初劉備入川他得罪劉備，差點被殺，是諸葛亮把他保了下來。後來諸葛亮殺馬謖，他也在邊上大放厥詞。這些倒罷了，現在諸葛亮去世，他居然興高采烈地上了一個報告，大意是：「西漢時候，呂祿、霍禹最開始未必就想造反作亂，但因為他們權勢太重，弄得皇帝和大臣麻桿打狼兩頭怕，於是就自然而然地產生了不軌之心。諸葛亮身為朝廷重臣，帶著軍隊在邊境，虎視眈眈，我一直害怕他成為禍國殃民的奸臣。現在他終於死了，國家和人民因此得到保全，他的家族也不必擔心滿門抄斬，真是可喜可賀啊！」

劉禪一向把諸葛亮當爹看，這會兒諸葛亮死了，正哭得一把鼻涕一把淚，聽到這傢伙說的惡毒話，氣得把李邈下監獄殺了。這次可再也沒有諸葛亮來保他了。

蜀人對諸葛亮的思念，持續了千年。據一種流傳甚廣的說法，四川人戴白頭巾，就是在為諸葛亮戴孝。現在有學者考證，這個說法是錯誤的。然而，能夠被人附會出這樣一種說法來傳播，或許本身便說明了諸葛亮在民眾心中的地位。

立廟風波

中國的老百姓，對自己喜愛和尊敬的人物，喜歡通過立廟的方法來加以紀念。諸葛亮死後，蜀漢各地紛紛要求給丞相立廟，加以紀念和祭祀。

劉禪自己雖然也很尊敬和懷念相父，但看到各地要求立廟，還是有點犯嘀咕。這威風豈不是要大過先帝嗎？他詢問了負責禮儀的官員後，聽說給大臣立廟是不符合禮法的，於是就駁回了。

但是，正如不給蓋廁所，人可以隨地大小便，朝廷管得住廟，管不住人。蜀漢各地的老百姓，包括偏遠地方的少數民族，總要找個方式表達自己的敬意和哀思。朝廷不讓立廟，他們就自己來。逢年過節，人們紛紛在街頭巷尾或者路邊點蠟燭插香火，祭拜諸葛丞相。於是每到節日，路邊都是香煙繚繞，有時還出現木雕泥捏粗製濫造的「孔明像」。

過了幾年，有的官員覺得，這麼搞不太像話。他們建議，要不就在成都給諸葛亮立一座廟，讓大家有個正規祭祀的場所吧。劉禪還是不同意。

這事就這麼拖著，老百姓年年在街頭巷尾祭祀，有些官員也偷偷參加。最後終於有人忍不住了，步兵校尉習隆和中書郎向充（向寵的弟弟）就給劉禪上報告說：「西周時候老百姓懷念召公，連他在樹蔭下坐過的甘棠樹都不忍心砍伐；越王勾踐感激范蠡的功勞，專門鑄造他的銅像。這幾百年來因為有些小善小德而被立廟紀念的人多了。諸葛亮道德足以為天下的楷模，功業彪炳末世，咱們漢室還能保存，實在是全靠他。現在不給他立廟，使得老百姓在街頭巷尾祭祀，少數民族在野外燒香，這不成體統。當然，皇上的顧慮也是有道理的，如果完全順應民意，到處立廟，不符合禮儀；如果在成都立廟呢，又把成都的皇室祖廟給喧賓奪主了。所以我們琢磨了個主意，可以在漢中地區諸葛亮的墓地附近立一座廟，使得他的親屬可以按時去祭奠，而官員和崇拜者要去祭祀，也都必須到那個廟去，這樣也是符合禮儀的。」

劉禪想了想，覺得這個主意不錯，批准了。於是西元二六三年的春天，漢中地區給諸葛亮立了一座廟。

這個廟立得真是很「及時」。因為當年秋天，魏國的鎮西將軍鍾會就帶著大軍殺到漢中來了。《三國演義》中寫諸葛亮招來了幾萬「陰兵」，嚇得魏軍魂飛魄散，又給鍾會託夢，讓他不要傷害蜀漢老百姓，這些當然是杜撰。鍾會對諸葛亮這位敵國的老前輩還是非常尊重的，親自去廟裡進行了祭祀，並且下令所有官兵不許在諸葛亮墓地附近砍柴放牧。

隨即，蜀漢就滅亡了。

當初劉禪因為害怕諸葛亮廟風頭壓過蜀漢皇家祖廟（就是劉備的廟），所以沒有批准在成都建廟。可他這種顧慮最後也成了笑話。

沒錯，諸葛亮的廟確實不在成都。問題是，成都有漢昭烈帝劉備的廟啊。劉備的廟裡面，有蜀漢大臣的像，其中也有諸葛亮的像。

於是在蜀漢滅亡後，成都一帶的老百姓嫌漢中太遠，就紛紛跑到劉備的廟裡面去祭祀諸葛亮。時間長了，原本正兒八經的「昭烈廟」，成為成都的一處風景名勝，叫做——「武侯祠」。

劉備九泉之下，一定鬱悶得緊。歷史上他自己打的很多仗，什麼博望坡、赤壁、成都、漢中啦，都被民間作家和小說作者給寫到諸葛亮頭上了，現在連自己的廟也給他霸占去了！

這才是真正的喧賓奪主呢！

諸葛亮的子孫

史料有記載，諸葛亮共有三個兒子。

年齡最大的是養子諸葛喬，本是諸葛瑾的兒子。諸葛亮與黃夫人結婚二十年沒有孩子，因此過繼姪兒來當作自己的後代，在蜀漢官至駙馬都尉。可惜，諸葛喬英年早逝，西元二二八年就去世了，年僅二十五歲。所幸，諸葛喬還留下了一個兒子諸葛攀。

到西元二五三年，吳國發生政變，諸葛瑾的長子諸葛

小知識

諸葛恪

諸葛瑾長子諸葛恪聰明過人，但性格粗疏，好大喜功。孫權曾派他管糧草，諸葛亮專門寫信給陸遜，說諸葛恪不適合這種細緻工作。孫權死後，諸葛恪掌東吳大權，剛愎自用，窮兵黷武，引得天怒人怨，死於政變。相比之下，諸葛亮的幾個兒子品性要好得多。

瑯琊諸葛氏兄弟中，諸葛亮在蜀漢為相，諸葛瑾在東吳為大臣，他們的族弟諸葛誕也在魏國為大將，後來為匡扶曹魏皇室，討伐司馬氏兵敗而死，當時稱「蜀得其龍，吳得其虎，魏得其狗」。

恪被殺，連累諸葛瑾這一系的子孫都被殺得精光。再過幾年，諸葛恪得到昭雪平反，這時候諸葛亮已經有了後人，因此諸葛攀又回到東吳，作為親爺爺諸葛瑾的香火傳人。

第二個兒子諸葛瞻，是諸葛亮的親生兒子。諸葛亮老來得子，最後一次北伐時，諸葛瞻年僅八歲。諸葛亮勤於北伐，也沒工夫教育兒子。他曾給哥哥諸葛瑾寫信說，瞻兒聰慧可愛，但是懂事太早，恐怕反而會因不夠穩重難成大器。

等到十七歲成人後，諸葛瞻娶了劉禪的女兒，官拜騎都尉，第二年就晉升為羽林中郎將。此後，做為標準官二代和皇帝女婿，諸葛瞻不斷升官。

四川老百姓狂熱敬愛諸葛亮，愛屋及烏，對諸葛瞻也是推崇備至，甚至朝廷每有一項利國利民的措施，大家都在坊間傳言：

——嘿，這次的政策挺實在的。

——當然了，這是諸葛大人大力推動的嘛。

——諸葛大人真是咱的父母官啊！

——沒錯。

就這樣，諸葛瞻獲得了超過其能力之上的美譽。到西元二六一年，諸葛瞻已經官至衛將軍平尚書事，軍政大權一把抓。

在亂世裡面，更高的官職意味著更大的責任。西元二六三年，魏國大舉伐蜀，鄧艾帶數萬精兵從陰平小路殺入成都平原。諸葛瞻責無旁貸，帶著成都的衛戍部隊前去交戰。隨行的，有黃權的兒子黃崇、張飛的孫子張遵，還有諸葛瞻的長子諸葛尚等。

諸葛瞻基本沒什麼行伍經驗，甚至當黃崇勸他趕緊進軍占據險要位置時，他都猶豫不決。而他的對手，是三國後期一流的名將鄧艾。

這樣的對比下，自然沒什麼懸念了。諸葛瞻的要地盡失，被鄧艾圍困在綿竹。自以為勝券在握的鄧艾，派使者下書：「只要您肯投降，我便表奏朝廷，封您為瑯琊王！」

諸葛瞻的軍事才幹遠不及父親，但忠肝義膽卻一般無二。他殺了勸降的使者，然後再次出動，與鄧艾決戰。他奮勇作戰，一度殺敗鄧艾的兒子鄧忠，氣得鄧艾要轅門[18]斬子，但最終還是兵敗。諸葛瞻、黃崇、張遵連同諸葛尚都戰死了，用自己的鮮血作為蜀漢皇朝覆亡前的祭奠。

隨後，諸葛瞻的岳父劉禪投降，蜀漢滅亡。

諸葛瞻的次子諸葛京，跟隨投降的後主劉禪去了魏國，後來在晉國當官，頗有政績。他當官的地點是郿縣，緊鄰諸葛亮去世的五丈原。諸葛瞻的三子諸葛質，據說在亡國後逃亡南中地區，投奔孟獲的兒子孟虬去了。

諸葛亮的第三個兒子叫諸葛懷。他目睹國家覆亡，哥哥殉難，自己就隱居鄉里，過著平淡的生活。後來晉朝準備把前朝名臣的子孫都找出來，大小給個官爵。負責的官員找到了諸葛懷，但諸葛懷表示，自己並無做官的才能，生活又能自足，最終謝絕了封賞，默默過著田園生活。如果說諸葛瞻繼承了諸葛亮死而後已的忠貞，那麼在這個很不出名的小兒子身上，發揚的是諸葛亮當初「淡泊」、「寧靜」的精神追求。

此外，民間還傳說諸葛亮有一女兒諸葛果，自幼得諸葛亮教她奇門遁甲等道術，在府中修仙坐化。但此事的可信度較低，當是後來道教繁榮後的附會。

後世的尊敬

諸葛亮的才能固然是出色的，但與中國數千年歷史上的諸多能人相比，未見分外出奇之處。若論身居高位多年，而能德才合一、忠心奉國的重臣，則諸葛亮可算首屈一指。

漢末與三國中不少明君和賢臣的關係，比如曹操與荀彧、孫權與張昭等。相比他們，諸葛亮和劉備之間的推心置腹，可謂頗為罕見。

而對比三國中其他權臣和幼君的關係，如孫峻和孫亮，如司馬懿和曹芳，這麼一比較，諸葛亮和劉禪更是絕無僅有。

18 轅門：將帥的營門或衙署的外門。

因而，諸葛亮不但在當世、在蜀漢得到崇敬，即使在後世、在敵國對手眼裡，他也頗受推崇。

諸葛亮死後三十年，蜀漢即滅亡，統一天下的是晉朝。晉朝是從魏國「禪代[19]」而來，以魏為正統，蜀漢屬於「對抗歷史潮流的反動派」。而晉朝開國皇帝司馬炎的爺爺司馬懿，當初和諸葛亮對打過兩次，僅就政治立場而言，諸葛亮就更是其敵對勢力的頭目了。

晉朝對這個「敵人」的評價，卻多是褒揚之詞。

西晉初年，譙周的學生陳壽編寫三國歷史。他專門給晉武帝司馬炎上了個摺子，講述諸葛亮的故事，在裡面把諸葛亮猛吹了一通，說他從小就又高又帥又有才；說赤壁之戰全靠諸葛亮連絡孫權，才得以打敗曹操；說諸葛亮治理四川，簡直就是千秋聖賢，太平盛世；最後還把老百姓對諸葛亮的懷念說得發人深省，催人淚下。總之，他對諸葛亮的描述到了肉麻的程度，這可是晉朝官方歷史學家陳壽在對西晉皇帝講故事啊。從中也可看出晉朝官方對諸葛亮的態度。

另一位叫袁準的，擔任晉朝的給事中。他在《袁子》中專門寫了長篇大論，不遺餘力地讚美諸葛亮，還就質疑諸葛亮的問題進行了一一解答。

西元四世紀初，西晉鎮南將軍劉弘參觀了諸葛亮的故居隆中後，專門立了一塊碑，並請文士李興寫了碑文，裡面都是歌頌諸葛亮的話，駢四儷六，頗為華麗。碑文前面描述諸葛亮的功績，後面更是歇斯底里地大呼「英哉吾子，獨含天靈……異世通夢，恨不同生」，甚至祈禱「今我來思，覿爾故墟。漢高歸魂於豐、沛，太公五世而反周……魂而有靈，豈其識諸」，希望能夠和諸葛亮的靈魂交流，其敬仰之情，溢於言表。

這些晉朝官員，都是把諸葛亮當作偶像的。

晉朝統一後，很快是八王之亂，五胡亂華，以及長久的南北朝分裂對峙。在這華麗的血腥時代中，爭權奪利、背信棄義、翻臉噬主、塗炭人民都成為常態，諸葛亮這樣的道德楷模就更加神聖祥和。前秦皇帝氐族人苻堅與他的漢人謀士王猛推心置腹，他們就自比為劉備和諸葛亮。

對封建帝王而言，諸葛亮「鞠躬盡瘁，死而後已」，有能力又忠心，居高位而不謀私利，簡直是夢寐以求的良臣；對士大夫階層而言，諸葛亮淡泊明志，寧靜致遠，抱膝草廬，嘯傲風月，最終揮斥天下，雖大功未成，而名垂宇宙，堪稱是讀書人的偶像和楷模；對廣大老百姓而言，一個長於治政，執法公平，而又兩袖清風，為國盡忠的丞相，當然是可親可敬的。

在三方面的合力下，諸葛亮的地位越來越高，他的形象也越來越光輝。

甚至諸葛亮原本並不特別突出的軍事能力和地位，也在後世逐漸提升。

西元六七四年，唐高宗準備比照孔夫子的「文廟」，來建立一個「武廟」，把歷史上的軍事家都給祭祀一下。選定的廟主「武成王」是傳說中興周滅商的姜太公，又從歷朝選了十個人分列兩邊。這十個人包括：春秋戰國時的孫武、田穰苴、吳起、樂毅、白起；漢朝的張良；三國的諸葛亮；以

19 禪代：帝位的禪讓和接替。

及唐朝的李靖、李勣。這裡面大部分人，要麼是劃時代的軍事理論家，要麼是勝績無數的名將，諸葛亮做為三國時期唯一代表，得以位居其中。

等到西元七八二年，唐德宗對武廟「擴編」，將祭祀人擴大為七十二個，這才把皇甫嵩、關羽、張飛、張遼、鄧艾、周瑜、呂蒙、陸遜、陸抗、羊祜、杜預等人加了進去。這些人都是從東漢末年到西晉初年一等一的名將，不少人的作戰實績超過諸葛亮，但在武廟中的位置卻排在了諸葛亮後面，這就是道德評價所引起的。

文藝的捏造

南宋以後，中國的主流三國史觀，逐漸從以曹魏為正統，轉向以蜀漢為正統。這就讓諸葛亮頭上，除了原本的幹練、忠誠、廉潔、堅韌之外，又多了「維護正統」的一道光環。

只不過，對於諸葛亮的名望而言，這頂多算是「錦上添花」。早在之前的唐朝，大小詩人們就拿諸葛亮為題材，其中絕大部分都是各種各樣的褒揚、緬懷。最著名的，自然是「詩聖」杜甫的《蜀相》，還有《八陣圖》、《詠懷古蹟之五》等。杜甫對諸葛亮毫不吝惜讚美之詞，如「三顧頻煩天下計，兩朝開濟老臣心」，如「功蓋三分國，名成八陣圖」，如「諸葛大名垂宇宙，忠臣遺像肅清高」等。

進入宋元後，在宋詞和元雜劇中，文人墨客和民間作家，更是對諸葛亮進行了美化。在他們的合力下，漸漸塑造出一個與歷史上諸葛亮形象差異頗大的「活神仙」來。

歷史上的諸葛亮，主要是靠著自己出色的內政能力和道德水準流芳百世。就其軍事能力來說，治軍強於打仗，而「出奇制勝」是他的短板。但在這些文藝作品中，諸葛亮的道德、內政能力和治軍能力基本都被一筆帶過，或者只是給出個抽象的符號；相反的，卻花了大量筆墨，描寫諸葛亮用兵如神，百戰百勝。而在這些虛構的戰例中，花樣翻新的「奇謀詭計」又變成了最重要的環節。

換言之，文藝作品中的諸葛亮，基本上和歷史上的諸葛亮，在能力上顛倒過來了。

除此之外，基於民間傳說的特點，作為諸葛亮「智謀」的衍生物，如「陰陽八卦」、「奇門遁甲」、「呼風喚雨」、「能掐會算」之類的「特異功能」也附加在了諸葛丞相身上。一位內儒外法的治政大家，在文藝作品中，居然成為身披道袍，手持寶劍拂塵，口稱「貧道」，裝神弄鬼的「妖道」扮相。現在很多算命先生，還打出「小諸葛」、「諸葛神算」、「臥龍推命」的幌子。

再後來，羅貫中在民間傳說的基礎上，寫成了四大名著之一的恢宏巨著《三國演義》。《三國演義》中塑造得最好的三個形象稱為「三絕」，就是奸雄曹操、良將關羽和賢相諸葛亮。其中，曹操和關羽雖然有藝術的誇張，但基本上其「能力結構」和優缺點都和歷史上差別不大。

唯有諸葛亮，被羅貫中進行了全面的美化，成為徹頭徹尾的第一主角。以毛宗崗刪改本《三國演義》為例，一百二十回中，有五十九回和諸葛亮相關，而單就在這五十九回的標題裡，「諸葛亮」、

「武侯」、「孔明」、「臥龍」等關鍵字就出現了三十六次。羅貫中一方面從史書中扒拉出諸葛亮嚴明治政、為國盡忠的感人事蹟，另一方面參考民間傳說和雜劇評話，杜撰了大量精彩絕倫的軍事表現、奇謀詭計，從而寫出了一個通天徹地、智謀無雙的諸葛亮來。

古代的出版業沒那麼發達，更沒有網路，老百姓不會查史書，只會聽故事，甚至一般文人，瞭解那段歷史也是通過翻《三國演義》，沒幾個人會去買本《三國志》回來研究。因此羅貫中筆下的諸葛亮，基本上也就成為國人心中的諸葛亮形象，甚至進而濃縮成中華文化中的一個符號。這麼一來，一個「治戎為長，奇謀為短」的政治家，竟然漸漸演變成為「智慧化身」和「軍神代表」。

於是，稱讚他人聰明，就說「賽諸葛」；眾人一起出主意，叫「三個臭皮匠，勝過一個諸葛亮」。凡是自視甚高的文人、儒將，也愛自比諸葛亮。清末湖南有三個才子，號稱「三亮」（三個諸葛亮），即「老亮」羅澤南，「小亮」劉蓉和「今亮」左宗棠。其中左宗棠最為有趣，這位曾鎮壓太平天國和收復新疆的儒將，足智多謀，用兵果決大膽，常出奇兵，但同時脾氣暴躁，嘴巴刻薄，經常和同僚吵架，和諸葛亮是截然相反的兩個人。他自比諸葛亮，那當然比的不是歷史上的諸葛丞相，而是《三國演義》上用兵如神的諸葛亮了。

在史實的感染和文藝的美化推動下，諸葛亮的地位千餘年中如日中天。四川、湖北、山東等省分都把他當作自己的驕傲，而河南南陽與湖北襄陽為了爭奪「臥龍崗」，官司也打了許多年。

然而物極必反。一個人的位置被抬得太高了，自然會引來質疑，甚至攻擊。更何況諸葛亮身上本來就背負了一些名過其實的光環，於是對諸葛亮的負面評價和爭議，也是不斷的。

過去多年裡，流傳下來的主要是一些知識分子的見解。比如明末清初的思想家王夫之就曾撰文說，諸葛亮北伐戰略有問題，魏延從子午谷取長安才是正道，諸葛亮迂迴隴西，偏離了主要戰略方向。

再如毛澤東更是毫不客氣地指出，諸葛亮最大的毛病就是喜歡分散兵力，《隆中對》的戰略就犯了這條，把主力分成兩路；一出祁山更是處處分兵，兵分則力弱，當然會打敗仗了。

現代，隨著出版業的發展，思想的解放以及網路的普及，廣大群眾有了更多獲取知識資訊的途徑，於是「拿著《三國志》批《三國演義》」成為一種時尚。大家驚喜地發現，原來《三國演義》上這裡也是編的，那裡也是假的。驚喜之下，再回首自己過去把《三國演義》當歷史，不禁痛恨上當受騙，再進而，在逆反心理的鼓舞下，便開始揭批《三國演義》的最大受益者諸葛亮來。

在剝光了諸葛亮「能掐會算」、「擅長奇謀」、「用兵如神」等偽裝之後，大家意猶未盡，遂從多個角度，開始了新一輪的深入揭露。

於是，有人說諸葛亮不但不會打仗，簡直是嫉賢妒能的草包，把魏延好好一條子午谷奇謀給廢掉了。為了讓這條罪狀更具有說服力，一般會同時提高魏延的軍事水準，甚至認為其強於關羽、張飛。

有人說，諸葛亮以弱攻強的北伐本來就是個徹頭徹尾的戰略錯誤，加速了蜀漢的滅亡。

有人說諸葛亮窮兵黷武，讓蜀漢老百姓受盡了苦難。

諸葛亮像

有人說諸葛亮是封建帝王忠實的奴才，不顧老百姓的死活，這樣的人當然受到歷代統治者的推崇了。

有人說諸葛亮是逆歷史潮流而動的分裂分子，阻礙了魏國的統一，使得人民遭受更多的戰亂，是歷史罪人。

有人說諸葛亮北伐根本不是為了興復漢室，而是為了自己能手握大權。

有人說諸葛亮處罰李嚴，殺彭羕、劉封，都是政治鬥爭的陰謀，目的就是為了自己的權位。

還有人說諸葛亮壓根就不是忠臣，他是有自己當皇帝的野心，只是死得早沒有得逞而已。面對李嚴勸他稱王受九錫，他回答那句「雖十命可受」就是昭然若揭的證據……

網路上或者出版物中，「把諸葛亮拉下神壇」早已成為主流，為了這個目的，很多人甚至樂於先自己虛構一座神壇……

站在不同的立場，對同一史料用不同的態度進行剖析，再加上不同傾向的猜測和聯想，得出截然相反的結論，是毫不奇怪的。

不管這些結論看上去多麼有道理或者多麼奇怪，也終究不過是對歷史人物的某種反映，只不過加上或多或少的失真。

真相存在於客觀的史實之中，也存在於每個人的心中。

而位於爭議中心的諸葛亮，假使泉下有知，想必是不會在意這些的。

畢竟，能夠引發如此的關注和爭論，已足以說明他的歷史地位。

當年，他嘔心瀝血、舉國北伐的壯舉，在今人看來，也不過是歷史長河中一段普通的歷史。

只是在這戰事中，有一個當時的人，在歷史上留下些足跡。

千百年後，蜀漢、曹魏、孫吳乃至司馬晉，都成為過眼雲煙。

唯有這一串足跡，在史海中閃著熠熠光輝。

附章

老酒村言話短長

陳壽故意貶損諸葛亮嗎？

現在關於諸葛亮的史料，最主要的來源是陳壽所著的《三國志》。陳壽是譙周的學生，《三國志》做為「前四史」之一，是公認水準和價值都比較高的一本史書。

然而一直以來，有人認為陳壽對諸葛家懷有私怨，在史書中故意貶損諸葛父子。

這種說法的理由是，陳壽的父親當年是馬謖的參謀，街亭之戰後馬謖因罪被殺，陳壽父親也受到牽連，被處以髡刑（剃光頭）。而諸葛亮的兒子諸葛瞻又一向看不起陳壽。所以，陳壽在〈諸葛亮傳〉中，寫諸葛亮不太會打仗，不善於臨敵應變，又說諸葛瞻只會書法，名過其實。

事實真是如此嗎？

陳家和諸葛家的恩怨確實存在，陳壽可能對諸葛父子有情緒，這可能成為貶損的「動機」，但不足以成為「證據」。

那麼看看陳壽在《三國志》中，是怎樣評價諸葛亮的。

對《三國志》中的每個人物，陳壽除了記敘其事件，還給了一段總評。給諸葛亮的總評，從字數上來看是全書最多的，超過了劉備、劉禪，也超過曹操、曹丕、曹叡。那麼這長長的一段話說了些什麼呢？

「諸葛亮之為相國也，撫百姓，示儀軌，約官職，從權制，開誠心，布公道；盡忠益時者雖仇必賞，犯法怠慢者雖親必罰，服罪輸情者雖重必釋，遊辭巧飾者雖輕必戮；善無微而不賞，惡無纖而不貶；庶事精練，物理其本，循名責實，虛偽不齒；終於邦域之內，咸畏而愛之，刑政雖峻而無怨者，以其用心平而勸戒明也。可謂識治之良才，管、蕭之亞匹矣。」

在這裡，陳壽一直在說諸葛亮的好話，說他長於行政，賞罰分明，公正執法，使部下和民眾都心悅誠服，並且稱諸葛亮是管仲、蕭何這一類的賢相。

只是在最後，加上了一句：「然連年動眾，未能成功，蓋應變將略，非其所長歟！」翻譯過來就是：但是諸葛亮連年出兵北伐，都沒有成功，大概臨陣應變打仗不是他的特長吧！

此外，陳壽還把諸葛亮寫的文章都搜集起來，獻給晉武帝司馬炎，並且附了一篇說明。在這篇說明裡，陳壽把諸葛亮吹得天花亂墜。

說他「少有逸群之才，英霸之器，身長八尺，容貌甚偉，時人異焉」，從小就是天才、高人、美男子。

說赤壁之戰時，全靠諸葛亮「乃建奇策，身使孫權，求援吳會。權既宿服仰備，又睹亮奇雅，甚敬重之，即遣兵三萬人以助備」，這才打贏赤壁之戰。

說劉禪繼位後，諸葛亮執政，「外連東吳，內平南越，立法施度，整理戎旅，工械技巧，物究其極，科教嚴明，賞罰必信，無惡不懲，無善不顯，至於吏不容奸，人懷自厲，道不拾遺，強不侵弱，風化肅然也」，把諸葛亮治理下的蜀漢說得跟桃花源一樣。

說諸葛亮死後，「黎庶追思，以為口實。至今梁、益之民，咨述亮者，言猶在耳，雖甘棠之詠召公，鄭人之歌子產，無以遠譬也。孟軻有云：以逸道使民，雖勞不怨；以生道殺人，雖死不忿。信矣」把諸葛亮比作召公、子產這樣的古代賢人。

有人覺得諸葛亮的文字不夠華美，而且太絮叨瑣碎，陳壽還為諸葛亮辯解說，諸葛亮的文章都是寫給普通人看的，給他們交代任務，所以要講得細碎一些，也不必太注意文采。但是，「其聲教遺言，皆經事綜物，公誠之心，形於文墨，足以知其人之意理，而有補於當世」，評價相當高。

這一篇文字中，也談到諸葛亮最終北伐未能成功的原因。陳壽分析說，以諸葛亮的能力來說，治理內政比打仗強，訓練軍隊比奇謀強，而且魏國的國力和軍力都遠勝蜀漢，再加上他的對手也是曹真、司馬懿這樣的高人，所以雖然連年動兵，也沒能成功。

陳壽還說，諸葛亮自己是管仲、蕭何這樣的賢相，但是手下卻沒有城父、韓信這樣的名將，全靠自己獨力支撐，所以才沒有實現願望，這大概也是「天命有歸」吧。

由此可見，陳壽在史書中，對諸葛亮推崇備至，說了一堆又一堆的好話，甚至說到北伐失敗的原因，也並沒有指責諸葛亮，只是說明他獨力支撐的困難。至於說諸葛亮「內政能力勝過軍事能力，治軍勝過奇謀」，這是諸葛亮自己各方面能力的比較，也是比較客觀的評價。

諸葛亮執政十餘年，國內政績斐然，而對外戰果不多，雖然可以找各種客觀理由，畢竟成績才是硬道理，這時候硬要說「諸葛亮帶兵打仗比內政還厲害，尤其擅長奇謀」，也會顯得很古怪吧！

尤其不要忘了，《三國志》是在西晉時寫的，必須以曹魏為正統，對蜀漢過分稱譽是可能犯忌諱的。而在這種情況下，陳壽對諸葛亮哪裡是抹黑？簡直是不遺餘力地吹捧。陳壽完全是諸葛亮的狂熱支持者。如果今天有人把陳壽對諸葛亮的評論改頭換面發到論壇，只怕要被一群人狂拍：「沒見過這麼肉麻噁心的諸葛粉，光看《三國演義》了吧，要看《三國志》！」

可見，不管陳壽和諸葛家的私人恩怨如何，不管陳壽有沒有黑諸葛瞻，至少在史書中，他應該是沒有存心貶損諸葛亮的。

「羽扇綸巾」到底是誰的？

在《三國演義》及其前後的民間傳說和評書評話中，為了襯托諸葛亮，周瑜被做了一些矮化處理，比如草船借箭，以及更過分的三氣周瑜，處處讓諸葛亮占上風。這讓古往今來的周瑜支持者們很是不爽。

其中一條罪名是：「羅貫中居然把周瑜的羽扇綸巾都給諸葛亮了！」這條罪名較早的出處，是在二十世紀詩人聶紺弩先生所做的《三國演義前言》裡面，原文如下：

「蘇軾《念奴嬌．赤壁懷古》詞：『遙想公瑾當年，小喬初嫁了，雄姿英發。羽扇綸巾，談笑間，檣櫓灰飛煙滅。』每一句話都是說周瑜的，《三國演義》把『羽扇綸巾』等都拿給諸葛亮了，剩下的只有小喬。」

恰好，廣大讀者對於蘇軾這首《念奴嬌》，都是中學語文課就背得的，看了頓時大悟：果然，羽扇綸巾是周瑜的，羅貫中太壞了！諸葛亮，放開周都督的羽扇綸巾！

問題是，拿一首宋詞的句子，真能證明一部明清小說描寫的某個三國事件是假的嗎？

其實，所謂羽扇綸巾，就是頭戴青絲做的頭巾，手持羽毛扇子，算是古代時尚的讀書人打扮，文士風流的範兒。不過三國那會兒還沒綸巾，戴的多是葛巾（葛布做的頭巾），到東晉謝安兄弟才用青絲做頭巾，把葛巾換成了綸巾。當時很多人都是這個扮相。孫策征服江東，派虞翻去勸降豫章太守華歆，虞翻就是戴著葛巾去勸降，之後華歆又戴著葛巾投降孫策。後來曹操派蔣幹去勸降周瑜，也是「布衣葛巾」去的。

歷史上有沒有「羽扇葛巾」的明確記載呢？有。而且真是諸葛亮，而不是周瑜。晉人裴啟《裴子語林》說諸葛亮在渭水畔和司馬懿交戰時，「武侯乘素輿，葛巾白羽扇，指揮三軍，皆隨其進止」，這應該就是後世諸葛亮標準形象的由來。

可見，「羽扇葛巾」的扮相，確實是屬於諸葛亮的，雖然並非是諸葛亮的專利，但最有影響力的羽扇葛巾者就是諸葛亮。周瑜在史書上並未有羽扇葛巾的紀錄。當然，周都督儒將風範，風流倜儻，蘇軾在赤壁感慨時，給周瑜腦補上「羽扇綸巾」的扮相不算離譜。但我們絕不能憑蘇軾這一句話，就反過來說羅貫中搶了周瑜的裝備給諸葛亮。要知道蘇學士浪漫成性，又怎能把他的話當歷史依據呢？

此外，還有一點，《三國演義》中的周瑜被醜化得「嫉賢妒能，人品惡劣」，其實這也是誤讀。羅貫中確實把周瑜寫得心胸狹隘，氣量不足，但即使從《三國演義》來看，周瑜也絕非嫉賢妒能之輩。他對諸葛亮處心積慮地陷害，不是對諸葛亮個人的嫉妒，而是站在國家利益上，擔心諸葛亮日後會對江東造成威脅。所以他才會讓魯肅和諸葛瑾設法說服諸葛亮投奔江東。果真如此，周瑜是絕不會嫉妒諸葛亮才能的，反而會與他配合愉快——這一點，從周瑜對龐統的態度就可以看出來。

按照《三國演義》設定，「鳳雛」龐統與諸葛亮齊名，才能也在周瑜之上，而周瑜對他毫無猜忌，反而非常尊重。在評話雜劇中，周瑜臨死還推薦龐統去輔佐孫權，可謂是敬才愛才，哪有絲毫嫉妒的影子？

真正被《三國演義》寫得嫉賢妒能的，其實是可憐的龐統。歷史上龐統開朗豁達，與人為善，結果在《三國演義》中被寫得自卑心和自負心都很強，一心和諸葛亮爭功，把諸葛亮的苦心勸告當作「孔明怕我取了益州，成了功」，甚至公然在劉備面前說諸葛亮的壞話，最終慘死在落鳳坡。

從「半仙」到「聖人」——文學諸葛亮

對諸葛亮的崇拜，從他去世後就一直在延續發展。從宋朝開始，民間文學逐漸興盛，諸葛亮作為一個大好題材加入，並接受民間作家和文人的不斷創造修改。

在宋朝開始的評書評話，以及元朝雜劇和《全相平話三國志》中，由於宋元時道教文化的興盛，裡面的諸葛亮純是「仙道」形象，身披八卦袍，口稱貧道，手持寶劍，不但是智慧化身，而且能掐會算，擅長各種仙術。另一方面，這裡面的諸葛亮形象，基本來自於民間作家的創造，「市井」味道也很濃。「民間諸葛亮」的嬉笑怒罵，遠不是正史中記載的道德聖賢，很多地方頗有「市儈半仙」的風格。

比如說，劉備三顧茅廬時，諸葛亮嫌劉備家底小，再三不肯下山，說「我才疏學淺，幫不了你」。但過了一會兒，趙雲前來報告，說甘夫人生下劉禪。諸葛亮掐指一算，劉禪福氣大，是真命天子，於是立刻變了臉，表示願意出山輔佐劉備，並當即奉上《隆中對》。

再如「七擒孟獲」時，有一次孟獲生了病，諸葛亮說願意給他看病，讓孟獲來蜀軍營，結果諸葛亮把病治好了，孟獲人也被抓起來，這也算「一擒」。而且每擒一次，還勒索孟獲十萬貫金銀財寶，哪裡是上邦丞相在收服人心，分明是黑社會大魚吃小魚。

還有諸葛亮北伐期間，宦官黃皓蠱惑幼主，諸葛亮於是直接「仗劍入內，直至殿上」，「高叫一聲如雷，大罵官奴黃皓怎敢」，然後當著後主的面，下令把黃皓抓到街頭碎屍萬段，滿門誅滅，嚇得劉禪給他請罪。這簡直是曹操欺君的風格了。

後來到了明朝初年，羅貫中寫《三國志通俗演義》時，從民間文學中吸取了大量養料素材，也進行了一些整改，去掉很多市井味道過濃的內容，但依然保留了某些個性特點。嘉靖年間的《三國志通俗演義》（二百四十回本）裡面諸葛亮有些事做得還是很兇殘的。

比如說諸葛亮一心認定魏延要造反，在上方谷火燒司馬懿時，竟然安排馬岱把派去誘敵的魏延順便一起燒死。結果天降大雨，魏延逃脫，回來面見諸葛亮評理，諸葛亮又把責任全推到馬岱頭上，還裝模作樣地要斬馬岱。接下來，諸葛亮又吩咐馬岱私下去跟魏延說，是楊儀讓我燒你的，由此騙取魏延的信任，主動要求把馬岱調到身邊。這樣，諸葛亮終於成功在魏延身邊安排了一個臥底，並在日後趁其不備斬了魏延。這一連串計策只為對付一個「日後必反」的自己人，實在令人膽寒齒冷。

到了清朝毛宗崗對《三國演義》進行整合時，就把這些有損諸葛亮形象的部分全部刪去，形成今天市面上最普遍的一百二十回版本《三國演義》裡面諸葛亮的形象，不但從能力上智謀無雙，用兵如神，而且從人品上純是高大全的聖賢了。當然，裡面裝神弄鬼，「觀星象知天命」，奇門遁甲，禳星[20]借壽之類的神怪把戲還是玩得不少的，活神仙就是活神仙。

在以《三國演義》為基礎的衍生作品中，還有兩本不得不說。

一是民國周大荒先生的《反三國演義》。這本架空小說裡面，虛構了蜀漢接連挫敗魏國和吳國的陰謀，最終統一天下的大團圓進程和結局。其中的諸葛亮無須劉備三顧茅廬，關羽直接就把諸葛亮聘請到了。然後就是諸葛亮統籌全域，分路調兵遣將，讓五虎上將縱橫九州，最終成就大業，榮封王爵。這裡面的諸葛亮是一個標準的元帥，既少了裝神弄鬼（裝神弄鬼的活兒全分給他老婆了），又缺少出彩的計謀。唯一的亮點是善用地雷、炸藥，炸死了司馬懿、張郃、曹洪、曹仁等大批魏國名將。《反三國演義》的諸葛亮可謂全無趣味，無他，原本「知難而進」、「鞠躬盡瘁」的悲劇光環全沒了，就剩下一帆風順、波瀾不驚的滅魏吞吳，這樣的諸葛亮哪來的魅力呢？

另一本是張國良先生的揚州評話《三國》。這個系列基於《三國演義》的內容拓展，增添了許多有趣的細節，人物塑造更加豐滿，同時也試圖對所謂「封建糟粕」進行改良。比如裡面諸葛亮的奇門遁甲、掐指一算等「迷信」全給去掉了，取而代之的是諸葛亮對事情發展的精準推測。問題是，張先生作品裡的諸葛亮，對細節的推測太精準了。比如周瑜去夜探曹營，諸葛亮居然能算到曹軍什麼時候出來抓周瑜，哪個將領來抓，敵將上船後的動作順序如何。這種「穿越式作弊」的預測，使諸葛亮「多智而近妖」的特色甚至比原著還濃，倒不如「掐指一算」顯得合情合理呢！

小知識

黃夫人的傳說

諸葛亮之妻黃氏流傳下來的史料寥寥無幾，《三國演義》裡也只說她教導諸葛瞻，並在諸葛亮死後不久去世。但民間作家不願放過這個人物，因此編排出許多故事。他們說，黃夫人不但機智賢慧，尤其善於機械發明，能做出自動幹活的木頭機器人，諸葛亮火燒博望坡、火燒新野、七擒孟獲的很多機械也是黃夫人幫忙做出來的。還有人對諸葛亮娶醜妻不滿，於是又說黃夫人本是一個美女，但自知青春貌美不能長久，希望找到一個真心人，於是對外自稱醜陋，釣到了諸葛亮這位重德不重色的君子。在周大荒的《反三國演義》中，黃夫人法力高強，孟獲在南中造反，黃夫人騎著紙鳶直飛兩千里到南中，然後又是奇門遁甲，又是六丁六甲[21]，又是飛劍殺人，又是五雷大法，很快就擒了孟獲，平定叛亂。

螢幕上的諸葛亮

20 禳星：指犯了煞星，須進行禳解。

21 六丁六甲：掌管天干地支的神祇，共十二位。

一九八五年李法曾主演的十四集電視劇《諸葛亮》曾造成萬人空巷。這也是大陸拍的第一部三國題材電視劇，從諸葛亮隱居隆中到星殞五丈原。故事的主要結構還是按《三國演義》來的，但刪除了奇門遁甲、掐指一算等「迷信」色彩，同時又引入了一些《三國演義》未提及的歷史元素。

例如張飛教劉禪練習書法，街亭之戰時黃襲、張休、李盛等出場留名。限於當時的技術，沒有太多的大場面，人物化妝也很簡單，諸葛亮、周瑜都是圓盤大臉，看上去缺了幾分風姿。但對歷史人物的內心情感描繪卻很細膩，也很感人。比如諸葛亮在五丈原點亮代表五虎上將的燈火，輕聲呼喚關羽、張飛、趙雲等，感慨國家棟梁傾倒、社稷危亡。因此有觀眾說，李法曾演的諸葛亮雖然劇情很多按《三國演義》，但展現得更像是歷史上的諸葛亮，是一個背負重擔和責任的普通人。

同樣在一九八五年，香港也拍了一部四十集的電視劇《諸葛亮》，由鄭少秋主演。該劇發揮了港劇「腦洞無限」的特色，堪稱是「驚天雷」。雖然鄭少秋的扮相羽扇綸巾，頗有幾分諸葛丞相風範，劇情卻讓人開懷捧腹。首先，這是一部武俠劇，諸葛亮武藝超群，劉備的三分天下是諸葛丞相一刀一劍砍下來的。其次，這裡面諸葛亮和小喬（米雪飾）才是真愛，兩人糾葛了數十年，為此諸葛亮之妻黃月英和小喬之夫周瑜都被黑化成了橫刀奪愛的痴男怨女。其中的搞笑鏡頭數不勝數，僅舉一例：在七擒孟獲時，孟獲抓住了黃月英，逼得諸葛亮自縛交換。這時，小喬便讓趙雲把自己抓住作人質，逼孟獲放人。那孟獲是小喬的義兄，對小喬一往情深，見狀又悲又憤，大叫道：「義妹，妳為什麼要幫他！若不是妳自願，趙子龍不是妳對手的！」鄭少秋版《諸葛亮》當然不能用於普及歷史，不過作為一種另類的娛樂，倒也能令人津津樂道。

到一九九四年，著名的央視版《三國演義》橫空出世。儘管當時被指出了不少毛病（尤其是武戲和戰爭場面不足），但依然不失為經典。其中公認最好的角色便是鮑國安演的曹操和唐國強演的諸葛亮。唐版諸葛無論是前半段的英姿颯爽，揮灑自如，還是後半段的鞠躬盡瘁，嘔心瀝血，都演繹得活靈活現。唐國強也一掃「奶油小生」的名頭，而以「大漢丞相」深入人心。此外，央視版《三國演義》中，諸葛亮是唯一配了兩首歌曲的角色，即出山時的《有為歌》和去世時的《哭諸葛》。在筆者看來，《有為歌》是該劇水準第二的插曲，僅次於《淯水吟》。「明朝攜劍隨君去，羽扇綸巾赴征塵」、「歸去來兮我夙願，餘年還作壟畝民」都是極好的詞。

此後諸葛亮的螢幕形象越來越多，論影響力卻再難趕超李法曾和唐國強兩版。二十世紀末曾拍了一部電影《諸葛孔明》（劉永主演），被評論為「三國演義的簡略流水帳」，並不受人歡迎。二〇〇八年吳宇森的電影《赤壁》中，金城武扮演的諸葛亮是一個風趣幽默的角色，終究只見小聰明。二〇一〇年高希希版《三國》（俗稱《新三國》）中陸毅扮演的諸葛亮，比該劇中裝腔作勢的曹操和故作魯莽的張飛要可愛得多，但缺少唐國強身上的大氣，演繹出的形象更像是評話中的「妖道」諸葛亮。至於《見龍卸甲》中的諸葛亮（濮存昕扮演）和《越光寶盒》中的諸葛亮（曾志偉扮演），更是不忍細評。

諸葛亮的「發明」

孔明燈

孔明燈又叫天燈、文燈，其實是一種小型熱氣球。大致原理是將一個耐高溫的紙袋子口朝下，然後在下方懸掛一盞燈並點燃。燈火加熱紙袋子裡的空氣，熱空氣的比重小於外界冷空氣，從而形成浮力，帶動紙袋子和燈火騰空而起，順風飄蕩。

傳說孔明燈是諸葛亮發明用於傳送情報的。當年諸葛亮被魏軍圍困，無法出城求援，於是算準風向，用紙做成燈籠，把求援信綁在上面，點燃後放飛，送到己方陣營中。援軍得信，前來解圍，諸葛亮因而脫困。還有說孔明燈最初的目的是用於夜間行軍，給分散的各路人馬指示方向用。又有說法是諸葛亮火攻的利器之一。現代人逢年過節，在市區或郊區點放孔明燈祈福，確實常有發生火災的隱患。

另一種觀點說孔明燈並非諸葛亮發明，只是因為形如諸葛亮的帽子，故而因此命名，作為對諸葛亮的紀念。

饅頭

中國傳統食品饅頭，其出現的時間大致在漢魏晉這幾百年間。

傳說諸葛亮平定南蠻時，見南蠻習慣殺人用人頭祭祀，為了改變這種野蠻的習俗，諸葛亮就用麵粉包裹肉餡做成人頭形狀，蒸熟以後祭祀，叫做「蠻頭」，後來諧音為「曼頭」或「饅頭」。上述說法未見於正史，但在宋明時期的很多隨筆考證裡面都有記載。《三國演義》也採用了這個故事，並將時間定為諸葛亮七擒孟獲之後，北上班師途經瀘水時，為了祭祀在戰爭中死去的冤魂而做成饅頭。

最初的饅頭是帶餡的，到唐宋後逐漸出現了無餡的饅頭。而到宋朝時，有餡的饅頭又稱為包子。最終經過演變，形成我們今天的飲食體系。

諸葛行軍散

傳說諸葛亮征伐南中時，當地天氣暑熱，瘴氣散漫，疫病流行，毒蟲出沒，士兵病倒的很多。諸葛亮就發揮自己的醫學特長，再結合當地土著的一些土方，配出一服藥方子給士兵們服用。

現今流傳的諸葛行軍散包括犀牛黃、麝香、珍珠、梅片、硼砂、明黃、火硝等藥物，碾為細粉後和勻，以涼水調服，具有開竅辟穢、清暑解毒的功能，適用於霍亂痧脹、山嵐瘴癘及暑熱穢惡諸邪，頭目昏暈，不省人事，並能治口瘡咽痛，用行軍散調水點眼，有去風熱障翳作用。但孕婦忌服。

諸葛亮年表

一八一年（光和四年）：諸葛亮出生，漢獻帝劉協出生。

一九五年（興平二年）：諸葛亮十五歲，隨叔父諸葛玄赴豫章。

一九七年（建安二年）：諸葛玄去世。諸葛亮十七歲，赴隆中隱居。

二〇一年（建安六年）：劉備兵敗汝南，投奔荊州劉表。

二〇四年（建安九年）：諸葛喬出生（諸葛瑾次子，後為諸葛亮養子）。

二〇七年（建安十二年）：劉禪出生，劉備三顧茅廬。諸葛亮二十七歲，獻《隆中對》。

二〇八年（建安十三年）：司馬懿出仕曹操，劉表去世，曹操大軍南下，曹、劉、孫赤壁之戰，劉備奪取南四郡。諸葛亮二十八歲，出使東吳促成聯盟，赤壁戰後任職軍師中郎將，督長沙、桂陽、零陵三郡。

二〇九年（建安十四年）：周瑜取南郡，劉備娶孫小姐。

二一〇年（建安十五年）：周瑜去世，孫權借南郡給劉備，龐統出仕劉備。

二一一年（建安十六年）：曹操擊敗馬超。張松、法正勾結劉備，劉備、龐統、黃忠、魏延等入川。諸葛亮三十一歲，與關羽、張飛鎮守荊州。

二一二年（建安十七年）：劉備與劉璋翻臉，進兵涪城。諸葛亮三十二歲，鎮守荊州。

二一三年（建安十八年）：曹操封魏公，受九錫，馬超再度兵敗投奔張魯。劉備進兵雒城，李嚴投降，張任戰死。諸葛亮三十三歲，與張飛、趙雲分兵入川。

二一四年（建安十九年）：曹操殺伏皇后。龐統中箭死於雒城，馬超降劉備，成都投降，劉備自領益州牧。諸葛亮三十四歲，為軍師將軍署左將軍府事，治理川中內政，救蔣琬。

二一五年（建安二十年）：曹操平漢中張魯，張飛大敗張郃，孫、劉爭奪荊州，後以湘江為界中分。諸葛亮守荊州。

二一六年（建安二十一年）：曹操封魏王。

二一七年（建安二十二年）：劉備開始進攻漢中。魯肅去世。諸葛亮為後援支持。

二一八年（建安二十三年）：漢中戰爭升級，劉備、法正帶大軍前往，曹操至長安。諸葛亮三十八歲，鎮守成都，提拔楊洪。

二一九年（建安二十四年）：劉備、黃忠斬夏侯淵，擊退曹操取漢中，劉備稱漢中王、大司馬，劉禪為王世子，劉封、孟達克上庸、房陵。諸葛亮三十九歲，署大司馬府事。關羽水淹七軍，孫權派呂蒙襲荊州，關羽敗亡。

二二〇年（建安二十五年）：曹操死，曹丕繼位，篡漢立魏，漢獻帝退位，東漢亡。法正去世，黃忠去世，孟達叛投魏國。諸葛亮四十歲，勸劉備殺劉封。

二二一年（章武元年）：劉備稱帝，劉禪為皇太子，張飛被害，劉備東征孫權。孫權降魏，封吳王，受九錫。諸葛亮四十一歲，為丞相、錄尚書事、假節，兼司隸校尉，鎮守國內。

二二二年（章武二年）：劉備敗於夷陵，馬超去世，馬良被害，黃元造反。諸葛亮四十二歲前往白帝城。

二二三年（章武三年，建興元年）：楊洪平定黃元之亂，漢昭烈帝劉備託孤，去世，後主劉禪繼位，鄧芝出使聯吳。諸葛亮四十三歲，為武鄉侯，領益州牧，總攬大權。

二二四年（建興二年）：諸葛亮四十四歲，促使吳蜀聯盟達成。

二二五年（建興三年）：諸葛亮四十五歲，平定南中，七擒孟獲。

二二六年（建興四年）：魏文帝曹丕去世，魏明帝曹叡繼位。李嚴屯巴郡築城。諸葛亮四十六歲退回成都準備。

二二七年（建興五年）：諸葛瞻出生，孟達叛魏。諸葛亮四十七歲，上《出師表》，前往漢中準備北伐。

二二八年（建興六年）：諸葛亮養子諸葛喬去世，司馬懿殺孟達。諸葛亮四十八歲，第一次北伐出祁山，收姜維，被曹真、張郃、郭淮擊敗，斬馬謖，自貶右將軍；年末第二次北伐，被郝昭擋在陳倉，糧盡退兵，殺魏將王雙。

二二九年（建興七年）：孫權稱帝，趙雲去世。諸葛亮四十九歲，第三次北伐，派陳式奪取武都、陰平二郡，官復丞相。

二三〇年（建興八年）：曹魏四路大軍伐蜀，遇大雨而回。諸葛亮五十歲，調李嚴到漢中，第四次北伐，派魏延、吳懿大敗魏將郭淮、費曜。

二三一年（建興九年）：諸葛亮五十一歲，第五次北伐，出祁山，與司馬懿等交鋒，糧盡退兵，射死張郃。

二三四年（建興十二年）：漢獻帝劉協去世。諸葛亮五十四歲，第六次北伐，出斜谷，與司馬懿相持於渭水南岸，病死。魏延楊儀內訌，魏延被殺。李嚴亦死。蔣琬為尚書令。

二六三年（景耀六年）：劉禪立諸葛亮廟。魏軍伐蜀，諸葛瞻、諸葛尚戰死，劉禪出降。蜀漢亡。

後記

還沒上小學的時候，父親曾在飯後睡前給我講講《三國演義》。或許是年齡太小，還無法理解金戈鐵馬的壯闊之美，因此當時雖然聽得很是來勁，後來對這些故事卻都遺忘了。只是成年後重讀原著，方才拾取些許潛藏的記憶。這些記憶是支離破碎而模糊抽象的。關於其他人的，只留下寥寥幾段，比如桃園結義、溫酒斬華雄、三英戰呂布、白門樓、周瑜打黃蓋等，甚至連官渡之戰、火燒赤壁這樣的經典片段，都完全想不起來。唯有和諸葛亮相關的，卻還記得許多。

從三顧茅廬開始，火燒博望坡、火燒新野、草船借箭、三氣周瑜、七擒孟獲、空城計、木牛流馬、遺計斬魏延……都還有隱約的記憶。當然，稍後一點時間裡，李法曾主演的電視劇《諸葛亮》對加深這些記憶也功不可沒。

後來上了小學、初中，我開始自己看《三國演義》的連環畫，乃至原著，進一步見識了諸葛亮的神奇之處。然而在完整看完此書之前，便知道了魯迅先生所說「狀諸葛之多智而近妖」的評價。再加上少年人常有的逆反心理，於是反而把諸葛亮和劉備為代表的蜀漢一系當作「假正經」的典型。宋朝小兒聽評書，是聞曹操敗則笑，聞劉備敗則哭；我則反之，看到劉備和諸葛亮的敗仗便暗中覺爽。這種逆反心理一直持續了十多年，以至於我上了大學還要寫文章論證「諸葛亮的若干罪狀」。在拙作《賊三國》網上版本的前期，筆下的諸葛亮也隱約帶上老奸巨猾、口蜜腹劍的味道。

然而不覺間，見的事情多了，分析問題也不再如少時那般為逆反而逆反，為批駁而批駁。於是竟對諸葛亮漸漸萌生了好感。要具體列出一二三四，很容易表述，卻也不那麼容易表述清楚。

總之，這樣一個身居高位，而家產貧薄，以草廬躬耕為始，以清譽千秋為終的歷史人物，在我的腦海中的印象還是正向的。我的認識，大約漸漸與桓溫遇到的那位蜀漢老吏相仿：你要說他這個不好那個不好，那是可以自成道理的。然而他還是他，總有其無從超越的一面。

於是有了這一本小冊子。

要在一本二十多萬字的書稿中寫完諸葛亮，其實並不是太難。諸葛亮的歷史故事並不太多，他的一生只有五十多年，其中前半更是可以寥寥數語帶過。作為主要史料的《三國志・諸葛亮傳》加上裴注[22]也不過一萬多字。如果目的只是講清楚諸葛亮的大致生平，順帶插入些後人評價，那麼百度百科也就差不多夠了。

然而，諸葛亮身處東漢末年到三國時期這樣一個劇烈變動的時代，變動的不僅僅是改朝換代，還有整個社會倫理體系的崩潰與重組。如果要討論諸葛亮與當時各階層的歷史人物彼此互動，以及

22 裴注：《三國志注》，為南朝宋的史學家裴松為陳壽所著《三國志》作的注。

與社會環境、社會文化、歷史潮流的相互影響，對這些的分析討論，那麼即使以百萬字的篇幅來闡述，也還稍嫌不夠。

因此在本書中，是以「折中」態度來處理這個問題的：以諸葛亮生平為主線記敘，同時以主幹分支的結構，講述與諸葛亮及其畢生事業相關的其他人物事件變遷，以幫助讀者在閱讀的時候，能不太吃力地系統性瞭解諸葛亮的一生。

任何作品，尤其是歷史類作品，很容易帶上作者自己的觀點。本書並不準備做少數例外者。對同一段史料的理解本身就是多樣的，在此基礎上的演繹發揮就更不可絕對限制。在本書中，除基本史實闡述之外的其他內容，是帶有作者一人之見的，也歡迎讀者有不同的思考和觀點。所不為的，只是刻意地選擇性過濾材料，或者故意曲解。畢竟，靠歪曲詭辯的技巧來維繫觀點，於讀者固然有害，於作者也絕非什麼光榮。

講諸葛亮，或者講任何一個「三國」人物，必然繞不開《三國演義》。而《三國演義》對諸葛亮添油加醋的描寫又是所有人物中最多的。在本書前半部分的小標題中，頗多是在澄清《三國演義》對讀者的誤導。這只是作者行文間的調侃，請勿過於在意。

諸葛亮做為全民皆知的人物，每個知道他的人，都會對他存有不同的評價。或深刻，或淺顯，或隨大流，或獨到，或自以為深刻，或自以為獨到。本書僅僅是作者在閱讀史書後，描繪出自己心目中的諸葛亮形象。也希望能與廣大的三國愛好者交流見解，互相學習。

本書的寫作雖則不過是幾個月的事情，但積累的材料、觀點，卻離不開多年的閱讀和討論。甚至可以說，這本書的構思積累，花了十五年以上的時間。也因此，將曾經有過溝通交流的朋友們姓名列於其下，以表謝意：劉文韜、王琳玥、蔡悅、楊蕾煦、徐曉慧、聶志勇、王書鳳、賴偉、劉寧、沈雷、舒弘毅、紀中亮、管雯、鄭妍、張進、王超君、屈真。此外，在本書編寫中得到奉節縣旅遊局的支持，特此感謝。

作者的電子郵箱位址為：peneryangyi@163.com。諸位讀者若是對本書或與此書相關的歷史、文化有任何觀點以供分享，歡迎不吝以郵件方式賜教。彼此積極的學習，一定能共同提升和進步。

楊益

國家圖書館出版品預行編目(CIP)資料

諸葛亮全傳 / 楊益，趙嫣著. -- 初版. -- 新北市：晶冠, 2020.07
面； 公分. --(新觀點系列；14)

ISBN 978-986-98716-3-1(平裝)

1.(三國)諸葛亮 2.傳記

782.823 109005759

新觀點 14

諸葛亮全傳

作　　者　楊益、趙嫣
行政總編　方柏霖
責任編輯　王逸琦
封面設計　李純菁
出版企劃　晶冠出版有限公司
總 代 理　旭昇圖書有限公司
電　　話　02-2245-1480(代表號)
傳　　真　02-2245-1479
郵政劃撥　12935041 旭昇圖書有限公司
地　　址　235 新北市中和區中山路二段 352 號 2 樓
E-MAIL　s1686688@ms31.hinet.net
旭昇悅讀網　http://ubooks.tw
印　　製　福霖印刷有限公司
定　　價　新台幣 350 元
出版日期　2020 年 06 月 初版一刷
ISBN-13　978-986-98716-3-1

作品名稱：《諸葛亮全傳(修訂本)》
作者：楊益、趙嫣